AF271930

Paul Bartsch

LiveRillen No. 7

Konzerte aus sechs Jahrzehnten Rockmusikgeschichte – direkt vom Plattenteller abgedreht

Radio CORAX auf UKW 95.9 KHz und weltweit im Netz
an jedem ersten Freitag des Monats von 16 bis 18 Uhr
sowie als Wiederholung am dritten Sonntag des Monats von 12 bis 14 Uhr
https://radiocorax.de

Hinweise in eigener Sache:

Aufgrund der Vielzahl und des Alters der im Text erwähnten Schallplatten ist es schier unmöglich, die jeweiligen Bild- und Urheberrechte für die Cover bei den größtenteils nicht mehr existierenden Labels zu klären. Ich habe die Cover hier *in durchaus werbender Absicht* in den Text eingefügt. Als *Quelle* sind die konkreten Plattenausgaben mit Label und Erscheinungsjahr angegeben. Sollte(n) sich der oder die Inhaber der jeweiligen Rechte dennoch benachteiligt fühlen, bitte ich um entsprechende Information – sicher finden wir gemeinsam eine probate Lösung.

Falls Sie Interesse haben, die eine oder andere LiveRillen-Sendung komplett nachzuhören, stelle ich Ihnen diese gern zur Verfügung. Die mp3-Datei wird Ihnen per *WeTransfer* übertragen und ist *ausschließlich für den privaten Gebrauch* gedacht!

Anfragen richten Sie bitte per Mail an: LiveRillen@gmx.de

Für zahlreiche inhaltliche Hinweise und formale Korrekturen danke ich sehr herzlich Michael Bäuerle!

Titelfoto: © Hannes Wiedemann | Leipzig | 2021

Verlag: BoD · Books on Demand GmbH, Überseering 33, 22297 Hamburg, bod@bod.de
Druck: Libri Plureos GmbH, Friedensallee 273, 22763 Hamburg
          1. Auflage | Mai 2025 | ISBN: 978-3-8192-2652-6

Und wieder 'ne Rille vorneweg

Ehre, wem Ehre gebührt – keine Frage! Seit jüngstem werden nun auch Schallplattenläden geehrt, und zwar von allerhöchster Stelle: Das von der früheren *Ton/Steine/Scherben*-Managerin *Claudia Roth* (bis zum „Ampel-Aus") geführte Kulturstaatsministerium vergab in Zusammenarbeit mit dem *Verband unabhängiger Musikunternehmerinnen und -unternehmer (VUT)* am 1. Dezember 2024 erstmalig den *EMIL_ Deutscher Preis für Schallplattenfachgeschäfte*. In den Kölner Rheinterrassen wurden 14 Vinyl-Läden *„als wichtige soziale und gesellschaftliche Orte"* mit diesem Preis bedacht, der nach den Worten von Frau Roth *„ihre Bedeutung für die kulturelle Vielfalt und Bildung"* [1] unterstreichen soll. Ein höchst löbliches Signal gegenüber den grassierenden Streamingdiensten, die weitgehend kulturelles Fastfood liefern und zudem für Künstlerinnen und Künstler (bis auf Ausnahmen) höchst unfair agieren, was die Vergütung kreativer Arbeit betrifft.

„Vinyl lebt!", sagte Claudia Roth in ihrer Rede. *„Heute ist Vinyl nicht einfach nur ein Tonträger, es ist ein Lebensgefühl. Wer in der Musikszene etwas auf sich hält, veröffentlicht wieder auf Platte, es werden Sonderveröffentlichungen und wirklich tolle limitierte Auflagen gepresst, Musikfans geben viel Geld für handgearbeitete Plattenspieler aus. Vielleicht war Vinyl nie lebendiger als jetzt gerade."* [2]

Namenspatron des neuen Preises, der jährlich vergeben werden soll und für den sich Plattenläden in ganz Deutschland ab sofort bewerben können, ist übrigens der Erfinder von Grammophon und Schallplatte, *Emil Berliner*. Der 1851 in Hannover geborene Sohn eines jüdischen Textilkaufmanns wanderte als 19Jähriger aus Sorge, in die sich zum Feldzug gegen Frankreich rüstende preußische Armee einberufen zu werden, in die USA aus. In New York richtete er sich ein provisorisches Labor ein und konstruierte zunächst ein funktionsfähiges Mikrophon für den Telefonapparat von *Alexander Graham Bell*, was der *Bell Telephone Company* immerhin 50-tausend US-Dollar wert war. Ein willkommener Grundstock für weitere Experimente und Erfindungen, zu denen ab 1890 auch die anfangs aus Hartgummi, dann aus Schelllack bestehenden ersten Schallplatten-Tonträger gehörten. 1898 gründete *Berliner* dann die *Deutsche Grammophon Gesellschaft*. Der umtriebige Erfinder blieb bis ins hohe Alter aktiv; als er 1929 in Washington verstarb, hatte er unter anderem Patente für so unterschiedliche Dinge wie Parkettfußböden und Hubschrauber erworben.

Mit dem von ihm 1914 zu Ehren seiner Mutter gestifteten *Sarah-Berliner-Stipendium (Sarah Berliner Research Fellowship)* werden bis heute weltweit Frauen unterstützt, die auf naturwissenschaftlichem Gebiet forschen.

---

[1]   https://kulturstaatsministerin.de/ein-fest-der-schallplatte-und-der-schallplattenlaeden.
[2]   Ebenda.

Doch zurück zur Vinyl-Schallplatte, deren eigentliche Geburtsstunde *Emil Berliner* selbst nicht mehr erleben konnte. Die erste *„langspielende Vinylschallplatte"* mit einem Durchmesser von 30 Zentimetern und einer Laufgeschwindigkeit von 33 1/3 Umdrehungen pro Minute stellte *RCA Victor* 1930 und damit ein Jahr nach dem Tod des Erfinders vor. Seinerzeit aufgrund der noch fehlenden Abspielgeräte wohl ein *„kommerzieller Fehler"* [3] – heute der Beginn einer Ära, die allen Unkenrufen des CD- und Streaming-Zeitalters zum Trotz nach wie vor anhält. So resümierte im Februar 2024 *TV Bayern Live* in einem Beitrag zum Schallplattenboom: *„Die Nachfrage nach Schallplatten ist aktuell stark gestiegen. Marktanalysen zeigen, dass Konsumenten den klassischen Klang und den Charme traditioneller Musikformate schätzen."* [4] Dass Kulturstaatsministerin *Claudia Roth* in dem Beitrag ebenfalls ausführlich zu Wort kommt, wundert da keineswegs.

Mich freut das alles natürlich sehr, genau wie die zahlreichen Hörerinnen und Hörer, die inzwischen deutschlandweit meine monatliche Nischensendung [5] im Internet verfolgen und mir vielfältige Kommentare und wichtige Anregungen für weitere Themen geben. Schließlich habe ich mir vorgenommen, die Sendung mindestens zehn Jahre lang und damit bis zur 120. Ausgabe zu gestalten.

An Material herrscht kein Mangel, und die teils recht umfangreichen Recherchen fördern für mich selbst viel Überraschendes zutage, was ich dann – wie hier ersichtlich – in meinem Homestudio als neue LiveRille verarbeiten kann. Wie sagte schon *Loriot* dereinst ganz richtig – *„Ein Leben ohne Schallplatten ist möglich, aber sinnlos!"* Oder so ähnlich…

Und damit viel Freude und gute Unterhaltung bei der Lektüre des siebenten Bandes der LiveRillen…

---

[3] Vgl. https://de.wikipedia.org/wiki/Schallplatte#cite_note-4.

[4] https://www.tvbayernlive.de/mediathek/video/vinyl-comeback-kultur-und-leidenschaft-im-plattenladen/.

[5] Die LiveRillen kommen jeweils am ersten Freitag des Monats von 16 bis 18 Uhr sowie als Wiederholung am dritten Sonntag desselben Monats von 12 bis 14 Uhr auf UKW 95.9 (Raum Halle/Leipzig/ Magdeburg) und weltweit im Netz unter https://radiocorax.de/ > Livestream.

No. 75: Ian Hunter, Chris Spedding, Jeff Beck
Juni 2024

Wieder mal ein kleines Jubiläum, Freunde: Dies ist tatsächlich die 75. Ausgabe der LiveRillen auf Radio Corax, und noch lange kein Ende in Sicht. Weder an Themen noch an Platten herrscht Mangel.

Heute gibt es aus gegebenem Anlass eine Gratulations-LiveRille für gleich drei Jubilare, allesamt gebürtige Briten. Der erste Glückwunsch erreicht einen noch immer aktiven 85Jährigen, dessen musikalische Spuren tief in die 1960er Jahre zurückreichen und der vor ziemlich genau einem Jahr mit „Defiance Part 1" ein formidables Alterswerk vorgelegt hat. Unterstützt wurde er dabei von zahlreichen Freunden und Weggefährten des Rock'n'Roll-Zirkus, darunter *Ringo Starr, Jeff Beck, Slash* oder *Johnny Depp*. Vor wenigen Tagen hat er nun noch „Defiance Part 2: Fiction" nachgelegt, und „wie sein Vorgänger bietet das neue Album eine der schillerndsten All-Star-Besetzungen, die je auf Platte gebannt wurden"[6], so das Musikportal JPC. Die Rede ist von *Ian Hunter*.

Am 3. Juni 1939 in den britischen West Midlands geboren, begann er seine musikalische Laufbahn als Bassist in Skiffle-Formationen, gründete in den 60ern eigene Bands, spielte kurzzeitig bei den *Yardbirds* und sang alte Rock'n'Roll-Hits neu ein. Das große Los zog er aber erst an der Schwelle zum 30. Geburtstag: 1969 bewarb er sich auf eine Anzeige hin, die der Manager und Musikproduzent *Guy Stevens* im *Melody Maker* aufgegeben hatte, als Lead-Sänger für das britische Quartett *Silence*. Er bekam den Job, die Band wurde (nach einem Romantitel des amerikanischen Schriftstellers *Willard Manus*) in *Mott The Hoople* umbenannt und startete eine höchst erfolgreiche Karriere, indem sie – wie der *Rolling Stone* befand – „*die Praxis des musikalischen Diebstahls glorifizierte(e)*"[7]. So fanden sich in ihrer Musik Anleihen bei den *Kinks, Procol Harum,* den *Rolling Stones* oder *Bob Dylan;* zudem war *David Bowie* ein namhafter Förderer der Band, der ihr mit „All The Young Dudes" zu einem echten Hit verhalf, der noch heute zu den Songklassikern der frühen 1970er Jahre gehört. Die gleichnamige, 1972 von *Bowie* produzierte LP wurde die erfolgreichste der Bandgeschichte.

Vor allem live wussten *Mott The Hoople* bei ihren ausgedehnten Tourneen zu überzeugen, die sie häufig gemeinsam mit führenden, stilistisch verwandten Bands ihrer Zeit absolvierten, darunter *Traffic, Mountain* oder *Grand Funk Railroad.* Dabei prägten besonders Gitarrist *Mick Ralphs* und eben Sänger *Ian Hunter* den energiereichen Sound der Band. Hier zwei Beispiele aus dieser Zeit – zunächst „Walking With A Mountain", aufgenommen 1971 im *Konserthuset Stockholm* und

---

[6]   https://www.jpc.de/jpcng/poprock/detail/-/art/ian-hunter-defiance-part-2-fiction/hnum/11810661.

[7]   Zitiert nach RL, Band 2, S. 623.

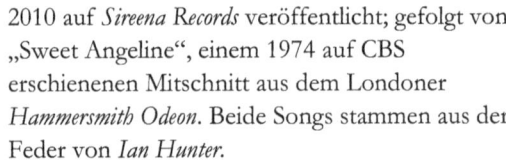

2010 auf *Sireena Records* veröffentlicht; gefolgt von „Sweet Angeline", einem 1974 auf CBS erschienenen Mitschnitt aus dem Londoner *Hammersmith Odeon*. Beide Songs stammen aus der Feder von *Ian Hunter.*

Mott The Hoople: Sweet Angeline / Walking With A Mountain

1973 verließ Gitarrist *Mick Ralphs* die Band, um gemeinsam mit dem ex-*Free*-Sänger *Paul Rodgers Bad Company* zu gründen. *Ian Hunter* griff zeitweise selbst zur Gitarre, ehe im Folgejahr mit *Mick Ronson* von der *David-Bowie*-Band kongenialer Ersatz kam, allerdings nicht, um lange zu bleiben: Gemeinsam mit *Ian Hunter* verließ *Ronson Mott The Hoople,* die in wechselnden Besetzungen und mit schwankendem Erfolg noch einige Jahre weitermachten.

Ian Hunter gründete seine eigene Begleitcombo, in der *Mick Ronson* bis zu seinem frühen Tod 1993 immer wieder eine führende Rolle einnahm. So absolvierten sie gemeinsam mehrere erfolgreiche Welttourneen, die *Hunters* Ruf als einer der führenden britischen Rockinterpreten festigten. 1980 erschien auf *Chrysalis* das Livealbum „Welcome To The Club", das im November 1979 im *Roxy* in Los Angeles mitgeschnitten wurde.

Hunter singt darauf nicht nur, sondern spielt auch Gitarre, Piano und Mundharmonika, unterstützt von *Mick Ronson;* dazu *Martin Briley* am Bass und *Eric Parker* am Schlagzeug sowie *Tommy Mandel* an den Keyboards und *Tommy Morrongiello* als weiterer Gitarrist. Zwei Songs habe ich ausgewählt – „Irene Wilde" und „Cleveland Rocks", die eindrucksvoll die breite Palette des Songwritings von *Ian Hunter* belegen.

Ian Hunter: Irene Wilde / Cleveland Rocks

Das rockt nicht nur Cleveland, wie man deutlich hören konnte: *Ian Hunter* mit seiner Band live im Herbst 1979. Unmittelbar nach der Veröffentlichung seines Livealbums „Welcome To The Club" war er innerhalb seiner Promotion-Tour auch Gast im WDR-Rockpalast (einige erinnern sich vielleicht an meine

Rockpalast-LiveRille vom Februar, in der *Ian Hunter* und *Mick Ronson* bereits zu hören waren). Die Set-List war weitgehend identisch mit jener, die bereits auf dem Livealbum veröffentlicht worden war. Trotzdem schön, dass der qualitativ sehr gute Rockpalast-Mitschnitt im Rahmen der Veröffentlichungsaktivitäten von *MIG – Music In Germany* seit 2016 nun auch auf Vinyl vorliegt. Daraus hören wir „I Wish I Was Your Mother" und – natürlich, daran kommen wir im Zusammenhang mit *Ian Hunter* nicht vorbei – „All The Young Dudes".

Für *Ian Hunter* war insbesondere der Tod von *Mick Ronson,* den 1993 der Krebs mitten aus der Arbeit an seinem dann postum erscheinenden Solo-Album „Heaven 'n Hull" (1994) riss, ein herber Schicksalsschlag. Unterkriegen ließ er sich davon aber nicht: In größeren Abständen brachte er sich mit neuen Studioplatten in Erinnerung, veröffentlichte weitere Livealben und arbeitete unter anderem mit *Brian May* von *Queen, Mick Jones* von *The Clash, Dennis Elliot* von *Foreigner* sowie *Clarence Clemons, Jaco Pastorius* und natürlich seinem alten Kumpel *David Bowie* zusammen.

Auf seine jüngsten, wiederum mit der Unterstützung zahlreicher Weggefährten entstandenen Veröffentlichungen „Defiance Part 1" und „Part 2" habe ich eingangs bereits verwiesen. Somit bleibt mir neben der herzlichen Gratulation zu seinem 85. Geburtstag die Hoffnung, dass auch künftig Weiteres von *Ian Hunter* zu erwarten ist.

Hier nun die angekündigten Ausschnitte aus dem 1980er Rockpalast-Konzert der *Ian-Hunter-Band featuring Mick Ronson,* den der *Rolling Stone* in seiner 2003 (also zehn Jahre nach *Ronsons* Krebstod) veröffentlichten Rangliste der hundert weltbesten Gitarristen auf Platz 41 führt.

Ian Hunter feat. Mick Ronson: I Wish I Was Your Mother / All The Young Dudes

All diese jungen Kerle – ein Song für die Ewigkeit – das war meine Würdigung für das 85jährige Geburtstagskind *Ian Hunter.*

Bis dahin hat der folgende Jubilar, der in vielen Stilrichtungen zu Hause ist, noch fünf Jahre Zeit – auf der Visitenkarte des am 17. Juni 1944 geborenen britischen Gitarristen *Chris Spedding* finden Rock und Blues, Folk und Country, Fusion, Wave und selbst Punkrock angemessen Platz. Wenige Wochen nach seiner Geburt wurde der als Halbwaise zur Welt gekommene *Peter Robinson* von einer Pflegefamilie adoptiert und erhielt den neuen Namen *Christopher Spedding* – sein leiblicher Vater war als Angehöriger der britischen Luftwaffe kurz zuvor im Krieg gefallen. Er wuchs in Sheffield und Birmingham auf, wo er 15jährig seine erste

Schulband gründete. Mit Zwanzig wurde er Profi, spielte in der vom Trompeter *Ian Carr* gegründeten Jazzrock-Formation *Nucleus* und wurde aufgrund seines sich rasch verbreitenden Rufs als herausragender und höchst flexibler Gitarrist zunehmend für Studioaufnahmen gebucht, so etwa von *Roxy Music, Elton John, Jack Bruce, Paul McCartney* oder *Tom Waits;* sogar die *Bay City Rollers* habe er – allerdings ohne Namensnennung – später mal gitarristisch unterstützt.

Mit dem ex-*Free*-Bassisten *Andy Fraser* gründete er 1972 die *Sharks,* mit denen er drei LPs einspielte. Ende 1974 lehnte er das Angebot der *Rolling Stones,* bei ihnen für den abtrünnigen *Mick Taylor* einzusteigen, schlichtweg ab. Im Folgejahr hatte er dann mit „Motorbikin'" sogar einen eigenen Top-Twenty-Hit in Großbritannien und Deutschland. Im Laufe der Jahrzehnte erschien ein gutes Dutzend Solo-Alben von *Chris Spedding,* zumeist in wechselnden Trio-Formationen mit Bass und Schlagzeug aufgenommen; die letzte Studio-LP „Joyland" datiert von 2015. Fünf Jahre später kam dann noch die Liveplatte „Face To Face" heraus, die seinen Londoner Auftritt zum 50jährigen Bühnenjubiläum 2018 präsentiert.

Ich lege jetzt die 1981 bei *Passport Records* erschienene Konzertplatte „Friday the 13th" auf, die am Freitag, dem 13. März 81, im New Yorker Music-Club Trax mitgeschnitten wurde. Da stand *Spedding* gemeinsam mit dem Bassisten *Michael „Busta" Jones* auf der Bühne, der unter anderem durch seine Zusammenarbeit mit

Albert King oder den *Talking Heads* bekannt wurde – er ist 1995 mit nur 44 Jahren an Herzinsuffizienz verstorben. Am Schlagzeug saß bei diesem Konzert *Tony Machine,* der auch beim Singer/Songwriter *Elliott Murphy* oder *David Johansen,* dem einstigen Frontmann der *New York Dolls,* trommelte.

Ausgewählt habe ich den erwähnten Single-Hit „Motorbikin'" sowie den ebenfalls aus *Chris Speddings* Feder stammenden Song „Hungry Man".

Chris Spedding: Motorbikin' / Hungry Man

Live ist *Chris Spedding,* der seit den 1970er Jahren in den USA lebt und in Kürze seinen 80. Geburtstag feiern kann, noch immer aktiv. So war er zuletzt mit dem Musicalprojekt „The War Of The Worlds" auf Tour, das der US-Amerikaner *Jeff Wayne* 1978 nach der Erzählung „Der Krieg der Welten" von *H. G. Wells* geschaffen hat. Die seinerzeit zum Stück produzierte Doppel-LP, an der *Chris Spedding* bereits maßgeblich beteiligt war, verkaufte sich weltweit über 13 Millionen Mal und heimste etliche Gold- und Platin-Auszeichnungen ein. Allein in den britischen Album-Charts konnte sich die aufwändige Produktion dreihundert

Wochen lang platzieren; in den USA gab es 1980 dafür die Auszeichnung als „*The Best Recording In Science Fiction And Fantasy*"[8]. Klar, dass *Chris Spedding* nun auch bei der Tournee-Neuauflage des Erfolgs-Musicals mit von der Partie war. Zudem ist er hin und wieder mit seinem alten Musikerfreund *Bryan Ferry* zu erleben.

1989 war *Chris Spedding* erneut mit einer Trio-Formation in Deutschland auf Tour. Am Schlagzeug saß wiederum *Tony Machine;* für den groovenden Bass sorgte *Ernie Brooks*, ansonsten ebenfalls Mitglied der Begleitband von *Elliott Murphy*.

Einige Mitschnitte wurden auf der 1991 bei *Fan Club Records* erschienenen Liveplatte „Just Plug Him In!" veröffentlicht, darunter „Silver Bullet" und das selbstironische „Love's Made A Fool Of You"; eine alte *Buddy-Holly*-Nummer aus dem Jahr 1959. *Liebe macht einen Dummkopf aus dir –* inwieweit dies auch eine ganz persönliche Erfahrung von *Chris Spedding* ist, lassen wir angesichts seines demnächst anstehenden 80. Geburtstages mal offen…

Chris Spedding: Silver Bullet / Love's Made A Fool Of You

Alles in allem findet sich sein Name als Musiker oder Produzent bis heute auf mehr als 200 Alben unterschiedlicher Stilrichtungen der populären Musik, so ist er beispielsweise als Gastsolist auf der zweiten Solo-LP des *Ärzte*-Drummers *Bela B* zu hören. Und auch als Tournee-Sideman war *Chris Spedding* häufig zu erleben – zwei Beispiele sollen den ihm gewidmeten Part dieser LiveRillen abrunden.

Zunächst ein Konzertmitschnitt mit *Alan Price*. Der 1942 im Nordosten Englands Geborene war Gründungsmitglied der *Animals* und an den Tasten mitverantwortlich für den typischen Sound der Band um Frontmann *Eric Burdon* – man denke an seine wimmernde Hammond-Orgel im legendären „House Of The Rising Sun". Allerdings stieg *Alan Price* bereits 1965 wieder aus; Grund war wohl seine Flugangst angesichts der zunehmenden Tourneeverpflichtungen. Musikalisch blieb er weiterhin aktiv, gründete das *Alan Price Set,* arbeitete dann längere Zeit mit *Georgie Fame* zusammen und erweiterte zudem sein künstlerisches Spektrum in Richtung Film und Fernsehen. Auch als Sänger versuchte er sich erfolgreich und tourte im Herbst 1980 mit Band, Bläsersatz und Background-Chor durch England, um alten Rock'n'Roll- und Country-Nummern neues Leben einzuhauchen. Ein Konzert im *Royal Court Theatre* wurde mitgeschnitten und erschien als Liveplatte

---

[8]

https://de.wikipedia.org/wiki/Jeff_Wayne%E2%80%99s_Musical_Version_of_the_War_of_the_Worlds.

auf dem britischen *Mideosonic*-Label. Zwei Gitarristen standen *Alan Price* dabei zur Seite – neben *Colin Green*, einem bekannten und noch heute aktiven Studio- und Sessionmusiker, eben auch *Chris Spedding*. Wir hören von dieser Platte den Song "Oh Lonesome Me", den der Countrysänger *Don Gibson* 1958 als Single bei RCA herausgebracht hatte – Produzent war seinerzeit der als „Mr. Guitar" bekannte *Chat Atkins*. Hier nun hat *Chris Spedding* den prägenden Gitarrenpart übernommen.

Danach hören wir den schon mehrfach erwähnten Singer/Songwriter *Elliott Murphy* selbst, mit dessen Bandmusikern auch *Chris Spedding* seit langem zusammenarbeitet. So ist es nicht verwunderlich, dass *Spedding* auch bei *Murphys* eigenen Produktionen und Konzerttourneen häufig als Gast zu erleben war. Der gebürtige New Yorker *Elliott Murphy*, der in jungen Jahren gemeinsam mit seinem Bruder *Matthew* als Straßenmusiker durch Europa tingelte und Mitte der 1970er Jahre von der Rockpresse schon mal als neuer *Dylan* [9] gepriesen wurde, konnte im März dieses Jahres seinen 75. Geburtstag feiern; neben zahlreichen, von der Kritik zumeist hochgelobten Platten hat der mit *Bruce Springsteen* und *Ian Matthews* befreundete Singer/Songwriter auch Kurzgeschichten und einen Roman veröffentlicht.

Unter seinen Liveplatten ragt zweifellos die 1989 auf *New Rose* erschienene LP „Live At Hot Point" heraus. Auf dem Back-Cover ist ein launiges Gespräch

zwischen dem Produzenten *Marc Ridet* und *Elliott Murphy* abgedruckt, in dem es um den Wunsch nach einem besonderen Bühnengast geht – einer, der Magie in die Musik bringe, wie es dort heißt. In Amerika seien alle Hexen bereits verbrannt, so *Marc Ridet*. Darauf *Elliott Murphy*, er kenne da *„einen Zauberer, der mit einer E-Gitarre fliegen kann, dessen Soli noch Jahrhunderte später zu hören sein werden, dessen Hände Flügel haben müssen und der sich normalerweise schwarz kleidet."* [10]

Ob er damit etwa *Chris Spedding* meine, fragt *Ridet*. Und *Murphy* bestätigt das mit den Worten, *Spedding* sei *„der einzige Zauberer, dessen Magie sowohl schwarz als auch weiß sei – eben einfach Rock and Roll!"* [11]

---

9   Siehe https://de.wikipedia.org/wiki/Elliott_Murphy.
10   Im Original heißt es: But I know one magician who can fly with an electric guitar, whose solos will still be heard centuries from now, whose hands must have wings, and who usually dresses in black.
11   He is the only magician whose magic is both black and white - Rock and Roll.

Den Beweis hören wir gleich mit der „Rock Ballad" von der Liveplatte „Hot Point"; zuvor noch *Chris Spedding* in Diensten von *Alan Price*.

Alan Price: Oh Lonesome Me
Elliott Murphy: Rock Ballad

Und damit zum dritten Jubilar dieser LiveRillen-Ausgabe, der allerdings seinen am 24. Juni anstehenden 80. Geburtstag nicht mehr erleben kann: *Jeff Beck* ist am 10. Januar 2023 verstorben. Meinen Nachruf aus der Rest-In-Peace-Sendung vom Dezember letzten Jahres habt ihr vielleicht noch in Erinnerung. Dennoch soll der bevorstehende runde Geburtstag des als *Geoffrey Arnold Beck* in einem Londoner Vorort Geborenen Anlass sein, den ebenso genialen wie exzentrischen Musiker nochmals zu würdigen, der laut *Rolling Stone* bis heute zu den Top Five der hundert weltbesten Gitarristen zählt. Nach vierjährigem Studium am Londoner *Wimbledon Art College* stieg der in der Szene bereits bekannte Virtuose 1967 bei den *Yardbirds* ein, um die Lücke, die *Eric Claptons* Ausstieg dort hinterlassen hatte, zu füllen. Musikalisch gelang das zwar, doch zwischenmenschlich knirschte es heftig. *Beck* gründete daraufhin mit Sänger *Rod Stewart, Ron Wood* am Bass, dem Pianisten *Nicky Hopkins* und dem Schlagzeuger *Aynsley Dunbar* seine eigene Band, die aber nach zwei stressigen US-Tourneen bereits wieder zerschlissen war. Ein Ende 1970 selbstverschuldeter Autounfall zog eine zweijährige Zwangspause nach sich, ehe er sich im Trio mit den ehemaligen *Vanilla-Fudge*-Musikern *Tim Bogert* am Bass und *Carmine Appice* am Schlagzeug auf der Bühne zurückmeldete – genau zu jener Zeit also, als zahlreiche Trios das Erbe der Supergroup *Cream* anzutreten suchten, man denke an *Mountain* oder *Grand Funk Railroad,* aber auch an stärker dem Bluesrock verpflichtete Bands wie *Chicken Shack, Taste* oder *Ten Years After*.

Im Mai 1973 gastierten *Beck, Bogart & Appice* in Japan; aus den Konzertmitschnitten in Osaka wurde ein Doppelalbum zusammengestellt, das noch im selben Jahr auf *Epic* erschien. Daraus spiele ich den vom 1946 in Philadelphia geborenen Songwriter *Raymond Louis Kennedy* geschriebenen Titel „Why Should I Care": *„Du hast dich nie um mich gekümmert, als ich einsam, traurig und deprimiert war – warum sollte ich mich jetzt um dich kümmern?"*

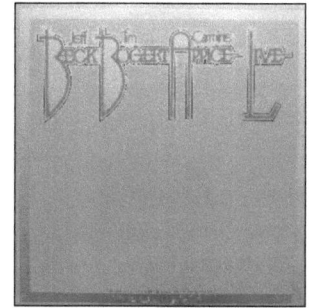

Jeff Beck – hier gemeinsam mit *Tim Bogert und Carmine Appice* im Konzert in der KOSEINENKIN HALL in Osaka; leider fand die Zusammenarbeit mit dem Ausnahmegitarristen nach nur zwei gemeinsamen Jahren ihr Ende.

Beck/Bogert/Appice: Why Should I Care

1975 war übrigens auch *Jeff Beck* einer der Kandidaten für die *Mick-Taylor*-Nachfolge bei den *Rolling Stones;* daraus wurde nichts. Der divenhafte, aber auch zeitweise von Depressionen gebeutelte Star stieg daraufhin in *John McLaughlins*

Mahavishnu Orchestra ein und kreierte mit dessen Pianisten *Jan Hammer* ein gemeinsames Studio- und Tourprojekt, das bis 1980 Bestand hatte. Neben zwei Studio-CDs entstand in dieser Zeit auch eine 1977 in Osaka aufgenommene Liveplatte, aus der ich das von *Jeff Beck* komponierte Instrumental „Scatterbrain" spiele, bei dem der Gitarrist von der jazzrockigen *Jan Hammer Group* kraftvoll und virtuos begleitet wird.

Jeff Beck with the Jan Hammer Group: Scatterbrain

Überhaupt scheint Japan für den Gitarristen über die Jahrzehnte hinweg ein gutes Konzertpflaster gewesen zu sein. 1999 war *Beck* dort mit einer neu zusammengestellten Formation unterwegs, deren Rhythmusgruppe aus den Bluesrock-Urgesteinen *Randy Hope-Taylor* am Bass sowie Schlagzeuger *Steve Alexander* bestand und die vervollständigt wurde durch die US-amerikanische Gitarrensolistin *Jennifer Batten,* die seit 1987 zur Liveband von *Michael Jackson* gehört hatte, daneben mit *The Immigrants* ein eigenes Bandprojekt betrieb und die *Beck* 1998 an seine Seite geholt hatte. Unter dem nicht besonders originellen LP-Titel „Live From Japan" sind 2016 Höhepunkte eines Konzerts in Tokyo aus dem

Jahr 1999 veröffentlicht worden – allesamt reine Instrumentalaufnahmen, die das Publikum dennoch hörbar zu Begeisterungsstürmen hinreißen konnten. Aus dieser Platte zwei Titel zur Erinnerung an *Jeff Beck,* der in diesem Monat seinen 80. Geburtstag begehen könnte, wenn er nicht vor anderthalb Jahren an einer bakteriellen Meningitis verstorben wäre. Zunächst „Even Odds", das dann unmittelbar in „Star Cycle" übergeht.

Jeff Beck: Even Odds / Star Cycle

„Star Cycle" - ein Sternenzyklus, den *Jeff Beck* hier gemeinsam mit der Gitarristin *Jennifer Batten* aus den Saiten seiner *Fender Stratocaster* zaubert. Apropos

Fender Strat – auch dieser Inbegriff für eine sensibel gespielte Rockgitarre (der Herstellerslogan lautet nicht von ungefähr „The world's greatest electric guitar"!) – von *Jimi Hendrix* und *Eric Clapton* über *Rory Gallagher* bis *Mark Knopfler* und eben *Jeff Beck* – hatte gerade Geburtstag: 1954, also zwei Jahre nach der teuren *Gibson Les Paul,* präsentierte Firmengründer *Leo Fender* seine Herausforderung an die Konkurrenz, die 70 Jahre später *„als beliebteste, meistverkaufte und meistkopierte E-Gitarre weltweit"* [12] gilt. Und natürlich hat es sich die Firma nicht nehmen lassen, im Jahr 2010 gemeinsam mit *Jeff Beck* ein Signature-Modell zu kreieren, das aufgrund seiner bevorzugten Spielweise *„zusätzlich über ein modernes Tremolo mit rollengelagerter Saitenführung am Sattel verfügt"* [13].

Eric Clapton, der seit 2004 alle drei Jahre führende Rock- und Bluesgitarristen zu seinen *Crossroads*-Festivals einlädt, deren Erlös dem von ihm gegründeten Suchtbehandlungszentrum auf Antigua zugutekommt, hat natürlich nicht auf *Jeff Beck* verzichtet: 2007 war er ebenso wie *Robert Cray, B.B. King, Jimmy Vaughan* oder *Willie Nelson* umjubelter Gast dieses Gipfeltreffens der Gitarren-Virtuosen, und natürlich finden sich Mitschnitte dieses Großereignisses in der sechs LPs umfassenden Plattenbox „Crossroads Revisited", die 2016 erschienen ist. Daraus spiele ich „Cause We've Ended As Lovers", eine Ballade, die *Stevie Wonder* in den 1970er Jahren eigens für *Jeff Beck* komponiert hat. Und vielleicht hatte der Autor des Nachrufs, den der *SPIEGEL* im Vorjahr anlässlich des Todes von *Jeff Beck* veröffentlicht hat, genau dieses Stück im Ohr, als er schrieb: *„Warm und unverkennbar und hochmelodisch klang seine Musik. Zu den breitbeinigen und machohaften Gniedlern gehörte er nie".* [14]

Dass der mit acht *Grammys* Geehrte zudem gleich zwei Mal in die *Rock and Roll Hall of Fame* aufgenommen wurde, 1992 mit den *Yardbirds* und 2009 als Solist, sei ebenfalls erwähnt – hier ist *Jeff Beck* mit seinem wunderbar singenden Gitarrenton beim *Crossroads* Festival 2007 mit „Cause We've Ended As Lovers".

Crossroads: Cause We've Ended As Lovers

Dass auch der Texaner *Stevie Ray Vaughan,* der in den späten 1980er Jahren als eines der größten gitarristischen Talente weltweit galt, die *Fender Stratocaster* als Instrument bevorzugte, ist bekannt. Vielleicht ja auch ein Grund dafür, dass sich

---

[12] Zitiert nach: https://de.wikipedia.org/wiki/Fender_Stratocaster.
[13] Ebenda.
[14] https://www.spiegel.de/kultur/musik/jeff-beck-gestorben-nachruf-auf-einen-virtuosen-breitbeinigen-a-e4c219ab-7e29-4cba-bf88-f91dda2a8dca.

Stevie Ray und *Jeff Beck* zu dieser Zeit mehrfach die Bühne teilten, so auch auf *Vaughans* US-Tournee im Spätherbst 1989, als sich *Jeff Beck* als *guest artist* zu *Vaughans* Begleitband *Double Trouble* – bestehend aus Keyboarder *Reese Wynans*, *Tommy Shannon* am Bass und Schlagzeuger *Chris Layton* – gesellte. Konzertausschnitte aus Albuquerque und Denver wurden 2019 durch *RADIO LOOPLOOP* als Bootleg, doch in bester Soundqualität auf einem Doppelalbum veröffentlicht. In einem Interview mit dem Magazin *Classic Rock* im Jahr 2021 sagte *Jeff Beck* über den 1990 bei einem Hubschrauberabsturz ums Leben gekommenen Gitarristen: *„Ich denke, Stevie Ray kam Hendrix am nächsten, wenn es darum ging, den Blues zu spielen."* [15] Und mit dem musikalischen Gedenken an den im Vorjahr verstorbenen *Jeff Beck*, dessen 80. Geburtstag in Kürze ansteht, neigen sich die heutigen LiveRillen ihrem Ende zu.

Die nächste Ausgabe der LiveRillen wird ebenfalls eine Gratulationssendung werden, denn am 18. Juli vollendet der gleichermaßen in Rock und Jazz anerkannte Hammondorganist *Brian Auger* sein 85. Lebensjahr. Freut euch drauf!

Zum Abschluss der heutigen Sendung noch einmal *Jeff Beck*, hier als Gast von *Stevie Ray Vaughan*, mit „Life Without You"…

Stevie Ray Vaughan with Jeff Beck: Life Without You

---

[15]   https://www.guitarworld.com/features/stevie-ray-vaughan-jeff-beck-goin-down-mtv-1989.

Quellen:

- Jeff Beck / Tim Bogert / Carmine Apprice: Live, Epic, 1973
- Jeff Beck: With The Jan Hammer Group, LP, Warner, 1977
- Jeff Beck: Live From Japan (1999), LP, LOV Records, 2016
- Eric Clapton And Guests: Crossroads Revisited / Selections From The Crossroads Guitar Festivals, 6-LP-Set, RHINO/Reprise Records/Duck Records, 2019
- Ian Hunter: Live / Welcome To The Club, Do.-LP, Chrysalis, 1980
- Ian Hunter Band Feat. Mick Ronson: Live At Rockpalast, Do.-LP, LTEV/WDR, 2016
- Mott The Hoople: Live In Sweden 1971, LP, SIREENA RECORDS, 2010
- Mott The Hoople: Live, LP, CBS, 1974
- Elliott Murphy: Live / Special Guest Chris Spedding, LP, New Rose, 1989
- Alan Price: A Rock'n'Roll Night At The Royal Court, LP, Midesonic, 1980
- Chris Spedding: Friday The 13th, LP, Passport Records, 1981
- Chris Spedding: Just Plug Him In!, LP, Fan Club Records, 1991
- Steve Ray Vaughan: Live In Albuquerque & In Denver, Radio Looploop, 2019

No. 76: Congratulations: John Wetton / Greg Kihn / Richard Davies / Brian Auger
Juli 2024

Wie bereits angekündigt, wird heute einiges von *Brian Auger* zu hören sein, dessen 85. Geburtstag am 18. Juli ansteht. Aber so eine Zweistunden-Sendung lebt ja auch von Abwechslung, und so erinnern die heutigen LiveRillen zunächst an einen stilprägenden britischen Prog-Rock-Musiker, der am 12. Juli seinen 75. Geburtstagstag begehen könnte. Der Konjunktiv deutet bereits an, dass es ihm nicht vergönnt ist: *John Kenneth Wetton* ist bereits vor sieben Jahren einer Krebserkrankung erlegen, nachdem ihm schon zuvor jahrelanger Alkoholmissbrauch, Arteriosklerose und eine koronare Herzerkrankung gesundheitlich zugesetzt hatten. Musikalisch war er dennoch bis kurz vor seinem frühen Tod aktiv, und die Spuren, die er in der populären Musik des letzten halben Jahrhunderts hinterlassen hat, sind vielfältig und bleibend.

Bereits als 13jähriger Schüler spielte er Bass und sang in einer Coverband, versuchte mit 18 vergeblich, bei *Atomic Rooster* unterzukommen, und zog schließlich aus der britischen Provinz nach London, wo er sich vor allem als Studiomusiker rasch einen Namen machte – neben seinem Hauptinstrument, dem E-Bass, beherrschte *John Wetton* auch Gitarre, Piano und Violine und war zudem ein passabler Vokalist. Im Zuge der sich zu Beginn der 1970er Jahre ausdifferenzierenden Musikstile gelangte der Progressive Rock zu einer ersten Blüte, die den jungen Musiker stark faszinierte. Er stieg zunächst in die experimentierfreudige Band *Family* um den Gitarristen *Charlie Whitney* und den Sänger *Roger Chapman* ein, mit der er zwei Platten einspielte und sich dabei auch als Arrangeur profilierte. 1972 kam dann das Angebot von *Robert Fripp*, in dessen 1969 gegründeter und zahlreichen Personalwechseln unterworfener ProgRock-Band *King Crimson* an der Seite des neuen Drummers *Bill Bruford* die Rhythmus-Sektion zu komplettieren. Zuvor hatten bei *King Crimson* unter anderem *Greg Lake* oder *Boz Burrell* den Bass bedient – *John Wetton* stand ihnen in Können und Kreativität jedoch keinesfalls nach.

Hier nun Live-Musik von *King Crimson* mit *John Wetton* am Bass. Zunächst das mit einer wuchtigen Bassfigur einsetzende „Easy Money", mitgeschnitten im Herbst 1974 in

BOOK OF SATURDAY

Amsterdam und erschienen auf der Live-LP „Book Of Saturday". Danach aus der USA-Tournee im Sommer desselben Jahres „Lament" – an beiden Songs ist *John Wetton* neben *Robert Fripp* auch als Komponist beteiligt.

King Crimson: Easy Money / Lament

Robert Fripp, der eigenwillige und höchst kreative Kopf von *King Crimson,* löste die Band 1974 überraschend auf, um – wie er sagte – der Gefahr der Kommerzialisierung seiner Musik zu entgehen. Für *John Wetton,* der nach eigenem Bekunden gerne noch mindestens zwanzig Jahre in der improvisationsfreudigen Band weitergespielt hätte [16], brach eine Welt zusammen. Er musste sich nach neuen Partnern umschauen, was dem inzwischen allgemein anerkannten Musiker allerdings nicht schwerfiel. Aufgrund seiner Bekanntschaft mit *Roxy Music* wurde er gebeten, dort bei der Suche nach einem neuen Bassisten für die nach dem Ausstieg von Brian Eno ohnehin im Umbruch befindliche Band zu helfen. Da keiner der Kandidaten den hohen Erwartungen entsprach, sprang *John Wetton* kurzerhand selbst für eine bereits geplante Welttournee der angesagten Band ein – Ergebnis war die 1976 erschienene Live-Platte „VIVA!". Daraus gleich der Eröffnungssong „Out Of The Blue", den Keyboarder *Bryan Ferry* und Gitarrist *Phil Manzanera* gemeinsam verfasst hatten.

Nach der erfolgreichen *Roxy-Music*-Tour stieg *John Wetton* bei den britischen Stadionrockern *Uriah Heep* ein, die sich seinerzeit auf dem Gipfel ihres Ruhms befanden. Obwohl er dort nur ein Jahr blieb, hinterließ er durch die Einspielung der Studioplatten „Return To Fantasy" und „High And Mighty" ebenfalls deutliche Spuren in der noch heute aktiven Band, die seinerzeit von Keyboarder und Sänger *Ken Hensley* und dem Gitarristen *Mick Box* dominiert wurde; letzterer ist noch immer dabei.

Ende der 70er Jahre gründete *Wetton* mit dem ex-*King-Crimson*-Drummer *Bill Bruford* die Progrock-Band *U.K.,* zu der auch Keyboarder und Elektroviolinist *Eddie Jobson* – man kannte sich bereits gut von *Roxy Music* her – sowie anfangs

---

[16] Siehe: https://de.wikipedia.org/wiki/John_Wetton.

auch der Gitarrist *Allan Holdsworth* gehörten, der zuvor bei *Soft Machine* und *Gong* gespielt hatte.

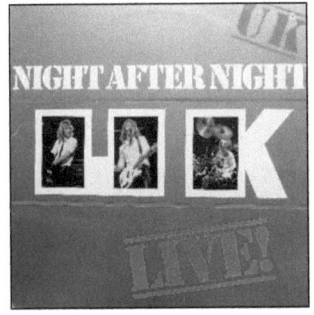

Bei *U.K.* konnte *Wetton* nun endlich auch seine kompositorischen und gesanglichen Kompetenzen voll ausleben, was die 1979 erschienene Live-LP „Night After Night" nachhaltig belegt – bei sieben der neun auf der Platte enthaltenen Titel taucht sein Name bei den Songcredits auf.

Ich habe das Stück „Nothing To Lose" ausgewählt, das im Mittelteil vom eindrucksvollen Dialog zwischen Bass und Violine geprägt ist. Am Schlagzeug der nach dem Ausstieg von *Holdsworth* zum Trio geschrumpften Band sitzt nunmehr übrigens der US-Amerikaner *Terry Bozzio,* der zuvor schon für *Frank Zappa* und *Jeff Beck* getrommelt hatte.

Roxy Music: Out Of The Blue
U.K.: Nothing To Lose

„Nothing To Lose" – nichts zu verlieren – für die leider nur kurzlebige Supergroup *U.K.* um ihren Sänger und Bassisten *John Wetton* trifft das wohl nicht zu: 1979 war hier bereits Schluss. *Eddie Jobson* stieg bei *Jethro Tull* ein, *Terry Bozzio* ging zurück in die USA, und *John Wetton* musste sich wieder mal neu orientieren. Nach einer kurzen Stippvisite bei den Twin-Guitar-Heroen von *Wishbone Ash,* deren LP „Number The Brave" er miteinspielte, kam für *Wetton* mit der 1981 aus vormaligen Mitgliedern von *Yes, Emerson, Lake and Palmer, Saga, King Crimson, Uriah Heep* oder den *Buggles* gegründeten Band *ASIA* nun aber auch endlich der kommerzielle Erfolg. Vor allem als in den Hymnen ihres Powerrocks schwelgende Liveband machte sich *ASIA* einen Namen, auch wenn die Besetzung mehrfach wechselte, was bei den dort jeweils versammelten Stars nicht verwundert. Zudem erlangten *John Wettons* Liveaktivitäten *„unter seinen Fans traurige Berühmtheit …, weil bei jedem Konzert die Gefahr bestand, dass es kurzfristig abgesagt werden musste. Wettons schwerer Alkoholismus hatte dazu geführt, dass man ihn bisweilen nach dem ersten Song von der Bühne tragen musste"* [17], heißt es bei *Wikipedia.*

---

[17] https://de.wikipedia.org/wiki/John_Wetton.

In den 2010er Jahren ereilte *John Wetton* dann die Krebsdiagnose. Am 31. Januar 2017 erlag er der Krankheit. In wenigen Tagen, am 12. Juli, wäre *John Wetton* 75 Jahre alt geworden.

Ebendiesen 75. Geburtstag kann zwei Tage zuvor ein US-amerikanischer Rockmusiker begehen, der sich zudem auch als Radiomoderator und Autor von Horror- und Fantasy-Romanen einen Namen gemacht hat: *Gregory Stanley Kihn –* kurz genannt *Greg.* Den entscheidenden Impuls für seinen musikalischen Lebensweg beschreibt er rückblickend so: *„Fast jeder Rock'n'Roll-Musiker in meinem Alter kann auf ein kulturelles Ereignis verweisen, das ihn überhaupt erst dazu inspiriert hat, mit Musik anzufangen: Die Beatles bei Ed Sullivan. Für einen schüchternen 14-jährigen Jungen, der schon eine Gitarre hatte, war das ein lebensveränderndes Ereignis."* [18]

Als 17Jähriger gewann er mit einem selbstgeschriebenen Song einen lokalen Talentwettbewerb – die Preise waren eine Schreibmaschine, ein Stapel Schallplatten und eine Vox-Elektrogitarre. Er spielte in diversen Bands, zog 1974 aus dem heimischen Baltimore nach Kalifornien um, wo er einen Vertrag beim *Beserkley-Label* erhielt, dessen Künstler – darunter *Earth Quake, Tyla Gang* und die *Rubinoos –* mit ihrem geradlinigen Rock einen Gegenentwurf zum ausufernden Progressive Rock jener Jahre lieferten. Die ersten Veröffentlichungen der *Greg Kihn Band* waren zumindest regionale Achtungserfolge, die dazu führten, dass die Musiker um *Greg Kihn* im Rahmen einer Promotion-Tour des Labels gemeinsam mit den anderen genannten Bands im März 1978 im Hamburger Audimax zu einem zweitägigen Rockpalast-Event auftreten konnten, seinerzeit angekündigt als Amerikas neue Rocksensation. Unter dem Titel „Bezerk Times" erschien im selben Jahr ein Live-Doppelalbum bei TELDEC, wobei jeder der *Beserkley*-Bands eine LP-Seite zustand. Daraus jetzt „Future Girl" und „Madison Avenue" aus der Feder von *Greg Kihn.*

Greg Kihn Band: Future Girl / Madison Avenue

Wolfgang Freund schreibt begeistert über das Hamburger Konzert auf dem LP-Cover: *„Kihn passt in kein Klischee, die Suche nach vergleichbaren Etiketten ist sinnlos, es gibt*

18   https://en.wikipedia.org/wiki/Greg_Kihn.

keine. Er gehört zur dritten Generation der amerikanischen Westcoast-Szene, die nach Hippie- und Drogenrausch endlich auf den beinharten Rock'n'Roll-Geschmack gekommen ist". [19]

In den späten 70er und den 80er Jahren veröffentlichte *Greg Kihn* beinah in jedem Jahr eine LP und tourte ausgiebig vor allem in den Staaten, was ihm eine treue Fangemeinde eintrug, die seine ehrliche, intensive und schnörkellose Spielweise besonders schätzte. Komplettiert wurde die Band damals von *Dave Carpender* an der Leadgitarre, dem Schlagzeuger *Larry Lynch* und dem Bassisten *Steve Wright*. Seinen größten Hit landete *Kihn* mit der Single „Jeopardy", die 1983 bis auf Platz Zwei der Billboard Hot 100 kletterte. Als Vorgruppe war die *Greg Kihn Band* unter anderem für *Journey, Grateful Dead* und die *Rolling Stones* aktiv. Ab 1986 spielte sogar *Joe Satriani* eine Zeitlang die Leadgitarre bei *Greg Kihn,* der allerdings in den 1990er Jahren die musikalischen Aktivitäten zugunsten seiner Arbeit als Radiomoderator und Autor von erfolgreichen Horror-Thrillern etwas reduzierte, freilich ohne sie ganz aufzugeben. Aktuell spielen in der *Greg Kihn Band* sein Sohn *Ry Kihn* als Leadgitarrist, dazu *Robert Berry* am Bass und *David Lauser* am Schlagzeug. Zudem war *Kihn* längere Zeit im Rahmen von *Rick Springfields* „Best In Show"-Tour unterwegs. Und schon 2007 ist er in die *San José Rocks Hall of Fame* aufgenommen worden.

Als LiveRillen-Gratulation für *Greg Kihn* und in der Hoffnung, dass ihn sein zeitloser Rock noch eine ganze Weile begleiten möge, hier noch ein weiterer Ausschnitt aus seinem Gig im Hamburger Audimax am 14. März 1978, das keineswegs ein geheimes Treffen war, auch wenn sein Song „Secret Meetings" heißt…

Greg Kihn Band: Secret Meetings

Nun zu einem 80jährigen Geburtstagskind dieses Monats, dessen Name im Gegensatz zu *John Wetton* und ganz ähnlich wie beim eben gehörten *Greg Kihn* mit nur einer einzigen Band in ebenso langjähriger wie letztlich erfolgreicher Verbindung steht: *Rick Davies* und *Supertramp*. Am 22. Juli 1944 wurde *Davies* in Swindon im Südwesten Englands geboren; schon als Teenager tingelte er mit diversen Combos, in denen er anfangs Schlagzeug spielte, ehe er auf Tasteninstrumente umsattelte. Mit der Gruppe *Joint* gastierte er 1969 in Deutschland, wo ihn ein holländischer Millionenerbe hörte, der ihm spontan Unterstützung bei der Gründung einer eigenen Formation zusagte. Auf eine Anzeige im *Melody Maker* hin meldeten sich der Sänger und Gitarrist *Rodger*

---

[19] BEZERK TIMES, Do.-LP, TELDEC, 1978, LP-Coverfront.

Hodgson und einige weitere Musiker – die Geburtsstunde der Gruppe *Supertramp*. Doch der Erfolg ließ zunächst auf sich warten, die ersten beiden LPs floppten, auch eine Skandinavien-Tour brachte kaum Resonanz. Dann aber, nachdem Schlagzeuger und Bassist ausgetauscht wurden und mit *John Helliwell* ein herausragender Saxofonist gefunden war, brachte das Album „Crime Of The Century" 1974 den Durchbruch – nicht zuletzt aufgrund des anhaltenden Geldflusses aus den Niederlanden, der eine europaweite Promotion der LP ermöglichte. Aber auch die Nachfolger „Crisis? What Crisis?", „Even The Quietest Moments" und "Breakfast In America" überzeugten mit ihrem *„ausgetüftelte(n) Mainstream-Rock"* [20], wie *Siegfried Schmidt-Joos* es in seinem Rocklexikon nannte.

1980 erschien auf dem Höhepunkt ihres Erfolgs das großartige Live-Doppelalbum „Paris", aufgenommen in der französischen Hauptstadt Ende November 1979.

Daraus spiele ich mit „Dreamer" und „Take The Long Way Home" zwei der stets in Zusammenarbeit von *Hodgson* und *Davies* entstandenen Hits der Band, bei denen geradezu exemplarisch die typische Spielweise unseres Geburtstagskindes *Rick Davies* auf den Tasten seines Wurlitzer-Pianos zu hören ist – dieser weich hämmernde Stakkato-Sound, über dem sich der markante Tenor von *Rodger Hodgson* und das scharf geblasene Saxofon von *John Helliwell* bestens entfalten können.

Supertramp: Dreamer / Take The Long Way Home

So klangen sie auf dem Höhepunkt ihrer Karriere: *Supertramp* live im Spätherbst 1979 mit ihrem Keyboarder *Rick Davies,* der in wenigen Tagen seinen 80. Geburtstag begehen wird.

Für *Supertramp* gab es in den 80er und 90er Jahren mehr Tiefen als Höhen: *Rodger Hodgson* stieg 1983 zugunsten einer letztlich nicht sonderlich erfolgreichen Solokarriere aus; *Supertramp* machten als Quartett weiter, doch ihre neueren Platten fanden kaum Beachtung. Mehrfach kehrte *Hodgson* für Konzerte zu seinen einstigen Mitstreitern zurück, doch waren diese Reunions nie von Dauer.

---

[20] RL, Band 2, S. 907.

Die Musikzeitschrift *Stereo Review* befand, „*Supertramp werden mit jedem weiteren Album peinlicher*"[21], und über ein *Supertramp*-Konzert in Nürnberg im September 2010 war in *GoodTimes* anschließend zu lesen: „*Trotz großer Showbühne gelang es Davies am Klavier nicht, auch nur annähernd so viel Charisma zu versprühen wie Hodgson*"[22] . Immerhin konstatierte der Rezensent, "*Supertramps ganz spezieller Sound – geprägt von Rick Davies' stakkatoartigem Wurlitzer-Tastenspiel und John Helliwells hervorstechenden Saxofonsoli – (habe) dennoch für einige wehmütige Erinnerungen*"[23] gesorgt.

Nun, bis 2015 waren *Supertramp* noch auf Tour, dann zerschlug eine Krebsdiagnose bei *Rick Davies* vorerst weitere Pläne. Allerdings scheint er die Krankheit überwunden oder doch zumindest so weit in den Griff bekommen zu haben, dass er in den letzten Jahren mit ehemaligen *Supertramp*-Kollegen und weiteren musikalischen Wegbegleitern mehrfach unter dem Bandnamen *Ricky and The Rockets* auf Konzertbühnen zu erleben war. Und vielleicht gibt es doch noch eine Chance für eine Wiederbelebung der *Supertramp*-Legende, zumal ja *Roger Hodgson,* inzwischen 74jährig, selbst noch immer aktiv und ausgesprochen gut bei Stimme ist. Ob das die persönlichen Differenzen, die vor über vier Jahrzehnten zu seinem Ausstieg bei *Supertramp* geführt hatten, ausräumen kann, muss man sehen.

Hier nun als Nachweis, dass *Supertramp* auch ohne ihren charismatischen Frontmann so schlecht nun auch wieder nicht waren, noch drei Songs von ihrer Konzertplatte „Live '88", deren Titel bei einer von Brasilien über Kanada nach Europa führenden Welttournee der Band mitgeschnitten wurden. Man habe damals weder einen Produzenten noch spezielle Tontechniker für das Recording dabei gehabt und lediglich mit einem 2-Spur-Gerät das Stereo-Signal aus dem 48-Kanal-Mischpult aufgezeichnet, schreibt *Rick Davies* in den Linernotes auf der Plattenhülle und fährt fort: „*Infolgedessen ist diese Platte sozusagen Supertramp im Rohzustand, mit nur minimalen Manipulationen an den Bändern*"[24]. Dabei hebt *Davies* gerade die Klassiker wie „Breakfast In America" oder „Logical Song" heraus, indem er weiter schreibt: „*Ich*

---

[21] Vgl. RL, Band 2, S. 908.
[22] GoodTimes, Nr. 6/2020, S. 88.
[23] Ebenda.
[24] Im Original: As the result, this record is Supertramp in the raw as it were with very minimal tampering with the tapes.

konnte mir kaum vorstellen, dass jemand anderes als Roger Hodgson es schaffen würde, aber Mark hat es geschafft" [25].

Gemeint ist *Mark Hart,* der 1985 zur Band gestoßen war und neben Gitarre und Keyboards auch diverse Gesangsparts übernommen hatte. Hier nun die beiden genannten Songs aus der großen *Supertramp*-Ära – zuvor noch mit „Not The Moment" ein damals neuer Titel, komplett von *Rick Davies* geschrieben und auch performt.

Supertramp: Not The Moment / Breakfast In America / The Logical Song

Songs, die zweifellos zum Besten gehören, was die 1970er und 80er Jahre an mainstreamorientierter Rockmusik hervorgebracht haben: *Supertramp* mit Rick Davies an den Tasten, der am 22. Juli seinen 80. Geburtstag begehen wird – schon jetzt alles Gute für die Zukunft!

Der Rest der heutigen LiveRillen gehört nun – wie bereits eingangs angekündigt – einem anderen britischen Keyboarder, der fünf Jahre und vier Tage vor *Rick Davies* in London geboren wurde und der mithin am 18. Juli auf stolze 85 Lebensjahre zurückblicken kann. Seine musikalische Vita reicht bis in die 1950er Jahre zurück und hat ihm längst einen Ehrenplatz in der *Hammond Hall of Fame,* der illustren Ruhmeshalle seines bevorzugten Instruments, gesichert. In der dortigen Laudatio heißt es: *„Der britische Hammond-Gigant hat bewiesen, dass großartige Rockmusik nicht unbedingt von der Gitarre kommen muss, und baute sein Werk mit dem Gespür eines Jazz-Meisters auf. Seine Sessions und Tourneen für Superstars wie Rod Stewart, Jimi Hendrix und Led Zeppelin kombinierten mühelos die musikalischen Formeln und machten seinen kraftvollen und einzigartigen Stil Millionen Menschen zugänglich. Seine eigenen Gruppen Trinity und Oblivion Express zeigten außerdem, dass der Hammond-Sound der Kern einer erfolgreichen Band sein kann."* [26]

Die Rede ist – unschwer zu erraten – von *Brian Auger.* Als jugendlicher Klavierschüler begeisterte er sich für Jazz, gründete Mitte der 1960er Jahre mit *Rod Stewart, Julie Driscoll* und *Long John Baldry* die Gruppe *Steampacket,* die später in *Trinity* umbenannt wurde und Ende der 60er sogar Hitparadennotierungen erreichen konnte. Nachdem die noch heute in einem Duo mit dem Jazzmusiker *Martin Archer* aktive Sängerin *Julie Driscoll* bei *Trinity* ausstieg, formte *Brian Auger* mit dem *Oblivion Express* 1973 eine neue Jazzrock-Band, in der neben ihm selbst

---

[25]   Im Original: It's hard for me to imagine anybody else but Roger Hodgson pulling it off, but Mark did.

[26]   Übersetzt nach: https://artists.hammondorganco.com/hall-of-fame.

die Gitarristen *Alex Ligertwood,* der zudem als Sänger und Perkussionist in Erscheinung trat, und der leider schon 1979 verstorbene *Jack Mills* über dem groovenden Fundament von Bassist *Barry Dean* und Schlagzeuger *Stephen Ferrone* den Ton angaben.

Von der LP „Live Oblivion Vol. 1", die 1974 bei RCA erschien, habe ich „Bumpin' On Sunset" ausgewählt, eine Komposition des US-Amerikaners *Wes Montgomery,* der bis heute als einer der einflussreichsten Jazzgitarristen der 1960er Jahre gilt. Die eigenwillige Anschlagtechnik des Autodidakten, der die Saiten anstelle eines Plektrums mit dem Daumen zum Klingen brachte, erzeugte einen zugleich perkussiven und dennoch weichen Sound, der spätere Instrumentalisten wie *Jim Hall* oder *Carlos Santana* inspirierte, auch wenn eingefleischte Jazz-Puristen

das schon mal als verpöntes „Easy Listening" abtaten.

Hier nun die keineswegs oberflächliche Version, die *Brian Auger* und sein *Oblivion Express* aus der Vorlage von *Wes Montgomery,* der 1968 im Alter von nur 35 Jahren an einem Herzinfarkt verstorben war, im angesagten Musik-Club *Whisky A Go Go* auf dem Sunset Strip im kalifornischen Hollywood gestaltet haben.

Oblivion Express: Bumpin' On Sunset

Die Zusammenarbeit mit *Alex Ligertwood,* der ja auch 16 Jahre lang den Vokalpart in der Band von *Carlos Santana* innehatte, hat *Brian Auger* bis ins hohe Alter fortgesetzt; noch vor wenigen Jahren tourten beide mit dem *Oblivion Express,* in dem inzwischen *Brian Augers* Sohn *Karma* am Schlagzeug sitzt und seine Tochter *Savannah Grace* als Sängerin mitwirkt, durch die angesagten Jazzclubs dies- und jenseits des Großen Teichs. Und aktuell kursieren Gerüchte in der Szene, wonach *Brian Auger* in der Konzertsaison 2024/25 sogar wieder in Deutschland präsent sein werde…

Ebenfalls von Dauer war *Brian Augers* Freundschaft zum deutschen Saxofonisten und Bandleader *Klaus Doldiger,* der als einer der ersten deutschen Jazzmusiker in den 1970er Jahren Weltgeltung erlangte. Um *Doldinger* und seine Band *Passport* kreisten mit *Alexis Korner,* dem Drummer *Pete York,* dem Bassisten *Colin Hodgkinson* oder dem Saxofonisten *Johnny Griffin* längst weitere bedeutende Vertreter der Fusion-Stilistik zwischen Jazz und Rock, mit denen *Brian Auger* fortan häufig auf der Bühne oder im Studio zusammentraf. Ein einzigartiger

Konzerthöhepunkt wurde das 20jährige Bühnenjubiläum von *Klaus Doldiger,* das dieser im Oktober 1973 mit zwei Konzerten in der Hamburger Musikhalle und der Düsseldorfer Rheinhalle beging. *Siegfried Schmidt-Joos* nannte das Ereignis, dessen personelle Besetzung der Musikproduzent *Siegfried E. Loch* ausgewählt hatte, *„das zweifellos spektakulärste Summit Meeting der kontinentaleuropäischen Jazz- und Rock-Saison 1973/74"* [27], das erfreulicherweise für die Nachwelt konserviert worden ist.

Aus der 1974 erschienenen Liveplatte hören wir zunächst „Freedom Jazz Dance", eine Komposition des US-Amerikaners *Eddie Harris,* die der Musikjournalist *Hans-Jürgen Schaal* in seinem Lexikon der „Jazz-Standards" [28] als *„Symbol der progressiven schwarzen Musik der späten sechziger Jahre zwischen Free Jazz und Soulfunk"* [29] feierte. Hierbei kann *Brian Auger* ausführlich die geliebte Hammond-Orgel bedienen, unterstützt von *Wolfgang Schmid* am Bass sowie *Curt Cress* und *Pete York* an Schlagzeug und Perkussion. Anschließend der von *Doldinger* komponierte Tanz der Lemuren – „Lemuria's Dance", der ebenfalls Raum für *Brian Augers* instrumentale Klasse bietet.

Doldinger: Rock Me Baby / Freedom Jazz Dance

Ein weiteres musikalisches Kapitel schlug *Brian Auger* gemeinsam mit dem seit seiner Zeit in der *Spencer Davies Group* weltbekannten Schlagzeuger *Pete York* auf, als der nach seinem familiär bedingten Umzug nach Deutschland gemeinsam mit der *ARD* im Jahr 1987 die verdienstvolle Sendereihe *SuperDrumming* kreierte – diese stand ja bereits im Zusammenhang mit *Yorks* 80. Geburtstag im Mittelpunkt der LiveRillen-Ausgabe vom August 2022.

Zu den einzelnen *SuperDrumming*-Sendungen, die jeweils live aufgezeichnet wurden, lud *Pete York* befreundete Kollegen aus Rock, Jazz, Soul und Funk ein, um gemeinsam mit einer hochkarätig besetzten Studioband das Schlagzeug in seinen vielfältigen Möglichkeiten virtuos präsentieren zu können. Dazu gab es launige Interviews und unterhaltsame Anekdoten, und glücklicherweise sind diese musikalischen Höhepunkte der deutschen Fernsehgeschichte auch auf Vinyl festgehalten worden. Nicht von ungefähr hatte sich die von *Pete York* formierte

[27] Doldinger Jubilee Concert, LP, WEA Music, 1974, Linernotes im Cover.
[28] https://www.baerenreiter.com/shop/produkt/details/BVK1414/.
[29] Zitiert nach: https://de.wikipedia.org/wiki/Freedom_Jazz_Dance.

Begleitband der trommelnden Solisten den Namen *All Styles* gegeben – tatsächlich präsentierte die Sendereihe eine erstaunliche stilistische Bandbreite, die von *Louie Bellson* aus den Bands von Jazzgrößen wie *Duke Ellington, Count Basie* oder *Louis Armstrong* über den Soul-Drummer *Gerry Brown* und die im kraftvollen Rock erprobten *Ian Paice, Cozy Powell* oder *Simon Phillips* bis hin zu *Nippy Noya* reichte, dessen perkussive Experimente spannende weltmusikalische Farben einbrachten. Den damit verbundenen Herausforderungen zeigte sich die *All Styles Band* absolut gewachsen – neben *Brian Auger* musizierten darin der als Sohn eines Filmkomponisten in München geborene Keyboarder *Gert Wilden Jun.* (er wird übrigens im kommenden Monat 80 Jahre alt), dazu *Wolfgang Schmid* am Bass und der Gitarrist *Peter Wölpl*. Einziger Wermutstropfen dieser musikalischen

Sternstunden – ich hatte es seinerzeit bereits erwähnt – ist wohl die Tatsache, dass bei den Liveaufzeichnungen kein Publikum zugegen war. Dem furiosen Spirit der Konzerte tut das glücklicherweise keinen Abbruch, wie der von *Wolfgang Schmid* komponierte Titel „Body Moves" belegen wird. Als groovende Solisten sind hier *Pete York* und *Nippy Noya* zu erleben, und natürlich *Brian Auger* an den Tasten…

SuperDrumming: Body Moves

Damit nähert sich auch diese LiveRille ihrem Ende, und das ist nochmals mit *Brian Auger* verbunden, der hier sein großartiges Können in den Dienst eines befreundeten Schweizer Musikers stellt: *Phil Carmen*.

Der wurde im Februar 1953 unter dem wesentlich unspektakuläreren Namen *Herbert Hofmann* in Luzern geboren, wo er sich in Schülerbands die ersten musikalischen Sporen verdiente. Mit 19 gründete er das jazzige *Herbie Hofmann Sextett,* übernahm einen Musikladen und gab Gitarrenunterricht. Mitte der 70er dann der Sprung ins Haifischbecken des professionellen Musizierens, nun unter dem Künstlernamen *Phil Carmen*. 1982 gründete er ein eigenes Studio, in dem er seine LPs aufnahm, von denen „Walkin' The Dog" 1985 den internationalen Durchbruch schaffte. Die Singleauskopplung „On My Way In L.A." wurde einer der Sommerhits des Jahres; der lässig swingende Sound war tatsächlich eher im Sunshine-State der USA als in den Schweizer Bergen zu verorten. Weitere kleine Hits wie etwa „Moonshine Still" folgten; 1989 produzierte *Phil Carmen* das *Nena*-Album „Wunder geschehn", und 1996 veröffentlichte er eine LP mit *Bob-Dylan-*

Coversongs. Heute ist *Phil Carmen* eher als engagierter Tierschützer denn als Musiker aktiv.

Im Zenit seines Ruhms, Juli 1987, wurde sein Konzert im nicht zuletzt durch den *Deep-Purple*-Song „Smoke On The Water" weithin bekannten Casino von Montreux mitgeschnitten. In *Phil Carmens* Begleitband finden sich so illustre Namen wie *Dick Morrissey* am Saxofon, der ex-*Dire-Straits*-Drummer *Pick Withers,* der auch für *Kingfish* aktive US-Amerikaner *Steve Evans* am Bass – und eben auch *Brian Auger,* der die Keyboards bediente. Und mit „On My Way In L.A." finden die Juli-LiveRillen ihren wunderbar entspannten Abschluss.

In der nächsten Ausgabe steht mal wieder ein besonderes Instrument der populären Musik im Mittelpunkt: die Querflöte nämlich, und da kommen wir natürlich nicht an *Ian Anderson* vorbei. Freut euch drauf!

Phil Carmen: On My Way In L.A.

Quellen:

➢ Brian Auger's Oblivion Express: Live Oblivion Vol. 1 (Recorded Live At The Whisky, Hollywood), LP, RCA, 1974
➢ BEZERK TIMES, TV-Live-Concert 14.-15.3.1978 Hamburg – Audimax (Rubinoos, Tyla Gang, Earth Quake, Greg Kihn), Do.-LP, TELDEC, 1978
➢ Phil Carmen: Live In Montreux, LP, Metronome, 1987
➢ Klaus Doldinger & Passport: Doldinger Jubilee Concert, LP, WEA/Atlantic, 1974
➢ King Crimson: Book Of Saturday, LP, Flashback, 1974
➢ King Crimson: USA, LP, Island Records, 1974
➢ Roxy Music: Viva!, LP, Polydor, 1976
➢ Supertramp: Paris, Do.-LP, A&M, 1980
➢ Supertramp: Live '88, LP, A&M, 1988
➢ UK (u. a. John Wetton): Night After Night – Live!, LP, EG Records, 1979
➢ Pete York Presents: Super Drumming, Do.-LP, BMG Ariola, 1987

No. 77:   **Flötentöne in der populären Musik**
August 2024

Im Mittelpunkt der heutigen LiveRillen steht ein Instrument, dessen Vorläufer möglicherweise neben den Trommeln den Ursprung der Instrumentenbaugeschichte überhaupt markieren: Die Flöte. Eigentlich ist das ja die Bezeichnung einer ganzen Instrumentenfamilie, wobei sich grundsätzlich die beiden Hauptzweige der Längs- und der Querflöten unterscheiden lassen. Historisch gesehen bildeten sicherlich die Längsflöten den Anfang: die ältesten Fundstücke sind steinzeitliche Knochen- und Elfenbeinflöten, die vor rund 40tausend Jahren von unseren Vorfahren auf der Schwäbischen Alb geblasen wurden, wohl vor allem bei religiösen Kulthandlungen. Etwas jünger sind die Spuren, die der göttliche Verführer Pan mit seiner nach ihm benannten Flöte oder auch der Rattenfänger von Hameln in der Kulturgeschichte hinterlassen haben. Und Preußenkönig *Friedrich der Große* wurde vom zuvor in Merseburg tätigen *Johann Joachim Quantz* auf dem Instrument unterrichtet und von *Adolph von Menzel* als „Flötenspieler von Sanssouci" in Öl verewigt.

Bei allen Naturvölkern waren Flöten in unterschiedlicher Form präsent, und *Mozart* hat dem Instrument Zauberkräfte zugesprochen, mit deren Hilfe Prinz Tamino schließlich seine Pamina erobert. In der Orchestermusik ist die Flöte – sowohl in ihrer Längsform als auch als Querflöte – seit Jahrhunderten fester Bestandteil und auch als Soloinstrument gut repräsentiert, und an der schlichten Blockflöte kommt wohl auch heutzutage kein Kind im Musikunterricht vorbei. Kein Wunder also, dass die Flöte auch in der populären Musik eine gewichtige Rolle spielt.

Die ältesten Belege für quer geblasene Flöten – die so genannten *flauto traverso* – datieren aus dem hohen Mittelalter zwischen dem 12. und 14. Jahrhundert. Von der Renaissance über Barock, Klassik und Romantik wurde das Instrument stetig weiterentwickelt, bis ihr der deutsche Flötist, Flötenbaumeister und Komponist *Theobald Böhm* in der ersten Hälfte des 19. Jahrhunderts ihr heutiges Aussehen gab: Eine komplexe Mechanik aus diversen Klappen ermöglicht das virtuose solistische Spiel über mehrere Oktaven hinweg. Die etwas simplere Ausführung hat sich dagegen vor allem in der Militärmusik durchgesetzt.

Von zuvor vereinzelten Flötentönen mal abgesehen, war es ganz sicher ein gebürtiger Schotte, der die Querflöte in der Rockmusik etablierte: *Ian Anderson*. 1947 als Sohn eines Fabrikbesitzers geboren, gründete er 1963 mit Schulfreunden eine Soul- und Blues-Band, in der er sang und Gitarre sowie Mundharmonika spielte. Doch als vier Jahre später daraus *Jethro Tull* wurde, machte er beinahe über Nacht die Querflöte zu seinem dauerhaften Markenzeichen.

Im Januar 1969 wurde ein Konzert der Band im *Konserthuset Stockholm* aufgezeichnet und zwanzig Jahre später vom Bootleg-Label *Swingin' Pig Records* veröffentlicht. Daraus „My Sunday Feeling" und „Song For Jeffrey" – beides Kompositionen von *Ian Anderson*.

Jethro Tull (Ian Anderson): My Sunday Feeling / Song For Jeffrey

Ian Anderson ist übrigens Autodidakt auf der Querflöte, die er erst wenige Wochen vor den Aufnahmen zur ersten *Jethro-Tull*-LP „This Was", die 1968 erschien, in die Finger bekam. Erstaunlich, wie rasch der damals gerade mal Zwanzigjährige das keineswegs einfach zu spielende Instrument beherrschen lernte. Allerdings bot dieser Studio-Erstling noch nicht durchgängig den typischen *Jethro-Tull*-Sound der Folgejahre – „This Was" ist mit Anleihen bei Blues, Folk und Jazz geprägt von der Suche nach dem eigenen Stil. Zudem verließ Gründungsgitarrist *Mick Abrahams* nach der Studioproduktion die Band und wurde ersetzt durch *Martin Barre,* der *Jethro Tull* bis 2012 die Treue hielt. Immerhin erreichte die Debüt-LP Platz 10 der britischen Charts und etablierte die Band mit ihrem durchaus ungewöhnlichen und spannenden Progressive-Rock-Sound in der internationalen Szene. In der sind *Jethro Tull* trotz zahlreicher Personalwechsel und zeitweiliger Auflösung tatsächlich noch immer aktiv und live unterwegs – so werden der dann 77jährige *Ian Anderson* und seine aktuellen musikalischen Mitstreiter in diesem Herbst (2024) unter anderem in Leipzig, Dresden und Magdeburg zu erleben sein.

Auch stilistisch gab es im Laufe der Jahrzehnte einige Wandlungen – so experimentierte die Band in den 80er Jahren mit Elektronik und wandte sich zeitweise dem härteren Rock zu. Für ihre 1987 erschienene LP „Crest Of A Knave" erhielt die Band zwei Jahre sogar später ihren ersten und einzigen *Grammy* für die beste Hard-Rock-Darbietung. 2008 wurde *Ian Anderson* von der englischen Königin zum *Member of the Order of the British Empire* ernannt; in die *Rock and Roll Hall of Fame* durfte er aber bislang noch nicht einrücken…

Als jüngstes Produkt kam im Vorjahr das rein akustische Studioalbum „Rökflöte" heraus, das in der *GoodTimes* als *„eines der besten Werke in der … Historie des britischen Folk-Rock-Projekts Jethro Tull überhaupt"* gefeiert wurde. Allerdings wird auch berechtigterweise angemerkt: *„Nur die Stimme des Masterminds und Frontmanns lässt mehr und mehr zu wünschen übrig, gleicht häufig mehr einem Krächzen denn dem vollmundigen Sangesorgan von einst".* [30]

Also vertraue ich lieber auf lange zurück liegende Aufnahmen aus der großen Zeit der Band, deren bekanntestes Live-Album „Bursting Out" 1978 bei *Chrysalis* erschienen ist. Daraus jetzt zunächst „Flute Improvisation" mit Anklängen an *Johann Sebastian Bachs* „Bourée". Anschließend folgt „Locomotive Breath", einer der bis heute bekanntesten Titel der Band, den *Ian Anderson* mit seinen typischen überblasenen Flageolett-Tönen prägt.

Jethro Tull (Ian Anderson): Flute Improvisation / Locomotive Breath

Das einprägsame Riff macht diesen Song ebenso unvergesslich wie das virtuose Flötenspiel von *Ian Anderson*: „Locomotive Breath" von *Jethro Tull*. *Wikipedia* behauptet ja, *„Jethro Tull [sei] die einzige international erfolgreiche Band der Rockgeschichte, in deren Musik die Querflöte eine tragende Rolle einnimmt"* [31] – die verbleibende Sendezeit wird aber zeigen, dass das Instrument in der populären Musik keineswegs ein Schattendasein führt!

Wir reisen auf der Spur der Flötentöne in die benachbarten Niederlande und treffen dort den 1948 in Amsterdam geborenen Multiinstrumentalisten *Thijs Van Leer* und seine 1969 gegründete Band *Focus,* über die es auf dem eigenen Facebook-Profil selbstbewusst heißt: *„Mit ihrem einzigartigen Progressive Rock erwiesen sich Focus Anfang der siebziger Jahre als der erfolgreichste und beliebteste niederländische Pop-Rock-Exporteur".* [32]

Nun ja, mit Superlativen ist das so eine Sache, und ich wäre angesichts von *Shocking Blue* und *Golden Earring* da etwas vorsichtiger. Richtig ist aber zweifellos, dass sich *Focus* in jener Hoch-Zeit des Progressive Rock mit ihren ausufernden Kompositionen, in denen klassische Elemente mit Jazz, Rock und Folk organisch verwoben wurden, europa- und weltweit großer Beliebtheit erfreuten und vielen Experten – darunter *Siegfried Schmidt-Joos* [33] – als große Hoffnung für die internationale Popmusik galten. Von Anfang an wollten *Van Leer* und sein

30   GoodTimes, Nr. 2/2023, S. 24.
31   https://de.wikipedia.org/wiki/Jethro_Tull.
32   https://www.facebook.com/focustheband50/.
33   Vgl. RL, Band 1, S. 336.

Hauptpartner, der versierte Rock- und Jazz-Gitarrist *Jan Akkerman,* mehr als nur eine auswechselbare Popband werden. *Thijs Van Leer,* Sohn eines klassischen Konzertflötisten, hatte ein jahrelanges Studium am Amsterdamer Konservatorium hinter sich; *Akkerman* war Stipendiat der Gitarrenklasse am Lyceum, und auch Bassist *Bert Ruiter* und Schlagzeuger *Pierre van der Linden* waren bestens ausgebildet und stilistisch nicht festgelegt, sodass der Eklektizismus ihrer Musik durch seine Qualität absolut überzeugen konnte. In ihrem wohl erfolgreichsten Jahr 1973 – in den Top 100 der Billboard-Charts waren zeitgleich drei LPs und zwei Singles der Gruppe verzeichnet! – wurde ein Konzert von *Focus* im Londoner *Rainbow Theatre* aufgezeichnet und von *EMI Electrola* veröffentlicht. Aus diesem fulminanten Feuerwerk rhythmisch-melodischer Ideen hören wir das zehnminütige Konzertstück „Focus III", wesentlich bestimmt durch die von *Thijs Van Leer* geblasene Querflöte…

Focus (Thijs Van Leer): Focus III

Nach dem Ausstieg des Gitarristen *Jan Akkerman* zerfiel die Gruppe 1977; hin und wieder gab es – zumeist von *Thijs Van Leer* initiiert – neue Projekte gleichen Namens mit unterschiedlichem Personal. Der inzwischen 76jährige Keyboarder und Flötist ist noch immer aktiv; so arbeitet er live und im Studio seit rund zwanzig Jahren erfolgreich mit dem saarländischen Gitarristen *Thomas Blug* zusammen, einem der besten und dabei leider weithin unbekannten Rockgitarristen Deutschlands.

Nun zur Frage, ob die Querflöte auch im Blues Verwendung finden kann. Die passende Antwort gibt in diesem Falle *Johnny Almond,* ein 1946 geborener und vor 15 Jahren verstorbener Brite, der von Vibraphon und Hammondorgel über alle möglichen Varianten des Saxofons bis eben hin zur Querflöte schon frühzeitig vielfältige Spuren in der Bluesszene hinterlassen hat und insbesondere durch sein Zusammenspiel mit dem Mitbegründer des britischen Blues, *John Mayall,* bekannt wurde. Aber auch seine Arbeit mit *Alan Price* oder das mit dem ebenfalls bei *John Mayall* beschäftigten Songwriter und Gitarristen *Jon Mark* betriebene Duo *Mark-Almond* sollen nicht unerwähnt bleiben.

In *John Mayalls* Band war *Almond* 1969/70 aktiv, und so sind seine Soli auch auf der herausragenden Liveplatte „The Turning Point" – einem 1969 im New Yorker *Fillmore East* aufgenommenen Meilenstein des weißen Blues-Revivals – verewigt.

„The time is right for a new direction in blues music" – so beschreibt *John Mayall,* der vor wenigen Tagen, am 22. Juli 2024, im Alter von 90 Jahren in seiner Wahlheimat Kalifornien verstorben ist, auf dem Back-Cover der LP die nur im Quartett mit *Johnny Almond, Jon Mark* und dem Bassisten *Steve Thompson* akustisch eingespielte Musik.

Eröffnungssong aus der Feder des Bandleaders ist „The Laws Must Change" – ein direkter Reflex auf die gesellschaftliche Situation am Ende der 1960er Jahre

mit ihren Studentenunruhen, den Protesten gegen den Vietnamkrieg und Demonstrationen gegen Rassendiskriminierung: *„ein paar persönliche Beobachtungen zum Thema Polizei vs. Jugend und zur Drogensituation"*, so beschreibt *John Mayall* den Titel in den Liner Notes der LP selbst – die Gesetze müssen verändert werden!

Hier ist das politisch intendierte Stück mit *Johnny Almond* an der Querflöte.

John Mayall (Johnny Almond): The Laws Must Change

Seit Ende der 1980er Jahre hatte sich *Almond* aus der professionellen Musikszene weitgehend zurückgezogen, auch wenn er hin und wieder für Studioaufnahmen eingeladen wurde und 1996 noch einmal gemeinsam mit *Jon Mark* eine CD veröffentlichte. Seine letzten Lebensjahre verbrachte er in der San Francisco Bay Area, wo er die örtlichen Barbesitzer gelegentlich überraschte, indem er mit seinem Saxophon einfach so zum Jammen vorbeikam [34]. 2009 ist *Johnny Almond* – nur 63jährig – an Krebs verstorben.

Noch umfangreicher als das hinterlassene Werk von *Johnny Almond* ist das Oeuvre von *Mel Collins,* zumal der 1947 auf der Isle of Man geborene Jazz- und Rockmusiker an Saxofon, Klarinette, Keyboards und Querflöte noch immer aktiv ist. Erste Bekanntheit erlangte der Sohn einer Sängerin und eines Saxofonisten als Mitglied der britischen ProgRock-Bands *King Crimson* und *Camel;* im Laufe seiner langen und erfolgreichen Karriere arbeitete er unter anderem mit *Alexis Korner, Clannad, Eric Clapton, Bad Company,* den *Dire Straits, Bryan Ferry, Roger Chapman, Marianne Faithfull, Roger Waters, Gerry Rafferty, Tears For Fears* oder *Joan Armatrading* zusammen, und auch das Saxofon-Solo auf der *Rolling-Stones*-Single „Miss You"

---

[34]   Siehe: https://en.wikipedia.org/wiki/Johnny_Almond.

stammt von ihm. Und wenn *King Crimson* hin und wieder auch heute noch aktiv sind, dann ist zumeist auch *Mel Collins* mit von der Partie.

Zudem ist *Mel Collins* seit langem prominenter Endorser für den japanischen Querflötenbauer *Pearl*. Und auch in Deutschland ist *Mel Collins* kein Unbekannter – er hat sein Können unter anderem in den Dienst von *Westernhagen* gestellt und war 2006 eine Zeitlang Mitglied der Liveband in der *Harald-Schmidt-TV-Show*.

Ich habe einen Mitschnitt aus seiner Zeit bei *Camel* ausgewählt. Die britische Progressive-Rock-Band wurde 1971 vom Gitarristen und Sänger *Andrew Latimer* gegründet, der übrigens selbst auch recht ordentlich Querflöte spielt und die Band tatsächlich bis heute am Laufen hält, wenn auch in häufig veränderter Besetzung.

Von 1977 bis 1979 war *Mel Collins,* der mit Latimer eng befreundet ist, reguläres Mitglied von *Camel,* nachdem er zuvor bereits häufig bei Livekonzerten Gast der Band gewesen war.

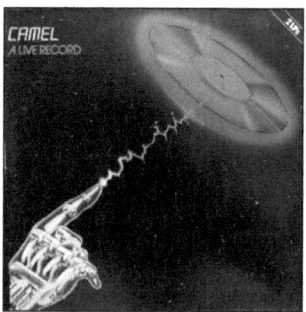

Vom 1978 erschienen Konzertalbum „Camel – A Live Recording" hier das lyrische Stück „Rayader" mit *Mel Collins* an der Querflöte.

Camel (Mel Collins): Rayader

Zu den progressiven britischen Bands, die zu Beginn der 1970er Jahre das Spektrum der populären Musik vom Beat hin zu Rock und Jazz erweiterten, gehörte auch die 1969 in London gegründete Formation *If,* deren Fusion-Stil sich mit der amerikanischen Konkurrenz von *Chicago Transit Authority* oder *Blood, Sweat & Tears* durchaus messen konnte. Hier steuerte *Richard Edwin Morrissey,* genannt *„Dick"*, neben Saxofon und Klarinette die Flötentöne bei.

Der 1940 geborene Autodidakt spielte schon während der 1960er Jahre in verschiedenen professionellen Bands, ehe er sich gemeinsam mit dem Keyboarder *John Mealing,* Gitarrist *Terry Smith,* dem Bassisten *Jim Richardson,* Sänger *J. W. Hodkinson, Spike Wells* am Schlagzeug und dem Saxofon-Kollegen *Dave Quincy* – allesamt bereits gestandene Solisten – zur Gruppe *If* zusammenschloss. Ab 1970 erschienen jährlich musikalisch hochwertige Studio-LPs, lediglich in der Abfolge nummeriert bis zu „If 4", die 1972 mit dem Zusatz „Waterfall" erschien und mit deren Repertoire die Briten im selben Frühjahr auch auf Deutschland-Tour gingen. Bei dieser Gelegenheit wurde eine Live-LP aufgezeichnet, die bei *United Artists Records* erschienen ist. Daraus hören wir gleich das von *Dick Morrissey* komponierte Titelstück „Waterfall", das durch die Dominanz der Querflöte geprägt ist und neben jazzigen Passagen auch deutliche Folkmusic-Anleihen aufweist.

Weil der kommerzielle Erfolg der Band trotz ihrer künstlerischen Qualität insgesamt dann doch hinter den Erwartungen zurückblieb, lösten sich *If* nach einigen Personalwechseln Mitte der 1970er Jahre auf. *Dick Morrissey* stieg zunächst bei den Fusion-Kollegen von *Soft Machine* ein, siedelte bald darauf nach New York um und arbeitete in der Folge mit zahlreichen Musikern und Bands sowohl live als auch im Studio zusammen – die lange Liste reicht von der *Average White Band* über *Dusty Springfield, Alan Price, Paul McCartney, Alexis Korner, Brian Auger, Pete York, Klaus Doldinger* und *Peter Gabriel* bis zu *Ian Stewart* oder dem *Rolling-Stones*-Drummer *Charlie Watts.*

Ende der 90er Jahre zwang ihn eine schwere Krebserkrankung zum Abschied von der Bühne. Im November 2000 ist *Dick Morrissey* daran verstorben – er wurde nur 60 Jahre alt.

Hier nun das angekündigte Beispiel für seine großartige, sensible und stets melodisch orientierte Flötenkunst: „Waterfall", live mit der Gruppe *If* im Jahr 1972.

If (Dick Morissey): Waterfall

Nach diesem lyrisch-folkigen Wasserfall, den *Dick Morrissey* für seine damalige Fusion-Band If komponiert hat, nun als Kontrastprogramm eine musikalische Dampfwalze (oder vielleicht auch ein Dampf-Walzer?) – zumindest sind beides mögliche Übersetzungen aus dem Niederländischen von „De Stoomwals". In dem 1976 vom Multiinstrumentalisten *Erik Visser* und dem Flötenvirtuosen *Peter Weekers* gegründeten Akustik-Folk-Quartett *Flairck* spielten außerdem *Eriks* Bruder *Hans Visser* sowie die Geigerin *Judy Schomper,* die allerdings bereits nach der ersten Platte ausstieg und 1978 durch *Sylvia Houtzager,* eine klassisch ausgebildete Violinistin mit Harfe als Nebenfach, ersetzt wurde. Aufgrund ihres handwerklichen Könnens und der stilistischen Vielfalt etablierte sich die Gruppe rasch in der Oberliga des europäischen Folk-Revivals, tourte ausgiebig durch die Welt und legte in schöner Regelmäßigkeit herausragende Instrumentalalben mit Eigenkompositionen und Bearbeitungen internationaler Folklore und Traditionals vor.

Nach vier Jahrzehnten beschlossen die *Flairck*-Gründer *Visser* und *Weekers,* ihren guten Namen an die jüngere Generation weiterzugeben. So ist nun seit 2016 eine neue *Flairck*-Besetzung auf den Konzert- und Festivalbühnen in den großen Fußstapfen ihrer Vorgänger unterwegs, die den hohen Standard durchaus hält.

Zurück in die frühen Jahre von *Flairck:* 1980 erschien das Konzertalbum „Live In Amsterdam", mitgeschnitten bei einem Auftritt im *Nieuwe de La Mar Theater* der holländischen Hauptstadt. Daraus spiele ich jetzt besagten Dampf-Walzer, „De Stoomwals", bei dem wir mit ganz unterschiedlichen, zudem von allen vier Bandmitgliedern geblasenen Flöten konfrontiert werden, von der Indischen Bambusflöte über Alt- und Piccolo- bis zur Panflöte ist alles dabei.

Flairck (Peter Weekers, Erik Visser): De Stoomwals

Nun zu *Chris Wood,* einem weiteren herausragenden Könner auf Flöte und Saxofon. Viele Bläser beherrschen ja aufgrund ihrer grifftechnischen Verwandtschaft beide Instrumente, manche zudem noch die Klarinette, wobei der jeweilige Ansatz, also das eigentliche Blasen des Instruments, dann doch sehr unterschiedlich ist. Als Musiker war der 1944 bei Birmingham geborene *Chris Wood* übrigens Autodidakt, während der mehrfach Begabte auf dem Gebiet der Bildenden Kunst eine solide Ausbildung genossen hat: Nach dem Besuch des *Stourbridge College of Art* und der *Birmingham School of Art* (Abteilung Malerei) erhielt er ab Dezember 1965 sogar ein Stipendium für das Studium an der *Royal Academy of Art.*

Zu dieser Zeit hatte er bereits einige Jahre in lokalen Blues- und Jazzgruppen gespielt und lernte so die ebenfalls in Birmingham ansässige *Spencer Davis Group* kennen. Er freundete sich mit *Steve Winwood* an, und als der 1967 die Band verließ, gründeten beide gemeinsam mit *Jim Capaldi* und *Dave Mason* die Rock-Band *Traffic,* für deren ureigene Mixtur aus Rock, Jazz und Folk *Chris Wood* nun auch sein Kunststudium sausen ließ. Neben Flöte und Saxofon steuerte *Chris Wood* zum Gruppensound hin und wieder auch Keyboards und Bass bei und sang; gelegentlich war er als Ko-Autor an den Songs beteiligt. *Steve Winwood* sagte später über *Woods* Rolle in der Band, er sei so etwas wie der spirituelle Führer der Band gewesen:

„Er brachte uns Musik näher, die wir noch nie zuvor gehört hatten, von japanischer klassischer Musik bis zu obskurem Jazz und Yorkshire-Folk-Songs. Er half uns tatsächlich dabei, die Musik zu definieren, die wir machten." [35]

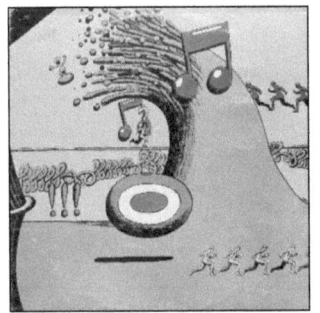

Neben *Traffic* steuerte *Chris Wood* in dieser Zeit bei Aufnahmen von *Jimi Hendrix, Nick Drake* oder *Free* prägende Saxofon- oder Flötenparts bei und stieg 1970 gemeinsam mit *Steve Winwood* kurzzeitig in eine vom ex-*Cream*-Drummer *Ginger Baker* gegründete Supergroup, die *Ginger Baker's Air Force,* ein, bevor er in den 70er Jahren bei der Neuauflage von *Traffic* wiederum dabei war.

Im Gegensatz zum musikalischen Erfolg verlief das Privatleben des sensiblen Künstlers eher deprimierend: Er verließ seine Frau, die ihn wohl betrogen hatte, als er mit *Traffic* auf Tour war, und geriet in die Fänge von Alkohol und Drogen; ein schwerer Leberschaden war die Folge. Hinzu kam die Trauer über den Tod des Free-Gitarristen *Paul Kossoff,* mit dem er gut befreundet war und der 1976 mit nur 25 Jahren starb. Im Januar 1983 verlor er mit dem ex-*Traffic*-Percussionisten *Rebop Kwaku Baah* einen weiteren engen Freund, und im Juli desselben Jahres erlag *Chris Wood* selbst im *Queen Elizabeth Hospital* in Birmingham seiner Lebererkrankung – er wurde nur 39 Jahre alt.

Hier nun zwei Beispiele seines virtuosen Könnens auf der Querflöte. Zunächst der *Dave-Mason*-Song „Sad And Deep As You" von der im Juli 1971 bei *Traffic*-Konzerten aufgenommenen LP „Welcome To The Canteen".

Anschließend hören wir die Flöte im Wettstreit mit dem Rest der *Ginger Baker's Air Force* – mit verdientem Zwischenapplaus des begeisterten Publikums – beim Elf-Minuten-Traditional „Early In The Morning", das *Ginger Baker* für seine Big Band arrangiert hat. Der Titel wurde 1970 in der *Royal Albert Hall* mitgeschnitten.

Traffic (Chris Wood): Sad And Deep As You
Ginger Baker's Air Force (Chris Wood): Early In The Morning

Nun zu einem weiteren bekannten Namen, der in der Jazz-, Rock- und sogar Pop-Szene gleichermaßen einen guten Klang hatte: *David Sanborn.* Und ja, auch hier ist die Vergangenheitsform nun leider geboten – der 1945 in Florida geborene Saxofonist und Querflötist litt seit Jahren an Prostata-Krebs, dem er am 12. Mai dieses Jahres in New York erlegen ist. Frühzeitig an Kinderlähmung erkrankt,

---

35 https://en.wikipedia.org/wiki/Chris_Wood_(rock_musician).

begann er schon als Dreijähriger mit dem Saxofonspiel und begeisterte sich früh für den Blues seiner Heimat. Als Jugendlicher spielte er bereits mit Szenegrößen wie *Albert King*, stieg mit Anfang Zwanzig in die *Paul Butterfield Blues Band* ein und arbeitete mit *Stevie Wonder* und *Gil Evans,* bevor er mit Dreißig sein erstes Solo-Album veröffentlichte, dem im Laufe der Jahre rund zwei Dutzend weitere Platten folgten – immerhin sechs davon wurden mit einem Grammy ausgezeichnet. Und die Liste der Musiker und Bands, die sich seiner Mitwirkung im Studio oder auf der Konzertbühne versicherten, liest sich wie ein Who Is Who der populären Musik im letzten Drittel des 20. Jahrhunderts: stellvertretend genannt seien *Melanie Safka, Al Jarreau,* die *Rolling Stones, Steely Dan, Eric Clapton, Sting, Tommy Bolin, Paul Simon, David Bowie, Steve Gadd, Miles Davis* und *Roger Waters.*

In Deutschland gehörte unter anderem *Nena* zu den Nutznießern seines Könnens, mit der er dem Saxofon eine vom weichen, melodischen Schmelz bis zum scharfen Biss reichende Soundpalette entlocken konnte. Und weil hin und wieder neben dem ansonsten bevorzugten Alt- oder Tenorsaxofon auch die Querflöte zum Einsatz kam, soll *David Sanborn* auch in dieser LiveRille zu hören sein mit einem kurzen Stück aus dem Livealbum „At The Tower Of Philadelphia", das *David Bowie* im Juli 1974 in Bestform präsentiert – und zwar in purer Konzertatmosphäre ohne nachträgliche Korrekturen und Overdubs, wie auf dem Plattencover vermerkt ist. Dabei verstärkt *David Sanborn* das illustre Line-Up der *Bowie*-Stamm-Band um den Gitarristen *Earl Slick* vornehmlich als Saxofonist, doch hin und wieder auch mit der Flöte. Hörbar gleich beim Eröffnungssong des Konzerts „1984", wobei es die Flöte nicht ganz leicht hat, sich gegen das Baritonsaxofon von *Richard Grando* zu behaupten. Ursprünglich hatte *Bowie* den Song, der durch *George Orwells* berühmte Dystopie inspiriert wurde, für ein geplantes, auf dem Buch basierendes Musical geschrieben; leider verweigerte *Orwells* Witwe ihre Zustimmung zu dem Projekt, sodass es bei einigen locker verknüpften Songs zum Thema blieb.

David Bowie (David Sanborn): 1984

In den LiveRillen nun zwei weitere Flötisten, die beide durch ihren identischen Nachnamen *Horn* mitunter verwechselt werden.

Zunächst der US-Amerikaner *Jim Horn,* inzwischen Mitte Achtzig, der vor einem halben Jahrhundert zu den meistbeschäftigten Studio- und Sessionmusikern der Jazz- und Rock-Szene gehörte. So stammt etwa die charakteristische Melodie der Original-Studioaufnahme des *Canned-Heat*-Klassikers „Goin' Up The Country" aus seiner Flöte; auch hatte er Saxofon und Flöte auf dem *Beach-Boys*-Meilenstein „Pet Sounds" gespielt und die Flötenparts auf der *Stones*-LP „Goats Head Soup"

übernommen. Er war beim Bangladesh-Benefiz-Konzert von Ex-*Beatle George Harrison* dabei und arbeitete für *John Denver* oder *Don Williams*.

Und in meiner Liveplattensammlung taucht er in der Begleitband von *Joe Cocker* auf, mit der die Woodstock-Legende 1972 die LP „Live In LA" aufgenommen hat. Daraus spiele ich „St. James Infirmary", ein auch durch *Louis Armstrong* bekanntgewordener Jazz-Standard.

Danach dann *Paul Horn*. Der 1930 in New York Geborene gilt als Mitbegründer der New Age Music, in der die von ihm meisterhaft beherrschte Querflöte eine beachtliche Rolle spielt. Schon in den 1950er Jahren war er Mitglied der Orchester von *Duke Ellington* oder *Nat King Cole,* wandte sich in der Hippie-Ära der Transzendentalen Meditation zu und begleitete die *Beatles* 1968 auf ihrem Indien-Trip, an dem bekanntlich auch der schottische Folksänger *Donovan Philipp Leitch* teilnahm. So ist es nicht verwunderlich, dass es zwischen beiden funkte und *Paul Horn* fortan den sanften Barden häufig im Studio und auch live mit seinen oft dunklen und warmen Flötentönen unterstützte.

Von dieser fruchtbaren Zusammenarbeit zeugen auch die zwischen 1982 und 1986 entstandenen Mitschnitte auf der bei *DINO Music* erschienenen *Donovan*-LP „25 Years In Concert", aus der ich „Lalena" ausgewählt habe, an der Querflöte fast meditativ begleitet von *Paul Horn*. Der mit der kanadischen Singer/Songwriterin *Ann Mortifee* verheiratete Künstler, der sich auch als Produzent von Jazz und Weltmusik einen Namen gemacht hat, ist vor ziemlich genau zehn Jahren 84jährig verstorben.

Hier also zunächst *Jim Horn* an der Seite von *Joe Cocker,* danach *Paul Horn* gemeinsam mit *Donovan*.

Joe Cocker (Jim Horn): St. James Infirmary
Donovan (Paul Horn): Lalena

Damit kommt auch diese LiveRillen-Ausgabe, die ganz den unterschiedlichen Flötentönen der populären Musik gewidmet war, zum Schlusspunkt, und den darf nun endlich eine Frau setzen! In klassischen Orchestern ist das Instrument ja häufig weiblich besetzt; in der populären Musik ist das bis heute leider eher die Ausnahme.

Die wohl bekannteste dieser Ausnahmen – und zugleich eine wirkliche Ausnahme-Könnerin als Musikerin und Komponistin – ist *Barbara Thompson,* die viel mehr war als nur die Frau an der Seite ihres gleichfalls berühmten Ehemanns, des 2018 verstorbenen *Colosseum*-Schlagzeugers *John Hiseman,* mit dem sie über fünfzig Jahre lang verheiratet war – eine wirkliche Seltenheit in der eher von Affären und Skandälchen geprägten Szene.

Nach ihrer klassischen Ausbildung am renommierten Londoner *Royal College of Music* – sie hatte dort Klarinette, Flöte, Klavier und Komposition studiert – fasste die 1944 in Oxford Geborene rasch Fuß in der britischen Jazz-Avantgarde und wurde gern als Studiomusikerin verpflichtet, so auch zu Produktionen der Jazzrock-Formation *Colosseum.* Dabei lernte sie *John Hiseman* kennen und lieben; beide heirateten schon 1967. Nach der Geburt ihrer Kinder *Marcus* und *Anna* gründete sie dann ihre eigene Fusion-Band: *Barbara Thompson's Paraphernalia.* Gemeinsam mit ihrem Ehemann war sie 1975 an der Gründung des *United Jazz and Rock Ensemble,* der so genannten „Band der Bandleader", beteiligt, zu der unter anderem die deutschen Jazzgrößen *Wolfgang Dauner* (Piano), *Albert Mangelsdorff* (Posaune), *Volker Kriegel* (Gitarre) und *Eberhard Weber* (Bass) gehörten. Daneben hat *Barbara Thompson* mit dem *John-Mayall*-Drummer *Keef Hartley* gearbeitet und dem ex-*Zombies*-Keyboarder *Rod Argent* geholfen, in den 1980er Jahren seine Jazz-Wurzeln wiederzubeleben.

Kein Wunder, dass die weit über Fachkreise hinaus anerkannte und populäre Künstlerin zur Musikbotschafterin des Vereinigten Königreiches berufen und als *Member of the Order of the British Empire* geehrt wurde. Selbst eine 1997 diagnostizierte Parkinson-Erkrankung konnte sie seinerzeit nicht dauerhaft stoppen. Nach einigen Jahren, in denen sie vornehmlich als Komponistin – unter anderem gemeinsam mit dem Musical-Guru *Andrew Lloyd Webber* – gearbeitet hatte, trat *Barbara Thompson* seit den 2000er Jahren wieder verstärkt live auf und war sogar bei einigen Neuauflagen von *Colosseum* mit von der Partie, wo sie den 2004 verstorbenen *Dick Heckstall-Smith* kongenial ersetzte.

Vor zwei Jahren ist die äußerst sympathische und hochproduktive Künstlerin im Alter von 77 Jahren verstorben. Ich erinnere an *Barbara Thompson* mit einer Liveaufnahme aus dem Hochsommer 1980, als sie mit ihrer Band *Paraphernalia* in England auf Tour war.

Die Besetzung bestand seinerzeit aus den Keyboardern *Colin Dudman,* der auch den Bass spielte, und *Dill Katz,* und am Schlagzeug saß natürlich *John Hiseman,* wobei ich an dieser Stelle mein Unverständnis ausdrücken will, dass sein Name in der vom *Rolling Stone* zusammengestellten Liste der hundert weltbesten

Schlagzeuger überhaupt nicht auftaucht – für mich gehört er dort mindestens unter die Top Twenty!

Im Mittelpunkt von *Paraphernalia* steht aber verdientermaßen seine Frau *Barbara Thompson,* deren wunderbares Flötenspiel beim Konzert-Opener „Summer Madness" – dem zur Jahreszeit durchaus passenden verrückten Sommer – diese LiveRillen beschließen wird.

Die nächste Ausgabe ist bekannten und weniger bekannten Protagonisten der Jazzgitarre gewidmet, darunter *George Benson, Larry Coryall, Jim Hall, Chris Hinze und Siggi Schwab, Pat Metheny* oder *Monette Sudler.* Freut euch drauf!

Barbara Thompson: Summer Madness

Quellen:

> David Bowie: David Live, Do.-LP, RCA, 1974
> Camel: A Live Record, Do.-LP, DECCA, 1978
> Joe Cocker: Live In L.A., LP, Cube Records, 1976
> Donovan: 25 Years In Concert (1982 – 86), LP, DINO, 1991
> Flairck: Live In Amsterdam, Do.-LP, Polydor, 1980
> Focus: At The Rainbow, LP, EMI, 1977
> If: On Tour In Germany – April 72, United Artists, 1972
> Jethro Tull: Nothing Is Easy, LP, Swingin' Pig Records, 1989
> Jethro Tull: Live, Do.-LP, Chrysalis, 1978
> John Mayall: The Turning Point, LP, Polydor, 1969
> Traffic: Welcome To The Canteen, LP, United Artists Records, 1971
> Barbara Thompson's Paraphenalia: Live In Concert, Do.-LP, MCA, 1980

No. 78: Jazzgitarre – von Melodic bis Free
September 2024

Die heutige LiveRillen-Ausgabe widmet sich Protagonisten aus der vielfältigen Welt der Jazzgitarre, wobei ich gleich einschränken will, dass ich mich bei der Auswahl natürlich darauf beschränken muss, was mein Plattenregal hergibt, und da ist Jazz zugegebenermaßen kein Sammelschwerpunkt. Doch wenn man selbst Gitarre spielt, bleibt es nicht aus, dass man sich auch für das interessiert, was auf den sechs oder mitunter auch zwölf Saiten jenseits der eigenen Stilistik geboten wird. Und das ist allemal anregend genug für die kommenden zwei Stunden!

Ich starte gleich mit einem der großen Namen: *George Benson*. Wobei echte Jazz-Puristen sofort die Nase rümpfen werden, denn der 1943 in Pittsburgh, Pennsylvania, geborene Gitarrist und Sänger gilt ihnen seit seiner Hinwendung zu Pop und Soul in den späten 1970er Jahren als Weichspüler. Der kommerzielle Erfolg seiner zahlreichen Projekte und Produktionen hat ihm auf jeden Fall recht gegeben – zehn Grammys stehen in *Bensons* Trophäenschrank, zudem landete er in den R&B-Charts der USA im Laufe der Jahre gut zwei Dutzend Hits, und 2009 hat er die höchste Auszeichnung für Jazzmusiker in den USA erhalten, die von der staatlichen NEA-Stiftung verliehene und mit 25.000 Dollar dotierte *Jazz Masters Fellowship*.

Seine musikalische Karriere begann als *Little Georgie Benson* bereits als Achtjähriger in den Nachtclubs seiner Heimatstadt; in den frühen 60er Jahren spielte er in diversen regionalen Rockbands, ehe er unter dem Einfluss von *Wes Montgomery* zum Jazz fand. Er spielte mit *Miles Davis* und anderen Größen der Szene, und sein von rasanten Tonfolgen ebenso wie von melodischen Phrasen geprägter Stil bescherte ihm gerade zur Hoch-Zeit der Fusion-Welle zunehmenden Erfolg. Den steigerte er noch durch die Tatsache, dass er auch über eine ganz passable Singstimme verfügt, wobei zu seinem Repertoire auch ein sein Gitarrenspiel unisono begleitender Scat-Gesang zählt.

Hier nun zwei Konzertausschnitte aus der ersten Hälfte der 1970er Jahre. Zunächst von der 1973 in der *Casa Caribe* mit *George Duvivier* (Bass), *Al Harewood* (Drums) und *Mickey Tucker* (Piano) aufgenommenen LP "Live In Concert" das Stück "There Will Never Be Another You". Anschließend mit "Take Five" einer der unverwüstlichen Jazz-Standards, den der Saxofonist *Paul Desmond* 1959 für das *Dave Brubeck*

Quartett komponiert hatte – die 1961 erschienene Single-Version gilt als die bis heute meistverkaufte Jazz-Single überhaupt. Wir hören eine auf *George Bensons* Jazzgitarre zugeschnittene Aufnahme seiner Band aus der *Carnegie Hall* vom Januar 1975 mit dem Flötisten *Hubert Laws* als *Special Guest*, den das US-Jazzmagazin *Down Beat* in den 70er Jahren mehrfach als führenden Jazzflötisten ausgezeichnet hat (was musikalisch ja durchaus an die letzte, den Flötentönen in der populären Musik gewidmete LiveRille anknüpft).

George Benson: There Will Never Be Another You / Take Five

Apropos Jazzgitarre – das ist ja in der Regel ein elektrisch verstärktes Instrument mit einem Vollresonanz-Corpus, gern vom diesbezüglich führenden US-Gitarrenbauer *Gibson*. Dessen Instrumente spielte *George Benson* anfänglich auch, ehe er Mitte der 70er Jahre etwas überraschend zur japanischen Firma *Ibanez* wechselte und dieser dadurch enormen Auftrieb verlieh: *"Benson war einer der ersten Jazzgitarristen, der zu Zeiten der Gibson-Dominanz einem japanischen Hersteller zu Ansehen unter Gleichgesinnten verhalf"* [36], heißt es dazu auf Wikipedia. *Ibanez* entwickelte gemeinsam mit dem Gitarristen mehrere Signature-Modelle, die bis heute angeboten werden – man kann sich die Instrumente auf *Bensons* eigener Website [37] anschauen. Passend dazu brachte *Fender* zwei Gitarrenverstärker unter dem Namen *GB* – also *George Benson* – heraus, den *GB Twin Reverb* und den *GB Hot Rod Deluxe*, und in dieser Kombination erzeugt der *"Alleskönner auf der Gitarre"* [38], wie der Bayerische Rundfunk ihn anlässlich seines 80. Geburtstages bezeichnete, seinen typischen Sound.

"Ob Blues, Bebop, Bossa, Pop: Der US-amerikanische Jazzgitarrist George Benson kann eigentlich alles spielen. Und zwar so gut, dass viele Gitarristinnen und Gitarristen rätseln, wie er das genau macht. An seinen aus dem Ärmel geschüttelten perlenden Gitarrenlinien erkennt man ihn sofort, an seinem Gesang sowieso" [39], lobt *Alexander Naumann* auf *BR Klassik* weiter und hebt das im Herbst 1977 im *Roxy Theatre* am Sunset Strip in Hollywood aufgenommene Live-Album "Weekend in L.A." als internationalen Durchbruch

---

[36] https://de.wikipedia.org/wiki/George_Benson.
[37] https://www.georgebenson.com/.
[38] https://www.br-klassik.de/aktuell/news-kritik/gitarrist-george-benson-zum-80-geburtstag-100.html.
[39] Ebenda.

für *George Benson* hervor. Zur bestens aufgelegten Band gehörten der Rhythmusgitarrist *Phil Upchurch*, *Ronnie Foster* an den Keyboards und *Jorge Dalto* am Piano, unterstützt von der aus dem Bassisten *Stanley Banks,* dem Schlagzeuger *Harvey Mason* und dem Percussionisten *Ralph MacDonald* bestehenden Rhythmusgruppe. Hier ist der Titelsong der erwähnten Live-LP, geschrieben von *George Benson:* "Weekend In L.A.".

George Benson: Weekend In L.A.

"Seinem hochvirtuosen und musikalischen Gitarrenspiel ist George Benson bis heute treu geblieben" [40], so *Alexander Naumann* zum 80. Geburtstag des Künstlers im vorigen Jahr.

Nun zu einem Kollegen, der ihm an der Gitarre und auch gesanglich in nichts nachstand: *Larry Coryell;* leider ist der gebürtige Texaner im Februar 2017 im Alter von 73 Jahren verstorben. Ihm gebühre das Verdienst, der Jazzgitarre in den 1960er und 1970er Jahren neue Dimensionen erschlossen zu haben [41], lobt Reclams Jazz-Lexikon. Begonnen hatte *Coryell* in Jazzbands in Seattle und New York, spielte u. a. mit *Herbie Man, John McLaughlin* oder *Wolfgang Dauner* und gründete 1973 mit *The Eleventh House* seine eigene Band. *"An ihm war alles markant"*, schreibt der Musikjournalist *Ulrich Habersetzer* in seinem Nachruf auf *Larry Coryell: "Sein Sound, seine Art, Gitarre zu spielen, wie er sprach, seine Mimik und seine Frisur. Ein imposanter, schlohweißer Schopf, der einem sofort beeindruckend ins Auge stach und der swingend im Takt mitwippte, wenn der Maestro seine Gitarre bediente."* [42]

Wobei er im Laufe der Jahre unterschiedliche Instrumente in Gebrauch hatte – anfangs die schon bei *George Benson* erwähnten Vollresonanzmodelle von *Gibson*, in den 70er Jahren dann vor allem 6- und 12saitige Akustikgitarren der Marke *Ovation*, die sich durch ihren typischen, etwas drahtigen und höhenbetonten Sound auszeichnen, später dann wieder die üblichen, elektrisch verstärkten und wärmer klingenden Jazzgitarren. Während seiner akustischen Phase bildete *Larry Coryell* gemeinsam mit *John McLaughlin* und dem Flamencogitarristen *Paco de Lucía* ein Trio, das 1979 in Europa umjubelte Konzerte spielte. Zeitweise Drogenprobleme

---

[40]   Ebenda.

[41]   Sinngemäß zitiert nach: https://de.wikipedia.org/wiki/Larry_Coryell.

[42]   https://www.br-klassik.de/themen/jazz-und-weltmusik/gitarrist-larry-coryell-nachruf-trauer-100.html.

führten dazu, dass *Coryell* durch *Al Di Meola*, den er selbst als Jugendlicher für den Jazz begeistert hatte, ersetzt wurde, sodass er an der legendären Freitagnacht in San Francisco am 5. Dezember 1980 nicht beteiligt war.

Zwei Titel, die *Coryells* musikalische Bandbreite in Sound und Stil gut erkennen lassen, habe ich ausgewählt. Zunächst ein Mitschnitt aus dem *Village Gate* in New York vom Januar 1971. *Larry Coryell* musizierte dort im Trio mit *Mervin Bronson* am Bass und dem Drummer *Harry Wilkinson*. Wir hören den Eröffnungstitel des Konzerts, der auch genau so heißt: "The Opening".

Danach „My Serenade", eine Komposition der von *Coryell* hoch verehrten Gitarrenlegende *Django Reinhardt*, gemeinsam mit dem belgischen Jazzgitarristen *Philip Catherine* von ihrer gemeinsamen Europa-Tournee im Jahr 1980, an der auch der deutsche Jazzpianist *Joachim Kühn* beteiligt war, der bei diesem von der 12saitigen *Ovation* dominierten Stück allerdings pausieren durfte.

Larry Coryell: The Opening / My Serenade

Larry Coryell im Zusammenspiel mit *Philipp Catherine;* der inzwischen 82jährige Belgier ist übrigens noch immer musikalisch aktiv, seine letzte Veröffentlichung datiert aus dem Jahr 2022. Beide Gitarristen waren aufgrund ihres hervorragenden Zusammenspiels 1977 an den Aufnahmen des *Charlie-Mingus*-Albums "Three or Four Shades of Blues" beteiligt, das zweifellos einen Höhepunkt im Werk des US-amerikanischen Kontrabassisten darstellt.

Nun zu *Jim Hall*, geboren 1930 in Buffalo und im Alter von 83 Jahren in New York verstorben. Er gilt als *Poet ohne Worte* unter den Jazzgitarristen; mit seinem „*konzentrierten, lyrischen Spiel*" und „*dem klaren, warmen, bislang wohl natürlichsten*" [43] Klang auf der elektrischen Gitarre sei „*seine Bedeutung für die Entwicklung der Gitarre im Jazz mit der keines anderen Gitarristen seiner Generation vergleichbar*". [44]

---

[43]   Martin Kunzler: Jazz-Lexikon. Band 1: A–L, Rowohlt, Reinbek bei Hamburg, 2004.

[44]   Wolf Kampmann (Hrsg.), unter Mitarbeit von Ekkehard Jost: Reclams Jazzlexikon. Reclam, Stuttgart, 2003, S. 219.

Nachdem er als Kind privat Gitarrenunterricht erhalten hatte, studierte er am *Cleveland Institute of Music* und vervollkommnete seine Fähigkeiten in Los Angeles, bevor er bereits Ende der 1950er Jahre selbst Gitarrenkurse leitete. Unter seinem Einfluss löste sich die Gitarre in den Jazzgruppen der späten 50er und frühen 60er Jahre aus ihrer auf Blockakkorden basierenden Begleitfunktion, wobei *Jim Hall* von Beginn an ein ausgesprochen melodiöses Solospiel praktizierte, das die Gitarre förmlich singen ließ. *"Irgendwie hat mir Django Reinhardt nicht gefallen, weder technisch noch sonst irgendwie"* [45], sagte er später in einem Interview, und weiter: *"Ich hatte sowieso immer Probleme mit der Lautstärke. .... Ich benutze einen Verstärker, damit ich leiser spielen kann. ... Weil man einen wirklich schönen Sound hinbekommt, ohne auf die Saiten zu hauen."* [46]

Wie das dann klingt, demonstriert der folgende, im Juni 1975 in Toronto aufgenommene Livetitel "Scrapple From The Apple" – also schlicht der Apfelgriebsch; eine Komposition von *Charlie Parker*. Zum Trio von *Jim Hall* gehörten an diesem Konzertabend die Kanadier *Don Thompson* am Acoustic Bass und der Schlagzeuger *Terry Clarke*, der in den späten 60ern die Vokalgruppe *The Fifth Dimension* auf ihrer jahrelangen Tour mit dem Musical "Hair" begleitet hatte und jüngst seinen 80. Geburtstag begehen konnte.

Jim Hall: Scrapple From The Apple

Auf Wikipedia heißt es über *Jim Hall*, *"bedeutende Kollegen bezeichneten ihn zu Lebzeiten als größten lebenden Gitarristen des Jazz; Gitarristen wie John McLaughlin, Larry Coryell, John Scofield und Pat Metheny bezeichnen ihn als ihr Vorbild"*.[47] Dem muss man wohl nichts hinzufügen.

Nun zu einer der wenigen Solistinnen auf der Jazzgitarre, der 1952 in Philadelphia an der Ostküste der USA in eine musikalische Familie hineingeborenen *Monette Sudler*. Sie bekam frühzeitig Klavierunterricht, wechselte aber mit 15 zur Gitarre und gelangte über den Folk von *Paul Simon, Richie Havens* oder *Joni Mitchell* Ende der 1960er Jahre zum Jazz, wo sie aufgrund ihres instrumentalen Könnens und ihrer durch diverse Kompositions- und

---

[45] https://jazzguitartoday.com/2022/08/the-never-published-interview-of-the-legendary-jim-hall/.

[46] Ebenda.

[47] https://de.wikipedia.org/wiki/Jim_Hall_(Musiker).

Arrangementstudien erworbenen theoretischen Kenntnisse rasch Fuß fasste. Außer Gitarre spielte sie auch versiert Bass, Schlagzeug und verschiedene afrikanische Percussioninstrumente.

Zunächst noch Mitglied bestehender Bands und Liveprojekte, gründete sie in der zweiten Hälfte der 1970er Jahre dann ihre eigenen Gruppen in Quartett-, manchmal auch Quintettbesetzung, nahm regelmäßig Platten auf und tourte durch die ganze Welt. 1987 gastierte sie bei den Berliner Jazztagen.

Stilistisch hatte *Monette Sudler,* die vor zwei Jahren an Blutkrebs verstorben ist, keine Scheu, die ohnehin fließenden Grenzen vom Jazz hin zum Blues zu überschreiten; neben ihren Jazzensembles gab es auch den *Monette Sudler Blues Express.*

Ihre *„ersten CDs als Bandleaderin … blieben im Genre des instrumentalen Jazz mit geradlinigen, funkigen Grooves auf der Gitarre",* später bevorzugte sie *„eine eklektischere Mischung aus traditionellem und zeitgenössischem Jazz, Soul und Poesie"* [48], heißt es auf dem Portal allaboutjazz.com; zudem sei sie *„eine produktive Komponistin und Songwriterin/Dichterin, die für verschiedene Ensemble-Konfigurationen komponiert und/oder arrangiert hat".* [49]

Im letzten Lebensjahrzehnt musste sie allerdings aufgrund einer tückischen Lungeninsuffizienz ihre Konzerttätigkeit stark einschränken. Zuletzt erschien mit "Stay Strong" im Herbst 2021 eine Sammlung neuer Songs, in denen *Monette Sudler*

mit musikalischen Mitteln auf die Corona-Pandemie Bezug nahm.

Ich habe eine Konzertaufnahme des *Monette Sudler Quartets* ausgewählt, die im Juni 1978 im Jazzclub *Montmartre* in der dänischen Hauptstadt Kopenhagen mitgeschnitten wurde: "Fire And Air". Neben der Bandleaderin an der Gitarre musizieren *Oliver Collins,* Piano, *Kenny Kellem* am Bass und *Newman T. Baker* am Schlagzeug.

Monnette Sudler Quartet: Fire And Air

Auch der nächste Solist ist stilistisch kaum festzulegen, hat er doch seine Spuren in der Weltmusik, im Rock und sogar in der Klassik, aber eben auch im Jazz hinterlassen: *Siegfried Schwab,* den man besser *Sigi* nannte und der nach langer

---

[48]   https://www.allaboutjazz.com/musicians/monnette-sudler/.
[49]   Ebenda.

Krankheit im Januar dieses Jahres im 84. Lebensjahr verstorben ist. Zweifellos war er einer der bedeutendsten deutschen Gitarristen, der im Laufe seines Lebens nach eigener Aussage mehr als 15.000 Einzeltitel für sich und zahlreiche Kollegen im Studio eingespielt hat – eine schier unglaubliche Zahl.

1940 in Ludwigshafen geboren, studierte *Schwab* an der Musikhochschule Mannheim Kontrabass und Gitarre und war in den 60er Jahren in zahlreichen Jazz- und Rockgruppen der Region aktiv. Später arbeitete er für den Opernbariton *Hermann Prey* und den Komponisten *Robert Stolz*, aber auch für den legendären, noch heute aktiven Isar-Indianer und Bluesbarden *Willy Michl*, ein in Kleinkunstkreisen über Bayern hinaus bekanntes Münchener Original der Liedermacherszene. *„Schwab brachte mit seinem jazzigen Stil voller kunstvoller Läufe und virtuoser Einwürfe eine neue Klangqualität in Willy Michls Blues-Stücke"* [50], erinnert sich *René Gröger* auf BR Klassik in seinem Nachruf auf *Sigi Schwab*. *„Das Bärig-Kantige des Sängers, der sich auf rhythmisch prägnante Art selbst auf der Gitarre begleitete, konterkarierte Schwab mit raffinierten Tönen, die sich subtil mit Michls eigenen Gitarrenparts verflochten und den Stücken einen schillernden Drive verliehen."* [51] Leider sind mir von dieser zweifellos spannenden Zusammenarbeit keine Livedokumente bekannt – wer dazu mehr weiß, sollte mir das unbedingt mitteilen!

In den frühen 70ern pflegte *Sigi Schwab* dann engen Kontakt zur Krautrockband *Embryo*, spielte mit *Wolfgang Dauner* und *Eberhard Weber*, und natürlich darf auch das jahrelang umjubelte, wundervoll groovende und swingende *Duo Guitarissimo* gemeinsam mit *Peter Horton* nicht unerwähnt bleiben.

Ende der 70er Jahre bildete *Sigi Schwab* auch mit dem niederländischen Querflötisten *Chris Hinze* ein erfolgreiches Duo, das im Juli 1980 beim *5th North Sea Jazz Festival* in Holland gastierte. *Schwab* spielte in dieser akustischen Konstellation mehrere *Ovation*-Gitarren; 12-Saiter, 6-Saiter mit Stahlsaiten und die *Ovation Classic* mit Nylon-Bespannung. Übrigens hat *Sigi Schwab* 1987 als erster Europäer den *Ovation Award* erhalten, den die renommierte US-Firma an herausragende Virtuosen verleiht; dieser Preis war zuvor an *Larry Coryell* und *Al Di Meola* gegangen. Das Festival-Konzert blieb glücklicherweise der Nachwelt als vinylgepresster Mitschnitt erhalten. Daraus die *Schwab*-Kompositionen „Lost Generations" und „Deep

50 https://www.br-klassik.de/aktuell/news-kritik/gitarrist-sigi-schwab-gestorben-nachruf-wuerdigung-jazz-musiker-100.html.
51 Ebenda.

Inside" – die jazzige Gitarre im Dialog mit der virtuos gespielten Querflöte von *Chris Hinze*.

Sigi Schwab: Lost Generations / Deep Inside

Auch das also eine Facette der Jazzgitarre, und zugleich eine Erinnerung an einen der großen bundesdeutschen Jazzmusiker: *Sigi Schwab*, der im Januar dieses Jahres verstorben ist. Sein Nachlass (*Schwab* war auch passionierter Sammler herausragender und entsprechend hochpreisiger Instrumente) soll dem Vernehmen nach in eine Stiftung zur Förderung von Musik und Kunst überführt werden.

Nun zu *Pat Metheny,* und den Namen sollten auch Musikfreunde außerhalb der Jazz-Community schon gehört haben. Vor wenigen Tagen – am 12. August – ist der US-Amerikaner, den Experten zu den einflussreichsten Jazzmusikern des vergangenen halben Jahrhunderts zählen, 70 Jahre alt geworden.

Das von *Wolf Kampmann* bei Reclam herausgegebene Jazzlexikon weiß über ihn: *„Kaum ein anderer Gitarrist vermochte im Laufe der Jahrzehnte so viele Impulse zu setzen wie Pat Metheny, dessen Stil zunächst für soundbetonte Fusion stand, der sich aber leichtfüßig in die Bereiche von Bebop, Harmolodic, Free Jazz, Hardcore und selbst Ambient vorzuarbeiten vermochte.“* [52]

Von dieser musikalischen Bandbreite zeugt eine überwältigende Fülle an Tonträgern des Frühstarters, der bereits mit 18 Jahren als Gitarrendozent an der *University of Miami* sowie im Folgejahr am *Berklee College of Music* in Boston unterrichtete.

Ebenfalls beeindruckend ist die lange Liste an Musikerinnen und Musikern, deren Produktionen und Bühnenauftritte *Pat Metheny* durch seine Gitarrenkunst veredelt hat. Darunter finden sich nicht nur Jazzer wie *Jaco Pastorius, Herbie Hancock, Michael Brecker, Ornette Coleman, John Scofield* oder *Eberhard Weber,* sondern auch Künstler aus dem Folk- und Popbereich wie *Joni Mitchell, Bruce Hornsby* oder *David Bowie.*

Ehe ich das Loblied auf den mit 20 Grammys Geehrten fortsetze (übrigens ist auch sein 2023er Album „Dream Box" aktuell für den Grammy Award als Bestes Jazz-Instrumental-Album nominiert!), soll er selbst zu erleben sein, und zwar mit einer Aufnahme vom *MIDEM-Festival* im französischen Cannes aus dem Jahr 1983. *Pat Metheny* hatte sich für dieses Konzert mit den *Heath Brothers* zusammengetan, einer US-amerikanischen Jazzformation, in der die Brüder *Jimmy,*

---

52   Wolf Kampmann (Hrsg.), unter Mitarbeit von Ekkehard Jost: Reclams Jazzlexikon. A.a.O.

Percy und *Albert Heath* an Saxofon, Bass und
Schlagzeug gemeinsam mit dem Pianisten *Stanley
Cowell* musizierten. Wir hören von der 1983
erschienenen LP „Live From MIDEM", auf der
unter anderem auch Mitschnitte von *B.B. King*
und *Dave Brubeck* enthalten sind, den Titel „Move
To The Groove" mit seinen wunderschönen
Dialogen zwischen Gitarre, Saxofon und Bass.

Pat Metheny with The Heath Brothers: Move To The Groove

In dieser Zeit begann *Metheny* auch mit Gitarrensynthesizern zu
experimentieren und setzte sie im Studio und sogar live ein; zu seinen
Instrumenten zählt auch eine 42saitige Gitarre, die die kanadische
Instrumentenbauerin *Linda Manzer* 1984 speziell für den Virtuosen angefertigt hat.
Die japanische Firma *Ibanez,* deren Gitarren *Pat Metheny* häufig und gern einsetzt,
hat auch ihm mit der *PM-100* längst ein schmuckes Signature-Modell gewidmet.
Und was sich unbedingt auch lohnt, ist ein Besuch der sehr aktiven, um nicht zu
sagen interaktiven Website [53] von *Pat Metheny*, auf der eine Community sich sehr
lebendig über den Star austauscht und zum Mitdiskutieren einlädt.

Zurück zu seiner Musik. Gemeinsam mit dem Keyboarder und Pianisten *Lyle
Mays* hatte *Pat Metheny* 1978 seine eigene Group gegründet, zu der auch *Steve Rodby*
am Bass sowie der Schlagzeuger *Dan Gottlieb* gehörten. Bei ihrer US-Tour 1982
wurde ein großartiges Doppel-Live-Album
mitgeschnitten und 1983 bei *ECM Records*
veröffentlicht. Die *Pat Metheny Group* bestand bis
2005; *Lyle Mays*, der an vielen Titel als Ko-
Komponist und Arrangeur beteiligt war und sich
später einen Namen als Produzent machte, ist
2020 verstorben.

Hier nun vom erwähnten Livealbum das
Stück "The Fields, The Sky".

Pat Metheny Group: The Fields, The Sky

---

[53] Siehe: https://patmetheny.com/american_garage/.

Pat Metheny ist bis heute beeindruckend kreativ – die jüngste LP des 70Jährigen ist unter dem Titel "MoonDial" Ende Juli dieses Jahres erschienen. Seine anstehende Europatournee führt ihn zunächst nach Polen und Ungarn, wo er durch mehrere Gastspiele unglaublich populär ist, und im Oktober dann unter anderem nach Köln, München, Ludwigshafen, Frankfurt am Main, Hamburg und Berlin – man sollte es sich nicht entgehen lassen!

Leider nicht mehr live zu erleben ist der folgende Protagonist der Jazzgitarre: *Sonny Sharrock* – der gebürtige New Yorker, Jahrgang 1940, ist bereits vor dreißig Jahren verstorben.

Nachdem *Sonny Sharrock* bereits im zarten Alter von 13 Jahren als Sänger in einer der seinerzeit populären schwarzen *Doo-Wop*-Gruppen aktiv war, wollte er, nachdem er *John Coltrane* erlebt hatte, zunächst Tenorsaxofon spielen, was sein chronisches Asthma verhinderte. Also griff er zur Gitarre und konnte in den späten 60ern und den frühen 70er Jahren mehrere Platten veröffentlichen. Der große Erfolg blieb aber aus, und *Sharrock* arbeitete nach seiner Scheidung als Chauffeur und Betreuer geistig behinderter Kinder. Auf Drängen des Bassisten und Produzenten *Bill Laswell* kam *Sharrock* aus dem musikalischen Ruhestand zurück, wurde zeitweise Mitglied von *Last Exit* und der New Yorker Band *Machine Gun,* bevor er seine eigene Band gründete.

1991 sagte er in einem Interview: *„Die letzten fünf Jahre waren ziemlich seltsam für mich, denn ich habe zwölf Jahre lang überhaupt keine Platte aufgenommen und dann in den letzten fünf Jahren sieben Platten unter meinem eigenen Namen gemacht. Das ist ziemlich seltsam."* [54]

Bill Laswell produzierte die meisten von *Sharrocks* späteren Aufnahmen, von Sologitarren-Acts bis zu Metal-beeinflusstem Jazzrock. Mit nur 53 Jahren erlag Sonny Sharrock dann 1994 einem Herzanfall.

Hier ist eine Aufnahme der *Sonny Sharrock Band* vom Juli 1989, die in der

Knittling Factory mitgeschnitten wurde, einem New Yorker Klub, der Ende der 1980er Jahre im ersten Stockwerk eines ehemaligen Lagergebäudes für *Avon*-Produkte im East Village entstanden war und der rasch zum Zentrum der alternativen Avantgarde-Musikszene von Jazz und Rock wurde. Von der 1989 bei *Enemy Records* erschienenen Konzertplatte „Live In New York" spiele ich „Dick Dogs" und „Herbie's Dance".

---

54   https://en.wikipedia.org/wiki/Sonny_Sharrock.

Sonny Sharrock Band: Dick Dogs / Herbie's Dance

Kurz vor dem Ende dieser der Jazzgitarre gewidmeten LiveRillen wird es noch ein wenig straighter mit der Band des Gitarristen und Sängers *James Blood Ulmer*, den ich bereits in früheren Sendungen vorgestellt habe.

Geboren wurde *Ulmer* 1942 in South Carolina; schon mit vier Jahren entdeckte er die Gitarre für sich, sang später in einem Gospelquartett und startete mit 17 Jahren seine professionelle Musikerkarriere in Pittsburgh. Zunächst bewegte er sich im traditionellen Rahmen von Rhythm& Blues sowie Souljazz, bevor er Ende der 1970er Jahre unter dem Einfluss des Saxofonisten *Ornette Coleman* und des Free-Jazz-Drummers *Ronald Shannon Jackson* einer der wichtigsten Protagonisten des den Free Jazz mit dem Jazzrock verschmelzenden *Free Funk* wurde, eine stark auf den treibenden Rhythmus setzende, energetische und melodisch experimentelle Spielart des Jazz, die in keine der bis dato vorhandenen Schubladen passte. *Ornette Coleman* selbst erfand für seine musikalische Philosophie und Kompositionsmethode, der sich nunmehr auch *James Blood Ulmer* verpflichtet fühlte, den Begriff *Harmolodic*, den er auch seiner ersten Website und seinem eigenen Plattenlabel gab. *Coleman* definierte *Harmolodic* etwas kryptisch als *„die Verwendung der physischen und mentalen Seite der eigenen Logik, umgesetzt in einem Klangausdruck, um das musikalische Gefühl der Harmonie hervorzurufen"*. [55]

Ulmers darauf basierende *„eigenständige Spielweise mit sprödem Klang und starkem Wiedererkennungswert"* [56], wie Wikipedia schreibt, erleben wir gleich in einem Livemitschnitt aus dem im texanischen Fort Worth beheimateten Jazzclub *Caravan Of Dreams*, der 1986 als LP auf dem klubeigenen Label *CoD Productions* erschien.

An der Seite von *James Blood Ulmer* musizieren der Jazzgeiger *Charles Burnham*, der Fusion-Bassist *Amin Ali* und *Warren Benbow* am Schlagzeug. Das Stück, das ich diesmal ausgewählt habe, heißt schlicht "Church", obwohl es keineswegs andächtig daherkommt – auch so kann eine Jazzgitarre klingen.

James Blood Ulmer: Church

[55] Zitiert nach: https://en.wikipedia.org/wiki/Harmolodics.
[56] https://de.wikipedia.org/wiki/James_Ulmer.

Nach *James Blood Ulmer*, dem heute 82jährigen Free-Funk-Vertreter an der Jazzgitarre, über dessen aktuelle Aktivitäten wenig zu erfahren ist, nun zum letzten Protagonisten in dieser LiveRillen-Ausgabe, und der ist – obwohl noch einen Monat älter als *James Ulmer* – noch immer durch neue Studioprojekte und auf der Bühne höchst präsent (so vor ziemlich genau einem Jahr in der Hamburger Elb-Philharmonie): *John McLaughlin*.

Der einzige Brite in der heutigen LiveRille wurde im Januar 1942 in Yorkshire als Sohn einer Violinistin geboren. Er bekam frühzeitig Klavier- und Geigenunterricht, sattelte unter dem Einfluss von Blues als Teenager auf die Gitarre um und übte schon mit 14 Jahren – da jobbte er in einer Musikalienhandlung – eifrig Jazzphrasierungen auf dem Instrument. 16jährig wurde er Berufsmusiker und galt mit 30 als einer der weltbesten Gitarristen – ein „Gottesgeschenk" [57] für die populäre Musik, wie eine US-Fachzeitschrift damals schrieb. Dass er vom *Rolling Stone* unter den 100 weltbesten Gitarristen nur auf Platz 68 geführt wird, ist eine der unerklärlichen Merkwürdigkeiten, die solchen Rankings anhaftet…

Seit seinem 27. Lebensjahr bekennt sich *McLaughlin* zum Hinduismus, lebt abstinent und ernährt sich vegetarisch, was seine nicht nachlassende Energie und sein noch immer jugendlich-seriöses Aussehen zumindest teilweise erklären mag.

Hier geht es ja aber weniger um Äußerlichkeiten als vielmehr um musikalische Substanz, und da gehört *McLaughlin*, sich souverän zwischen Blues, Rock, Jazz und akustischer Musik bewegend, zweifellos zu den absoluten Schwergewichten. Er hat in frühen Jahren mit *Alexis Korner, Brian Auger* und *Georgie Fame* gespielt, stand neben *Miles Davis* und *Wayne Shorter* im Studio und gründete gemeinsam mit dem Keyboarder *Jan Hammer* 1970 mit dem *Mahavishnu Orchestra* eines der erfolgreichsten Fusion-Projekte überhaupt. Mit *Carlos Santana* spielte er das wunderbare Album „Love, Devotion, Surrender" ein, jammte längere Zeit – ich erwähnte es schon – mit *Larry Coryell* und *Al Di Meola*, stand dann im Zentrum jener legendären *Friday Night In San Francisco*, bei der *Coryell* durch *Paco De Lucia* ersetzt worden ist, und komponierte mehrere klassische Gitarrenkonzerte, die von bedeutenden Orchestern mit großem Erfolg eingespielt und konzertant aufgeführt wurden. Immer wieder waren es aber gerade Trio-Besetzungen, mit denen *John McLaughlin* erfolgreich arbeitete, und deshalb will ich diese Ausgabe mal nicht mit dem *Mahavishnu Orchestra*, das ich in früheren LiveRillen ja bereits präsentiert habe, beschließen, sondern mit einer Trio-Besetzung, die Ende 1989 – zu einer Zeit also, da die Welt einen gravierenden politischen und gesellschaftlichen Umbruch erlebte

---

– in der Londoner *Royal Festival Hall* gastierte. An seiner Seite mit dem indischen Percussionisten *Trilok Gurtu* ein langjähriger Weggefährte *McLaughlins* sowie der hochgelobte deutsche Jazz- und Fusion-Bassist *Kai Eckhardt*. Für dieses Konzert gilt, was der Musikexperte *Michael Naura* wenig später im *Spiegel* über ein ähnliches Trio-Projekt schrieb (für *Kai Eckhardt* spielte dabei der französische Jazz-Bassist *Dominique Di Piazza*): *„Das Interaktionstrio funktioniert nach dem Prinzip des Otto-Motors. Da dehnt sich was aus an der Gitarre, explodiert und setzt den Trommelkolben in Bewegung. Das Trio nimmt Fahrt auf, die Musik ist gezündet. Ihr Material ist, bei Vermeidung von Migräne-Jazz, eine Klangmythologie aus der Melancholie der Schwarzen, der Raserei des Flamenco, der Sexualität des Rock und der Intelligenz des Jazz".* [58]

Dem will ich nichts weiter hinzufügen als den Titel des Stücks, das wir von der 2015 erneut aufgelegten LP „Live At The Royal Festival Hall London" hören werden: „Pasha's Love".

In den nächsten LiveRillen im September werde ich unter dem Motto „Fab Four On Lonely Ways" erkunden, was *John, Paul, George* und *Ringo* neben bzw. nach den *Beatles* live so alles angestellt haben – freut euch drauf!

John McLaughlin Trio: Pasha's Love

---

[58] Ebenda, S. 593.

Quellen:

- George Benson: Live In Concert (1973), LP, Breakaway Masters, 1984 (Ungarn)
- George Benson: In Concert – Carnegie Hall / Guest: Hubert Laws, LP, CTI Records, 1975
- George Benson: Weekend In L.A., Do.-LP, Warner, 1978
- Larry Coryell: At The Village Gate, LP, Vanguard Recording/Metronome, 1971
- Coryell/Catherine/Kühn: Live!, LP, WEA/Elektra, 1980
- Jim Hall: Live, LP, Horizon/A&M Records, 1975
- The Chris Hinze and Sigi Schwab Duo: Live At The Northsea Jazz Festival, LP, Keytone Records, 1980
- Live From MIDEM Cannes, France (Pat Metheny, B.B. King, Dave Brubeck), LP, B&W, 1983
- John McLaughlin Trio: Live At The Royal Festival Hall London, LP, JMT 1990/2015
- Pat Metheny Group: Travels Recorded Live In Concert, Do.-LP, ECM Records, 1983
- Sonny Sharrock Band: Live In New York, LP, Enemy Records, 1989
- Monnette Sudler Quartet: Live In Europe, LP, SteepleChase Records, 1978
- James Blood Ulmer: Live At The Caravan Of Dreams: CoD Productions, 1986

No. 79: Fab Four On Lonely Ways – Die Beatles nach den Beatles

Oktober 2024

Unter diesem Titel will ich mich heute anhand ausgewählter Liveaufnahmen mit dem Wirken von *John, Paul, George* und *Ringo* neben und vor allem nach den *Beatles* beschäftigen. Denn auch, wenn ich ein bekennender *Rolling-Stones*-Fan bin, ist die bahnbrechende Bedeutung der Liverpooler „Boygroup" (die sie ja am Anfang waren) für die populäre Musik in der zweiten Hälfte des vorigen Jahrhunderts und darüber hinaus bis heute natürlich unbestritten. Und ich will da keineswegs in jene Zeiten zurückfallen, da die ideologieträchtige Frage „Beatles oder Stones?" über Freundschaften und möglicherweise sogar Eheschließungen entschied… - Schwamm drüber!

Der 10. April ist für die zahllosen *Beatles*-Fans weltweit wohl bis heute ein rabenschwarzer Tag: An jenem Freitag des Jahres 1970 verkündete *Paul McCartney* in einer lapidaren Pressemitteilung das Ende der nach Tonträgerverkäufen bis heute weltweit erfolgreichsten Band der Popgeschichte. Er kam damit *John Lennon,* der bereits eigene musikalische Projekte verfolgte, und *George Harrison,* der nicht länger gewillt war, hinter dem Autorenduo *Lennon/McCartney* immer nur die zweite Geige zu spielen, lediglich zuvor; beide planten wohl längst ähnliche Schritte. So habe *John* schon ein halbes Jahr zuvor mit seinem Ausstieg gedroht, sagte *McCartney* noch 2020 in einem BBC-Interview und wies dabei jegliche Alleinschuld für die Trennung der *Fab Four* von sich. Ein Geschmäckle hat es aber schon, dass *Pauls* erste Solo-LP nur eine Woche nach dem offiziellen Aus der *Beatles* erschienen ist – der Leipziger Musikjournalist *Lutz Stolberg* nannte das Werk *„ein trauriges, dünnes Epitaph mit Songschnipseln, die es nicht mehr auf Beatles-Platten geschafft hatten".* [59]

Andere wiederum sehen die Schuld am Ende der Band vor allem in *John Lennons* exaltierter Ehefrau *Yoko Ono* – wohl nicht ganz zu Unrecht: Als die *Beatles* den von *McCartney* geschriebenen Song „Get Back" 1969 im Studio aufnahmen, habe *Paul* stets die ebenfalls anwesende *Yoko Ono* angeschaut, wenn er die Refrainzeile „Get Back To Where You Once Belonged" – also „Geh dahin zurück, wo du hingehörst" – sang, wie *John Lennon* später selbst [60] zu Protokoll gab. Zu dieser schwierigen Beziehung gleich mehr.

---

[59]   Lutz Stolberg: Das Oldie-Buch | Die 70er. Projekte-Verlag Halle, 2009, S. 12f.

[60]   Siehe: Siegfried Schmidt-Joos: Glück ist ein warmes Schießeisen. In: Siegfried Schmidt-Joos (Hrsg.): Idole 2 – Zwischen Poesie und Protest. Ullstein-Verlag, 1984, S. 27.

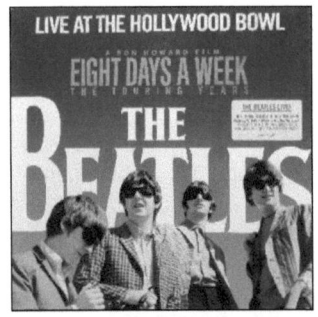

Bevor ich mich aber auf die Spuren der vier Einzel-Persönlichkeiten begebe, will ich mit drei Titeln an ihre große gemeinsame Zeit erinnern. Mit Liveaufnahmen der *Beatles* ist das ja immer so eine Sache – zum einen überlagern kreischende Mädchenstimmen häufig die Musik, zum anderen traten die Beatles in der zweiten Hälfte der 60er Jahre kaum noch live auf.

Hier zunächst ein nachträglich technisch aufbereiteter Mitschnitt aus dem *Hollywood Bowl* von 1965: „Help", für das *John*

Lennon, dessen Leben wohl ebenso von der Suche nach Geborgenheit geprägt war wie es der Songtext zum Ausdruck bringt, weitgehend allein verantwortlich zeichnet. Aufgrund einer frühen Übereinkunft sind aber auch hier wie stets *Lennon/McCartney* als Autorenduo angegeben. Danach von der bei *Red Vinyl* erschienenen, auf 1000 Exemplare limitierten LP „Live In Japan 1966" die *George-Harrison*-Komposition „If I Needed Someone", gefolgt von „Day Tripper", wiederum aus der *Lennon/McCartney*-Hit-Schmiede.

The Beatles: Help / If I Needed Someone / Day Tripper

Die musikalische Eintracht ging zum Ende der 1960er Jahre immer mehr verloren, bis die *Fab Four* schließlich getrennte Wege gingen.

Zunächst will ich mich *John Lennon* widmen, der die Trennung der *Beatles* nur zehn Jahre überlebte – zu den Umständen seines tragischen Todes gleich mehr. Er hatte schon vor der Trennung nach eigenen Ausdrucksmöglichkeiten gesucht, die durchaus nicht auf die Musik – zumindest nicht in ihrem traditionellen Verständnis – beschränkt waren. Bereits 1964 hatte er unter dem Titel „In His Own Write" sein erstes Buch veröffentlicht; er zeichnete, malte und fotografierte zudem leidenschaftlich und wandte sich spätestens in seiner Beziehung zur 14 Jahre älteren japanischen Aktionskünstlerin *Yoko Ono* experimentellen und aktionistischen Kunstformen zu – man denke an die berühmten, wenn auch reichlich naiven *Bed-Ins* der beiden, mit denen sie gegen den Vietnamkrieg und für eine friedliche Welt demonstrierten. *Lennon* fand es in einem späteren Interview selbst *„urkomisch"* und meinte, *„im Endeffekt machten wir einen Werbespot für den Frieden"* [61].

Zudem hatte das Paar 1969 musikalische Freunde um sich geschart, mit denen beide unter dem Namen *Plastic Ono Band* musikalische Strukturen ausloten konnten, die sich von den doch überwiegend harmonieverliebten *Beatles*-Kompositionen weit entfernten. Zu *Lennons* Kollektiv gehörten im Kern neben *Yoko Ono,* die als Sängerin geführt wurde, der deutsche Bassist *Klaus Voormann,* der als Grafiker unter anderem das Cover der *Beatles*-LP „Revolver" gestaltet hatte, der Schlagzeuger *Alan White,* der ab 1972 bei den Progressive-Rockern von *Yes* einsteigen wird, sowie kein Geringerer als *Eric Clapton* an der Gitarre, der nach dem Ende von *Cream* auf der Suche nach einem Neuanfang war. Hin und wieder war mit *George Harrison* auch ein zweiter *Beatle* mit dabei, und selbst *Frank Zappa* tauchte gern in *Lennons* Umfeld auf und in dieses ein. Dennoch war das eher ein lockerer Freundeskreis als eine feste Band, und so hatte *Lennon* auch einige Probleme, als er eingeladen wurde, mit der *Plastic Ono Band* im Herbst 1969 beim *Toronto Rock and Roll Revival Festival* zu spielen. Die eilig zusammengerufenen Kollegen besprachen ihre Setlist erst während des gemeinsamen Fluges, den sie gleich noch als Probe nutzten für das Konzert, von dem Ausschnitte ein Vierteljahr später als Liveplatte auf dem *Beatles*-Label *Apple Records* erschienen. Daraus zwei Titel. Zunächst mit „Dizzy Miss Lizzy" ein Stück des US-amerikanischen Rhythm&Blues-Sängers *Larry Williams,* das die *Beatles* bereits 1965 auf ihrer LP „Help!" gecovert hatten. Danach der „Yer Blues", den *John Lennon* während seines Indien-Aufenthaltes 1968 geschrieben hatte. Erschienen war er dann im selben Jahr auf dem (nach britischer Zählung!) neunten, schlicht „The Beatles" betitelten Studioalbum der *Fab Four* – und somit dann doch wieder unter der Autorenschaft von *Lennon und McCartney.* Hier ist die *Plastic Ono Band* live im kanadischen Toronto am 13. September 1969 mit einem Aufguss älterer Beatles-Nummern.

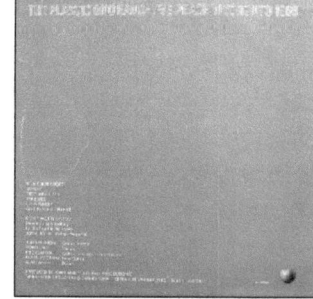

Plastic Ono Band: Dizzy Miss Lizzy / Yer Blues

Natürlich war der Songschreiber *John Lennon* auch nicht untätig, und einer seiner ersten Erfolge als Solist trug den merkwürdigen Titel „Kalter Truthahn" –

„Cold Turkey" – ein Szeneausdruck für den kalten Drogenentzug und durchaus autobiografisch gefärbt, wie man weiß. Den Titel spielte er übrigens erstmals bei jenem Festivalauftritt in Toronto, von dem die eben gehörten Ausschnitte stammten. Ich habe aber eine andere, längere Fassung ausgewählt, und zwar aus „Live Jam", einer LP, die Bestandteil des 1972 zum dritten Hochzeitstag von *John* und *Yoko* erschienenen Doppelalbums „Some Time In New York City" war. Kommerziell ein Flop, gilt das Album als das politisch ambitionierteste von *John*

 *Lennon* mit Kommentaren zum Nordirland-Konflikt, der Aufforderung zur Solidarität mit der in den USA verfolgten Kommunistin *Angela Davis* oder der Unterstützung feministischer Positionen in „Woman Is The Nigger Of The World". Hier ist noch einmal die *Plastic Ono Band,* zu der sich an diesem Konzertabend im Dezember 1969 neben den bereits vorhin Genannten unter anderem *Who*-Drummer *Keith Moon,* Pianist *Nicky Hopkins,*

Billy Preston an der Orgel sowie das Musiker-Ehepaar *Delaney & Bonnie Bramlett* gesellten.

Plastic Ono Band: Cold Turkey

Im Dezember 1970 erschien die erste offizielle Solo-LP von *John Lennon* und der *Plastic Ono Band,* ein Vierteljahr später die erfolgreiche Single „Power To The People", bevor „Imagine" im Herbst 1971 die internationalen Charts stürmte. Die von *Phil Spector* gefällig produzierte Platte enthielt mit dem Titelsong zugleich auch jene Hymne, die wohl jeder sofort im Ohr hat, wenn der Name *John Lennon* fällt. Mit dem Erfolg seiner Studio-LP im Rücken spielte *John Lennon* mit seiner sich nunmehr *Plastic Ono Elephant's Memory Band* nennenden Musikergemeinschaft am 30. August 1972 ein großartiges Konzert im New Yorker *Madison Square Garden,* von dem 1986 digital remasterte Ausschnitte bei *EMI* erschienen sind.

Daraus gleich die weltweit bekannte Friedenshymne, über die der Münsteraner Musikwissenschaftler *Michael Custodis* in seinem dem politischen Potenzial von Liedern gewidmeten Buch „Singen, um die Welt zu ändern" [62] schreibt:

[62] Michael Custodis: Singen, um die Welt zu ändern. Zum politischen Potenzial von Liedern nach 1945, Landeszentrale für politische Bildung Thüringen, Erfurt, 2017, S. 44.

„Die künstlerisch inszenierte Naivität des Pazifisten John Lennon kann auch hier effektvoll wirken, indem die entwaffnende Einfachheit des Songs die ungebrochene Notwendigkeit seiner Vision bestätigt" .

Davor mit „Mother" noch ein *Lennon*-Song, den man getrost als Schlüsseltext seines Lebens lesen darf: Vaterlos aufgewachsen, gab seine Mutter den Vierjährigen in die Obhut ihrer Schwester *Mimi*, bei der *John* aufwuchs. Seine leibliche Mutter *Julia* kam unter mysteriösen Umständen ums Leben, als *John* 16 war. In einem Interview mit dem *Playboy* äußerte sich *Lennon* später wie folgt: *„Ich verlor meine Mutter zweimal – als ich vier war und zu meiner Tante zog, und dann, als sie umkam. Das machte mich noch verbitterter. Meine kindliche Aggressivität wurde immer schlimmer. Ich war gerade dabei, die Beziehung zu meiner Mutter wieder aufzubauen, da wurde sie umgebracht." [63]*

Inzwischen hatte *Lennon* in der älteren, selbstbewussten *Yoko Ono* wohl auch einen Mutterersatz gefunden, redete er sie doch auch in der Öffentlichkeit in aller Regel mit „Mutter" an. Und in seinem gleichnamigen Song, den er 1970 geschrieben hatte und der als Singleauskopplung seiner ersten Solo-LP bekanntgeworden war, beschwört er zum Schluss hin expressiv seine Sehnsucht nach familiärer Geborgenheit – hier ist *John Lennon* live.

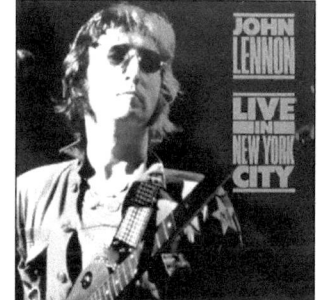

John Lennon: Mother / Imagine

Du kannst ja sagen, ich wäre ein Träumer, aber ich bin nicht der Einzige, und ich hoffe, eines Tages gehörst auch du zu uns und die Welt wird als Gemeinschaft leben… – leider bis heute nur ein frommer Wunsch des bekennenden Pazifisten *John Lennon*, der – bittere Ironie des Schicksals – sein Ende durch die Todesschüsse eines Fanatikers am 8. Dezember 1980 fand. Am Nachmittag seines Todestages hatte ihn ein Unbekannter auf ein Autogramm hin angesprochen, das er ihm im Vorbeigehen auf die gerade erschienene Comeback-Doppel-LP „Double Fantasy" gab. Bei der abendlichen Rückkehr in die Wohnung im New Yorker *Dakota Building* nahe des Central Parks schoss *Richard David Chapman*, der *Lennon* in der Toreinfahrt erwartet hatte, mehrfach aus kurzer Distanz mit einem Revolver auf den Musiker, der noch auf der Fahrt ins Krankenhaus verstarb. *Chapman* ließ sich widerstandslos festnehmen; seine eigentlichen Motive konnten nie geklärt werden. Der 1955

---

[63]   Zitiert nach: Siegfried Schmidt-Joos: Glück ist ein warmes Schießeisen, a.a.O., S. 25.

geborene Texaner wurde zu lebenslanger Haft verurteilt. Mehrere Gnadengesuche wurden das Veto von *Lennons* Witwe *Yoko Ono* verhindert, die allerdings selbst aus diesem tragischen Ereignis Kapital schlug… Das unerfreuliche Kapitel will ich aber heute nicht auch noch aufmachen, sondern vielmehr überleiten zu *Lennons* ungleichem musikalischen Zwilling *Paul McCartney*. Ausführlich habe ich ihn schon in der Juni-Sendung 2022 anlässlich seines 80. Geburtstages gewürdigt – die 51. Ausgabe der LiveRillen kann im fünften Band der gleichnamigen Buchreihe nachgeschlagen werden (soweit der eigennützige Werbeblock).

Als Einziger der *Beatles* wuchs *Paul,* Sohn eines gut betuchten Baumwollhändlers, in gesicherten bürgerlichen Verhältnissen auf; er galt in der Schule als strebsam und kulturinteressiert und war *„seit jeher kein Revolutionärs-Typ"* [64], wie *Siegfried Schmidt-Joos* in seinem Rocklexicon feststellt. Bereits 1955 war er als 13Jähriger in *John Lennons* Skifflegruppe *Quarrymen* aktiv, die trotz einiger Umwege als Keimzelle der *Beatles* gelten darf.

Beide prägten fortan Musik und Erscheinungsbild der bahnbrechenden Gruppe, wobei die Optik irgendwie auch schon ihr Verhältnis andeutet: Da *McCartney* Linkshänder ist, ragt der Hals seines Basses innerhalb des Gruppengefüges in die jeweils entgegengesetzte Richtung von *Lennons* Gitarrenhals. Und diese Gegensätzlichkeit prägte auch ihre gemeinsame Autorenschaft der vielen Songs, die sich als Ohrwürmer in den Gehörgängen mehrerer Generationen eingenistet haben. Der Gegensatz verstärkte sich durch die Frauen an der Seite der beiden Frontmänner: *Yoko Ono* einerseits als verkörperte Avantgarde gegenüber der eher traditionellen und gut situierten New Yorker Fotografin *Linda Eastman,* die *McCartney* 1969 geheiratet hatte. Immerhin verdanken wir letzterer, die 1998 an Brustkrebs verstorben ist, etliche ikonische Aufnahmen der internationalen Künstlerszene – wer die Gelegenheit hat, eine der *Linda-McCartney*-Fotoausstellungen, die es immer mal wieder gibt, zu besuchen, sollte sie nicht versäumen!

Nach dem von *Paul McCartney* am 10. April 1970 verkündeten endgültigen Aus der *Beatles* brachte er zunächst ein gemeinsam mit *Linda* fabriziertes, von der Kritik als *„kitschiges Heimkino"* (*Stereo Review* [65]) verrissenes Solowerk heraus, ehe er 1971 sein neues Projekt gründete – die *Wings*. Aber auch die starteten recht flügellahm, was sich der Multimillionär wohl leisten konnte, und so dauerte es bis 1974, ehe ihm und den *Wings* mit „Band On The Run" wieder ein überzeugendes Werk gelang. *McCartney* verstärkte die *Wings* durch bessere Musiker, was auch den

---

[64]   RL, Band 2, S. 586.
[65]   Siehe: RL, Band 2, S. 586.

Nachfolger „Venus And Mars" zum Erfolg
machte, den dann die 1976 erschienene Dreifach-
Live-LP „Wings Over America" dokumentiert.
Daraus jetzt zwei der bekanntesten *Wings*-Hits:
„Listen To What The Man Said" und „Band On
The Run".

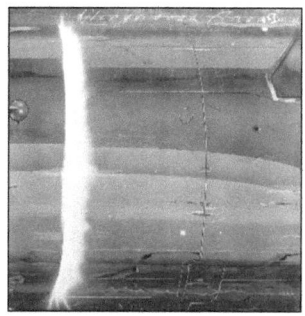

Wings: Listen To What The Man Said / Band On The Run

Damit *George Harrison* und *Ringo Starr* in der heutigen LiveRillen-Sendung, die
den Solokarrieren der vier Pilzköpfe nach ihrer intensiven, aber nicht allzu langen
gemeinsamen Zeit nachspürt, nicht zu kurz kommen, will ich mich zu *McCartney*
und den *Wings* relativ kurz fassen. Erwähnt werden soll aber auf jeden Fall das
viertägige Solidaritätskonzert für die unter dem Terror der Roten Khmer leidende

Bevölkerung von Kambodscha, das *McCartney* im
Dezember 1979 organisiert hatte – die *Wings*
waren da schon auf dem absterbenden Ast,
schwangen sich hier aber nochmals zur
Höchstform auf, und das mussten sie wohl auch,
um in der Publikumsgunst neben neuen Stars wie
The Clash, Elvis Costello, Ian Dury oder den
Pretenders zu bestehen. Vom Doppelalbum
„Concerts For The People Of Kampuchea"
spiele ich "Every Night".

Danach ein Mitschnitt vom legendären *Knebworth*-Festival, das am 30. Juni
1990 etliche der in den Jahren zuvor mit dem *Silver Clef Award* geehrten Künstler
auf der Bühne in der englischen Grafschaft Herfordshire vereinte – 120tausend
Fans waren dabei, dokumentiert durch einen Konzertfilm und eine Doppel-LP.

Paul McCartney, der den seit 1976 von der
britischen Musikindustrie vergebenen Preis 1988
erhalten hatte, spielte dort gemeinsam mit seiner
Frau *Linda* und begleitet vom Gitarristen der
Pretenders, Robbie McIntosh, dem schottischen
Bassisten *Hamish Stuart,* der bei der *Average White
Band* aktiv war, dem britischen Session-Drummer
Chris Whitten und dem seither an *McCartneys* Seite
agierenden britischen Keyboarder *Paul „Wix"*

Wickens unter anderem den *Wings*-Hit „Coming Up"; gleich zu hören nach „Every Night".

Wings: Every Night (Kampuchea) / Coming Up (Knebworth)

Nun zu *George Harrison,* dem stillen *Beatle* in der zweiten Reihe, der sich nach eigenem Bekunden zumeist als „*Sessionmann für Paul"* [66] gefühlt habe – so wohl auch die allgemeine Wahrnehmung in der Zeit ihres großen Ruhms. Schon mit 15 war der 1943 in Liverpool geborene Sohn eines Busfahrers in *John Lennons Quarrymen* eingestiegen und hatte danach eine eigene Combo unter dem Namen *The Rebels* angeführt. Bei den *Beatles* taucht sein Name dann lediglich bei 18 Songs als Komponist auf; sein größter Einfluss auf den Stil und das Image der Band dürfte wohl in der Integration indischer Philosophie und Instrumentalmusik bestanden haben. War die Sitar anfänglich noch exotisches Beiwerk, gelangte *Harrison* durch seine Freundschaft zu dem indischen Musiker *Ravi Shankar* und unter dem Eindruck der Lehren des Gurus *Maharishi Mahesh Yogi* immer stärker in die Sphären der meditativen östlichen Religionen. Die ersten musikalischen Versuche, dies auf seinen frühen Solo-LPs „Wonderwall" (1968) und „Electronic Sound" (1969) umzusetzen, „*zirpten und surrten lediglich wie Fingerübungen auf Sitar und Synthesizer"* [67], wie *Siegfried Schmidt-Joos* anmerkte. Und der Musikwissenschaftler und Rockkritiker *Tibor Kneif* urteilte vernichtend über die damalige Mode: „*Halbverdaute östliche Mystik, frivole Verwendung der indischen Musik und allerlei Gerede über Meditation, Reinheit und Erleuchtung sind tatsächlich die Hauptzüge der Begegnung der westlichen Jugend mit exotischen Musikkulturen in den sechziger Jahren"* [68], wobei in meiner Wahrnehmung in dieser Zeit auch eine unreflektierte *Hermann-Hesse*-Rezeption das Ihre dazu beigetragen hat.

Gute Kritiken bekam dagegen die 1974 von *George Harrison* produzierte LP „Shankar Family & Friends", an der unter anderem *Jim Keltner, Nicky Hopkins, Ringo Starr* und *Klaus Voormann* beteiligt waren und an der auch *Harrison* selbst als Musiker maßgeblich mitwirkte. Einen echten eigenen Hit hatte *George Harrison* zuvor mit dem religiös verklärten Song „My Sweet Lord" landen können – ein Cover des Titels „He's So Fine", den die *Chiffons* 1963 veröffentlicht hatten. Eingebettet war die Jubelarie in das opulente, musikalisch hochwertige Dreifach-Album „All Things Must Pass", das 1970 erschien und sich millionenfach

---

[66] Siehe: RL, Band 1, S. 399.
[67] Ebenda, S. 400.
[68] Tibor Kneif: Rockmusik. Ein Handbuch zum kritischen Verständnis, Rowohlt, Hamburg, 1982, S. 187.

verkaufte. Derartige Erfolge blieben bei den nachfolgenden Soloplatten von *George Harrison* allerdings aus; *Siegfried Schmidt-Joos* erkannte in ihnen eine *„extreme popmusikalische Askese mit dürrer Combo-Assistenz sowie moralinsauren und zynisch wehleidigen Texten"* [69]. *Harrison* machte sich eine Zeitlang rar; erst in den späten 1980er und den 90er Jahren trat er wieder ins musikalische Rampenlicht, ohne musikalischen Wiederbelebungsversuchen der damals noch lebenden drei Ex-*Beatles*, die meist von *Paul McCartney* ausgingen, nachzugeben. 1997 wurde bei dem starken Raucher Lungenkrebs diagnostiziert; Ende 1999 fiel er fast dem Messerangriff eines geistig Verwirrten zum Opfer; seine Frau *Olivia* rettete ihm mit ihrem beherzten Einschreiten das Leben, das er zwei Jahre später im Alter von nur 58 Jahren im Kampf gegen den Krebs dann doch verlor.

Mit einem sozial wie musikalisch bedeutsamen Ereignis wird sein Name in besonderem Maße verbunden bleiben: Im März 1971 war ein Krieg zwischen dem durch Indien getrennten West- und Ostteil Pakistans um die Unabhängigkeit der Ostregion, die sich den Namen Bangla Desh gegeben hatte, ausgebrochen. Ein halbes Jahr lang verübte die pakistanische Armee schwere Kriegsverbrechen an der Zivilbevölkerung, die Opferzahlen gehen in die Hunderttausende. Rund zehn Millionen Menschen flohen über die Grenze nach Indien, das den jungen Staat unterstützte, sodass die Pakistani im Dezember desselben Jahres kapitulieren mussten. Um das durch den Krieg verursachte Elend in Bangla Desh wenigstens zu lindern, organisierten *George Harrison* und der mit ihm befreundete Sitarspieler und west-östliche Brückenbauer *Ravi Shankar* ein Benefizkonzert, das am Nachmittag und Abend des 1. August 1971 im New Yorker *Madison Square Garden* vor rund 40tausend Zuschauern stattfand.

Das musikalische Gerüst des Bühnenprogramms bildete die Gruppe *Badfinger;* zu den Gästen zählten unter anderem *Bob Dylan* (nach längerer Bühnenabstinenz erstmals wieder live zu erleben) sowie der zu dieser Zeit schwer drogenabhängige *Eric Clapton,* dazu *Billy Preston, Leon Russell, Klaus Voormann* und auch *Harrisons* langjähriger *Beatles*-Freund *Ringo Starr,* zu dem ich dann auch noch ausführlicher komme.

Witziges Detail bei der Eröffnung war der Applaus des Publikums, nachdem indische Musiker lediglich ihre Instrumente gestimmt hatten. *Ravi Shankar* kommentierte humorvoll: *„Vielen Dank. Wenn Ihnen bereits das Stimmen der Instrumente so gefallen hat, hoffe ich, dass Ihnen der eigentliche Vortrag noch mehr Freude bereiten wird."* [70]

---

[69]   RL, Band 1, S. 400.
[70]   Zitiert nach: https://de.wikipedia.org/wiki/Konzert_f%C3%BCr_Bangladesch.

Das Großereignis wurde filmisch dokumentiert und ist als Video und DVD erhältlich; außerdem ist vom Konzert ein hörenswertes Dreifach-Album erschienen. Daraus jetzt zwei Songs von *George Harrison:* „My Sweet Lord" und „Awaiting On You All", das ebenfalls zu seinen religiös inspirierten Werken gehört und 1970 auf „All Things Must Pass" erschienen war.

George Harrison: My Sweet Lord / Awaiting On You All

Insgesamt erbrachte das Projekt 243.418,50 US-Dollar für die *UNICEF*-Flüchtlingshilfe; mehr als der berühmte Tropfen auf den heißen Stein vor allem dank der Symbolkraft des mit Stars gespickten Konzertes. Von diesem will ich noch drei Songs spielen, die *George Harrison* zu *Beatles*-Zeiten auf den ansonsten von *Lennon* und *McCartney* kompositorisch dominierten Platten unterbringen konnte und die für mich zum schönsten gehören, was die *Fab Four* in ihrem kreativen Jahrzehnt hervorgebracht haben: „Here Comes The Sun", „Something" und „While My Guitar Gently Weeps" – und auch hier im *Madison Square Garden* spielte *Eric Clapton* wie schon dereinst bei der Studioaufnahme der Beatles den legendären Gitarrenpart, unterstützt unter anderem von *Ringo Starr* am Schlagzeug.

George Harrison: Here Comes The Sun / Something / While My Guitar Gently Weeps

Die Freundschaft zwischen *Ringo* und *George* war wohl auch deshalb besonders eng, weil beide stets im Schatten der Alphatiere *Lennon* und *McCartney* gestanden hatten – so eine Erfahrung verbindet. Und sie führte zu diversen gemeinsamen Aktivitäten (wie eben dem Benefiz für Bangladesh) und wechselseitiger Unterstützung. So trommelte *Ringo* auf mehreren Plattenproduktionen von *George Harrison,* der wiederum auf dessen erfolgreichster Solo-LP „Ringo", die 1973 erschien, mitspielte und auch schon an der 1971 erschienenen Single „It Don't Come Easy" maßgeblich beteiligt [71] war. Den Titel hören wir gleich, denn auch er stand beim Bangla-Desh-Konzert auf der Setlist.

Noch ein paar biografische Notizen zu *Ringo,* der im Juli 1940 unter dem Namen *Richard Starkey* als Sohn eines Hafenarbeiters in Liverpool geboren wurde.

---

[71] https://de.wikipedia.org/wiki/It_Don%E2%80%99t_Come_Easy.

In Kindheit und Jugend gesundheitlich labil, zudem schon mit drei Jahren Scheidungskind, blieb seine Schulbildung auf ein Mindestmaß beschränkt, was ihn nur zum unsteten Hilfsarbeiter qualifizierte. Mit 18 bekam er ein Schlagzeug geschenkt und ergriff diese wohl einzige Chance seines Lebens: er trommelte sich durch die Skiffle-Szene der Hafenstadt und landete 1962 mit *Rory Storm and The Hurricanes* in Hamburg, wo er die *Beatles* mit ihrem damaligen Schlagzeuger *Pete Best* kennenlernte. Als der ebenfalls kränkelnde *Best* ausgetauscht wurde, war *Ringo Starr* zur Stelle, und die Geschichte nahm ihren bekannten Lauf. Die erste Single der vier Pilzköpfe „Love Me Do" trommelte allerdings noch ein ungenannter Studiodrummer ein; „*Ringo durfte lediglich die Maracas schütteln*" [72], wie *Tibor Kneif*, Rockkritiker beim Berliner Tagesspiegel, ironisch bemerkte.

Nun wieder Livemusik, noch einmal vom Benefiz im New Yorker *Madison Square Garden*. Zunächst *George Harrison* mit seinem eigens für diesen Anlass geschriebenen Song „Bangla Desh", danach dann wie angekündigt *Ringo Starr* und „It Don't Come Easy".

George Harrison: Bangla Desh
Ringo Starr: It Don't Come Easy

„It Don't Come Easy" – *es ist nicht einfach,* sang *Ringo Starr* beim Bangla-Desh-Benefiz, und wohl bei keinem anderen der *Beatles* gehen die Meinungen über das musikalische Können so auseinander wie bei ihm. Seine gesanglichen Fähigkeiten sind auf angenehme Mittellagen begrenzt, wie er hin und wieder unter Beweis stellen durfte – so etwa bei „Yellow Submarine", „Octopuss's Garden", „Good Night" oder „With A Little Help From My Friends". Das war zweifellos solide, riss aber auch später keinen wirklich vom Hocker. Auf selbigem sitzend, also dem Schlagzeughocker, kreierte er durch das Auflegen von Leinentüchern auf die Trommelfelle oft einen etwas diffusen „Pudding-Sound", der „*im Spiel einen dumpfen, wabernden Klang*" ergab, wie *Siegfried Schmidt-Joos* konstatierte, für den *Ringo* „*trotz seiner immer wieder bemängelten Technik eine herausragende Schlagzeuger-Persönlichkeit im Schnittpunkt des früheren, lediglich begleitenden Rock-Stils und der modernen Auffassung vom Drummer als Solist innerhalb des Ensembles*" [73] darstellte.

Tibor Kneif wertet *Ringo* als „*mittelmäßige(n) Drummer*" und „*verlässlichen, wiewohl nicht gerade glänzenden Techniker*" [74], der „*sein Glück, innerhalb kürzester Zeit weltbekannt*

---

[72] Tibor Kneif: Rockmusik. A.a.O., S. 94.
[73] RL, Band 2, S. 881.
[74] Tibor Kneif: Rockmusik. A.a.O., S. 94.

und vermögend zu sein, … mit Fassung" [75] getragen habe. Dass er im Ranking der hundert weltbesten Schlagzeuger aller Zeiten, das der *Rolling Stone* 2016 veröffentlicht hat, auf Platz 14 geführt wird, erscheint mir dann aber doch etwas überzogen, zumal weder der umtriebige *Pete York* noch der exzellente *Colosseum*-Drummer *John Hiseman* dort überhaupt auftauchen – nun ja, Rankings haben wohl ihre eigenen Gesetze…

    Zurück zu *Ringo Starr*. Als *„liebenswerte Antithese zu John Lennon"* hatte der *„witzigste, sarkastischste und realistischste der Ex-Beatles"* [76] (alles O-Ton *Siegfried Schmidt-Joos)* jedenfalls keine Probleme, herausragende Kollegen der Szene um sich zu scharen und mit ihnen gemeinsam als *Ringo Starr And His All-Starr Band* im Studio und vor allem live als entspanntes, ja fröhliches Miteinander zu musizieren. Eines dieser unterhaltsamen Konzerte wurde im *Greek Theater* von Los Angeles mitgeschnitten und 1990 auszugsweise als LP bei *EMI* veröffentlicht. Das Line-Up liest sich beeindruckend: An den Gitarren *Nils Lofgren* und *Joe Walsh,* dazu *The-Band*-Bassist *Rick Danko,* am Schlagzeug der stilistisch ungeheuer variable Session-Drummer *Jim Keltner,* Platz 36 unter den hundert weltbesten Drummern, perkussiv unterstützt von *Levon Helm* (ebenfalls *The Band),* an den Tasteninstrumenten *Dr. John* und *Billy Preston* und am Saxofon *Clarence Clemons* – eine waschechte Supergroup des Rock, zu der sich zeitweise noch *Ringos* Sohnemann *Zak Starkey* am Schlagzeug und *Garth Hudson* von *The Band* an der Gitarre gesellten! Eine

Platte, die absolut gute Laune verbreitet, ist dabei herausgekommen. Ausgewählt habe ich drei von *Ringo* gesungene Stücke. Zunächst der „No-No Song" des US-Country-Stars *Hoyt Axton,* danach *Ringos* Eigenkomposition "Photograph" und schließlich mit „Honey Don't" eine alte *Carl-Perkins*-Nummer – allesamt mit *Ringo Starr* als Frontmann am Mikrofon.

Ringo Starr And His All-Starr Band: The No-No Song / Photograph / Honey Don't

    Trotz seiner inzwischen 84 Jahre ist *Ringo Starr* noch immer musikalisch höchst aktiv – im Vorjahr gab es eine ausgedehnte US-Tour, und zum Record-Store-Day im April dieses Jahres ist unter dem Titel „Crooked Boy" seine bislang fünfte EP

---

[75] Ebenda, S. 93.
[76] RL, Band 2, S. 880f.

erschienen. Möge sich das bei guter Gesundheit noch einige Zeit fortsetzen lassen…

Als musikalischen Schlusspinkt dieser Sendung habe ich einen der großen Momente der Rockgeschichte der 1970er Jahre ausgewählt – das legendäre Abschiedskonzert „The Last Waltz" von *The Band* im *Winterland Ballroom* von San Francisco. Zu den Gästen, die sich die kanadisch-US-amerikanische Truppe um *Robbie Robertson* auf die Bühne eingeladen hatte, zählte auch *Ringo Starr,* der bei der abschließenden *Dylan*-Hymne „I Shall Be Released", die alle Mitwirkenden auf der barocken Bühne vereinte, am Schlagzeug saß.

In der nächsten LiveRillen-Ausgabe im November gibt es unter anderem Bluesrock von *Stevie Ray Vaughan* und *Frank Marino,* deren 70. Geburtstage im Herbst anstehen. Leider kann *Stevie* diesen nicht mehr erleben.

Hier nun *Bob Dylan, The Band* und ihre zahlreichen Gäste beim letzten Walzer im *Winterland* – am Schlagzeug Ex-*Beatle Ringo Starr…*

The Band (Ringo Starr): I Shall Be Released

Quellen:

> ➤ The Band: The Last Waltz, 3-LP-Set, Warner, 1978
> ➤ The Beatles: Live At The Hollywood Bowl 1964/65, LP, Apple/Universal, 2016
> ➤ The Beatles: Live In Japan 1966, LP, Limited Edition (0207/1000)
> ➤ John Lennon: Live In New York City 1972, LP, EMI, 1986
> ➤ The Plastic Ono Band: Live Peace In Toronto 1969, LP, EMI Records, 1970
> ➤ John & Yoko / Plastic Ono Band: Some Time In New York, Do.-LP (2. LP live), Apple Records, 1972
> ➤ Ringo Starr And His All-Starr Band, LP, EMI, 1990
> ➤ Wings: Over America, 3-LP-Set, EMI Electrola, 1976
> ➤ The Concert For Bangla Desh, 3-LP-Set, Apple, 1972
> ➤ Kampuchea – Concerts For The People Of, Do.-LP, 1980
> ➤ Knebworth, Do.-LP, Silver CLEF Enterprises/Polydor, 1990

No. 80: Auf den Spuren von Jimi Hendrix
November 2024

Heute begeben sich die LiveRillen auf die musikalischen Spuren von *Jimi Hendrix* – angeregt durch die runden Geburtstage von *Stevie Ray Vaughan,* geboren am 3. Oktober 1954, und *Frank Marino,* der am 20. November 70 Jahre alt wird. Beide galten und gelten ja als bekennende Anhänger des US-amerikanischen Gitarristen, der bis heute in allen einschlägigen Rankings unangefochten die Spitzenposition einnimmt. Das brachte mich auf die Idee, doch mal der Frage nachzugehen, welche weiteren Gitarristen sich in ihrem Spiel eigentlich bewusst und ausdrücklich auf den häufig als „Gitarren-Gott" Apostrophierten beziehen, ohne dass das stets auf das bloße Covern von *Hendrix*-Songs hinauslaufen muss. Dass bis heute kaum ein ernstzunehmender Gitarrist an *Hendrix* vorbeikommt, gehört sozusagen zur Berufsehre, auch wenn sich der eigene Stil dann in ganz andere Richtungen entwickelt. So käme man wohl kaum auf die Idee, Szenegrößen wie *Carlos Santana, Jimmy Page, David Gilmour* oder *Joe Bonamassa* als *Hendrix*-Epigonen zu bezeichnen – zu eigenständig ist ihre individuelle Spielweise, auch wenn sie natürlich alle mit Sound und Stil des nur 27jährig Verstorbenen vertraut waren und sind.

Worin bestand eigentlich dessen so herausragende Besonderheit, könnte man fragen, wenn man sich die frühesten von *Jimi Hendrix* erhaltenen Aufnahmen anhört, die doch noch sehr dem traditionellen Blues in seiner elektrifizierten Form verhaftet waren? Nun, das zeigt zunächst mal, dass da eben kein Genie plötzlich und über Nacht vom Himmel fiel, sondern ein versierter, solider Handwerker sich durchaus der Tradition bewusst war [77], deren Überwindung er dann in den wenigen ihm verbleibenden Jahren immer wieder erfolgreich praktizierte. Und dabei eben seinen das versierte Akkordspiel mit kühner Melodiephrasierung und technischen Finessen wie Feedback- und Wha-Wha-Effekte verbindenden, ureigenen Stil ausprägte.

So will ich musikalisch einsteigen mit einer ziemlich obskuren bundesdeutschen *HÖR-ZU-LP,* die (1970 als Sonderpressung von *Electrola* veröffentlicht) unter dem Titel „LIVE / Birth Of Success" Aufnahmen von bzw. mit *Hendrix* präsentiert, die lange vor seinem Durchbruch auf dem *Monterey-Popfestival 1967* entstanden sind.

---

[77] Wer sich ausführlich über die Anfänge von Jimi Hendrix informieren möchte, sei auf die umfangreiche Website http://www.earlyhendrix.com/ verwiesen!

Mitte der 1960er Jahre hatte sich der 1929 als *Curtis McNear* geborene, längst erfolgreiche Bluessänger *Curtis Knight Hendrix* als Gitarren-Sideman in seine Band geholt; wir hören beide mit dem Blues „California Night". Danach ein Bluesklassiker des 1900 geborenen und im Alter von 61 Jahren verstorbenen Gitarristen und Sängers *Ernest Lawler,* den *Hendrix* auch noch in seinen Ruhmesjahren hin und wieder gern live spielte: „On The Killin' Floor".

Jimi Hendrix: California Night / On The Killin' Floor

Auf dem Plattencover der *HÖR-ZU-LP* wurde *Jimi Hendrix* ganz im damaligen Zeitgeist als *„der ‚wilde Löwe' aus Seattle/USA, der kaffeebraune Blues-Mann aus den Westküsten-Slums"* vorgestellt, der *„die Armut ..., die Ratten, die kalte Schulter der Anderen"* [78] aus eigener Erfahrung gut kenne. Klischees über Klischees also, verbunden zudem mit einem fehlerhaften Geburtsjahr, das hier mit 1945 angegeben ist.

Tatsächlich wurde er als *John Allen Hendrix* 1942 in Seattle geboren; nach der Scheidung der Eltern wuchs er bei seinem Vater auf, der ihn in *James Marshall* umbenennen ließ und dem musikalisch interessierten Teenager frühzeitig eine akustische Gitarre schenkte, die dieser rasch gegen eine elektrische austauschte. Sein hörbares Talent öffnete dem Linkshänder bald die Türen zu bekannten Bands, als deren Mitglied er unter anderem *Wilson Pickett, Sam Cooke, B.B. King, Ike Turner, Little Richard,* die *Isley Brothers* oder die *Supremes* begleitete – dabei stets unauffällig am Rande, sozusagen in deren Schatten stehend.

Wer weiß, wie die Geschichte ohne *Chas Chandler* weitergegangen wäre: Der Bassist der berühmten *Animals* hörte *Hendrix* im September 1966 in einem kleinen Club im New Yorker Greenwich Village, verschaffte ihm spontan ein 5-Tage-Visum für England und organisierte ihm dort einen Studiotermin gemeinsam mit dem Schlagzeuger *Mitch Mitchell* und dem Bassgitarristen *Noel Redding* – beides bekannte Musiker der Londoner Session-Szene. In kürzester Zeit entstanden so die erste *Hendrix*-LP und seine erste eigene Band: die *Jimi Hendrix Experience.* Und

---

[78] Zitiert vom Backcover der LP „Jimi Hendrix LIVE / Birth Of Success, HÖR ZU/Electrola, 1970".

die rund fünftausend britischen Pfund, die *Chandler* privat in das Unternehmen investierte, hatten sich schon ein Jahr später vielfach bezahlt gemacht...

Aber ich merke schon: Wenn ich so weitermache, geht es heute doch nur um *Jimi Hendrix* himself und nicht – was ja eigentlich meine Absicht ist – um Gitarristen in seiner musikalischen Tradition. Also schließe ich das ja bereits im September 1970 mit seinem tragischen Tod endende Kapitel *Jimi Hendrix* ab mit Aufnahmen, die sozusagen den offiziellen Schlusspunkt dieser einzigartigen Karriere markierten. Am Neujahrstag 1970 hatte *Hendrix* ein Konzert im New Yorker *Fillmore East* gespielt, dessen Mitschnitt auszugsweise unter dem Titel „Band Of Gypsys" als letzte offizielle LP zu seinen Lebzeiten erschien. Nach der Auflösung seiner *Experience* musizierte er hier gemeinsam mit dem Bassisten *Billy Cox* sowie *Buddy Miles,* der nicht nur als Schlagzeuger beteiligt war, sondern als Komponist zwei Songs beisteuerte, die er auch gleich selbst sang. Die Kritik war nicht durchweg positiv; insbesondere die Beiträge von *Buddy Miles* wurden bemängelt, doch im Nachhinein stellt sich „Band Of Gypsys" für *Hendrix* als wichtige Erweiterung seines bisherigen Stils durch Funk-, Soul- und Rhythm & Blues-Elemente dar.

Oft als Höhepunkt der LP bezeichnet wird der 12einhalbminütige Anti-Kriegs-Song „Machine Gun" – ein musikalisch-realistischer Soundkommentar zu Zeiten des noch immer andauernden Krieges der USA gegen das kommunistische Nordvietnam. Und was für eine Entwicklung im Vergleich zu den anfangs gehörten, nur wenige Jahre zuvor entstandenen Liveaufnahmen!

Jimi Hendrix: Machine Gun

Ebenfalls viel zu früh verstorben – mit nur 35 Jahren – ist einer seiner wichtigsten Nachfolger auf den sechs Saiten: der am 3. Oktober 1954 in Dallas geborene Texaner *Stevie Ray Vaughan,* vom New York Magazine als *„maßgebendster Gitarrist seit Jimi Hendrix"* [79] gefeiert. Das war 1982, und *Stevie Ray Vaughan* war just genau in dem Alter, in dem *Jimi Hendrix* in den Musikerhimmel eingezogen war...

Das außergewöhnliche Talent des Gitarristen wurde schon im Jugendalter deutlich; dennoch musste er sich erstmal durchbeißen, schlug das College aus und

---

[79] Zitiert nach: RL, Band 2, S. 961.

ging *„nach Austin, das bis heute das Zentrum der texanischen Musikszene ist. Trotz allem war das Geld knapp"*, war Anfang dieses Jahres in einem Beitrag des *Rolling Stone* zu lesen. *„Im Rotationsprinzip schlief er auf den Sofas seiner Freunde, kratzte jeden Penny zusammen, den er kriegen konnte, spielte in kleinen Bars und träumte gleichzeitig von Ruhm und Aufmerksamkeit als Gitarrist."* [80]

Der kam dann Mitte der 1980er Jahre. *Wikipedia* zählt übrigens etliche Gitarristen auf, die den Stil von *Stevie Ray Vaughan* mitgeprägt haben sollen, so *Albert, Freddie* und *B.B. King* sowie *Albert Collins, Otis Rush* und *Buddy Guy,* um schließlich zu konstatieren: *„Doch sein wichtigster Einfluss blieb Jimi Hendrix".* [81]

Nicht zu vergessen ist allerdings die Bedeutung seines in der Oberliga des Texas-Blues mitmischenden großen Bruders *Jimmie Vaughan,* dessen *„reduziertes, schnörkelloses Spiel"* [82] bei den *Fabulous Thunderbirds,* die er 1974 gegründet hatte, bis heute gelobt wird. Bei den Donnervögeln ist *Jimmie* im Spätsommer 1990 offiziell ausgestiegen. Ein Grund für den zeitweisen Rückzug aus der Musikszene war zweifellos der tragische Tod seines drei Jahre jüngeren Bruders: Nach einem gemeinsamen Konzert der beiden Brüder, an dem auch *Eric Clapton, Robert Cray* und *Buddy Guy* mit ihren Bands beteiligt waren, prallte der Hubschrauber, der *Stevie Ray Vaughan* zum nächsten Tourort Chicago bringen sollte, in dichtem Nebel gegen einen Berg; alle Insassen kamen ums Leben. *Jimmie Vaughan* veröffentlichte in der Folge mehrere Alben aus dem Nachlass von *Stevie Ray* und trat selbst erst Jahre später wieder öffentlich auf, was bis heute sporadisch immer mal wieder passieren kann.

Hier nun Musik von *Stevie Ray Vaughan* und seiner 1978 nach einem Song von *Otis Rush* benannten Band *Double Trouble,* zu der neben *Vaughan* der Keyboarder *Reese Wynans* sowie *Tommy Shannon* am Bass und Schlagzeuger *Chris „Whipper" Layton* gehörten. Das 1986 erschienene Doppelalbum „Live Alive" enthält Konzertmitschnitte aus Montreux, Austin und Dallas und sollte in keiner gepflegten Plattensammlung fehlen.

Ausgewählt habe ich aus gegebenem Anlass natürlich ein *Hendrix*-Cover: „Voodoo Chile", das als Studioversion auch auf der zweiten, 1984 erschienenen LP „Couldn't Stand The Weather" von *Stevie Ray Vaughan* und *Double Trouble*

---

[80] https://www.rollingstone.de/stevie-ray-vaughan-todesursache-1704959/.
[81] https://de.wikipedia.org/wiki/Stevie_Ray_Vaughan.
[82] RL, Band 2, S. 962.

enthalten war – knapp zehn Minuten großartige, zeitlose Musik. Bei *Hendrix* war die 1968 für die dritte LP seiner Experience eingespielte Fassung sogar fünfzehn Minuten lang und damit der längste je von ihm im Studio produzierte Einzeltitel!

Stevie Ray Vaughan: Voodoo Chile

Klar, dass nach dem plötzlichen Tod ihres Masterminds für den Rest der Band zunächst keine Perspektive existierte; zu singulär war *Jimmy Ray Vaughan* als alles überstrahlendes Zentrum von *Double Trouble* gewesen. Die eingespielte Rhythmussektion *Shannon / Layton* brachte 1992 als Teil der Bluesrock-Supergruppe *The Arc Angels* ein Album heraus; später arbeiteten die beiden für Musiker wie *Kenny Wayne Shepherd, Jimmy D. Lane* und *Doyle Bramhall*. 2001 gab es dann unter dem Titel „Been A Long Time" noch einmal ein Album von *Double Trouble;* beteiligt waren jetzt unter anderem *Doyle Bramhall, Reese Wynans, Willie Nelson, Dr. John* und *Jimmie Vaughan,* der 1993 für seinen toten Bruder noch einen *Grammy* hatte entgegennehmen können – es war der sechste für den Gitarristen und Sänger, der zudem vielfach postum geehrt wurde.

So erklärte der Staat Texas ab 1991 den 3. Oktober zum „Stevie Ray Vaughan Day", und seit 1994 steht in einem Park in Austin eine *Stevie Ray Vaughan Memorial Statue.* In jedem Ranking der weltbesten Gitarristen wird *Stevie Ray Vaughan* unter den Top-Leuten geführt; die Leserschaft der Zeitschrift *Guitar World* wählte ihn auf den achten Platz; in der Liste des *Rolling Stone* wird er auf Platz zwölf geführt. Zehn Jahre nach seinem Tod bekam *Stevie Ray Vaughan* einen Ehrenplatz in der *Blues Hall of Fame.* 2014 wurde er mit seiner Band *Double Trouble* zudem in die *Musicians Hall of Fame* aufgenommen, und seit April 2015 sind sie auch in der *Rock and Roll Hall of Fame* zu Hause. Ehre, wem Ehre gebührt

Und hier noch einmal *Stevie Ray Vaughan,* diesmal live im Jahr vor seinem frühen Tod. Ende November 1989 wurden zwei *Double-Trouble-*Konzerte in Albuquerque und Denver, an denen der britische Gitarrist *Jeff Beck* als Gast teilnahm, mitgeschnitten und 2019 ausschnittweise als Doppelalbum beim Label *RADIO LOOPLOOP* veröffentlicht.

Daraus spiele ich mit „Texas Flood" einen der bekanntesten Songs von *Stevie Ray Vaughan;* den langsamen Blues hatte er 1984 auch auf dem mit einem *Grammy* veredelten Sampler „Blues Explosion" unter dem Titel „Flood Down In Texas" untergebracht.

Stevie Ray Vaughan: Texas Flood

So viel also zu *Stevie Ray Vaughan;* am 3. Oktober dieses Jahres wäre der Texaner 70 Jahre geworden.

Kurz vor diesem Jubiläum steht der italienischstämmige Kanadier *Frank Marino,* der am 20. November 1954 in Montreal geboren wurde und der neben Gitarre und Gesang auch Keyboards und Schlagzeug beherrscht. Um seinen aktuellen Gesundheitszustand herrscht derzeit Rätselraten. 2021 war noch eine ausgedehnte Nordamerika-Tour angekündigt; seither aber ist auf seiner Website zu lesen: *„Frank Marino hat aus gesundheitlichen Gründen vor Kurzem seine Tourneetätigkeit eingestellt. Wenn sich sein Zustand verbessert oder ändert, hoffen und erwarten wir, dass er wieder auf Tournee gehen wird. Sofern sich nichts ändert, ist die Konzert-DVD ‚Live at the Agora‘ (die 2019 erschienen war – Anmerkung PB) derzeit das letzte Konzert, das Frank gegeben hat.“* [83]

Nun, vielleicht gibt es doch noch Hoffnung, den langmähnigen kanadischen Flitzefinger mal wieder auf der Bühne zu erleben, was allerdings hierzulande bzw. in Europa, wo er bis heute ein weitgehend Unbekannter geblieben ist, wohl kaum der Fall sein dürfte. Umso schöner, dass wir uns an einigen Konzertaufnahmen erfreuen können, die er mit seiner Band *Mahogany Rush* als Liveplatten herausgebracht hat.

Nachdem er mit gerade mal 13 Jahren einen heftigen LSD-Trip nur knapp überlebt hatte, griff er ein Jahr später zur Gitarre, die er innerhalb kürzester Zeit meisterhaft beherrschte. Mit 15 gründete er *Mahogany Rush* als Trio gemeinsam mit *Jim Ayoub* (Schlagzeug) und *Paul Harwood* (Bass); mit 17 nahmen sie ihre erste LP auf. *„Frank Marinos Stil ist von Jimi Hendrix beeinflusst, doch integrierte Marino in seine Musik verschiedene Richtungen wie Blues, Rock, Jazz und Funk. Auch die teilweise kehlige Stimme und die Art zu singen, erinnern zu Beginn der Karriere deutlich an Jimi Hendrix“* [84], weiß *Wikipedia* über ihn zu berichten.

1978 erschien die erste Liveplatte von *Frank Marino & Mahogany Rush,* deren Aufnahmen im Herbst 1977 bei Konzerten im Süden der USA entstanden waren. Daraus hören wir zwei Titel. Zunächst auch hier ein *Hendrix*-Cover: „Purple Haze“, das 1967 als zweite Single in Europa erschienen war und dann auch die erste

---

[83] https://www.mahoganyrush.com/tour/.
[84] https://de.wikipedia.org/wiki/Frank_Marino.

Singleauskopplung von *Jimi Hendrix* in den USA bildete. Übrigens wurde später eine Ende der 60er Jahre in Kalifornien kultivierte Cannabis-Sorte nach dem Song benannt, die noch heute weltweit bei Züchtern beliebt sei... - wie ich gelesen habe!

Danach mit „Dragon Fly" eine Eigenkomposition von *Frank Marino,* die ihre musikalische Nähe zu *Hendrix* keineswegs verleugnet.

Frank Marino: Purple Haze / Dragon Fly

Es war die erfolgreichste Zeit des Kanadiers mit dem Bluesrock-Faible a la

Hendrix, und so legte er nur ein Jahr später nach: Unter dem Titel „Tales Of The Unexpected" erschien eine LP, die neben neuen Studioaufnahmen (darunter eine an der *Hendrix*-Version orientierte Fassung von *Dylans* „All Along The Watchtower") auf der B-Seite auch vier Liveaufnahmen enthielt. Zwei davon sollen jetzt erklingen, beide aus der Feder von *Frank Marino:* Zunächst „Woman", danach „Bottom Of The Barrel".

Frank Marino: Woman / Bottom Of The Barrel

In den 80er Jahren brachte *Frank Marino* einige Soloplatten ohne sein Trio heraus; teilweise war sein ebenfalls Gitarre spielender Bruder *Vince Marino* daran beteiligt. Der Stil wandelte sich immer mehr zum Hardrock; die *Hendrix*-Einflüsse traten in den Hintergrund. Zudem lief der Plattenvertrag mit *CBS* aus und wurde vom Label nicht verlängert.

1988 ist – wenn man so will, als Abschluss der erfolgreichsten Phase von *Frank Marino & Mahogany Rush* – dann noch das Konzertalbum „Double Live" bei *MAZE Records* erschienen, dessen durchgängig hohe Qualität nochmals die Frage aufwirft, warum dem nunmehr fast Siebzigjährigen der ganz große internationale Durchbruch dann doch verwehrt blieb. Er selbst muss ziemlich frustriert gewesen sein, denn in den 1990er Jahren kehrte er dem Musikgeschäft komplett den Rücken. Kurz nach der

Jahrtausendwende erschien das Comeback-Album „Eye Of The Storm", in dessen Musik sich nun auch arabische Einflüsse fanden.

Der Konzertmitschnitt „RealLIVE" von 2004 ist nur als Doppel-CD erhältlich und kommt damit für die LiveRillen leider nicht infrage; immerhin sei erwähnt, dass er mit „Voodoo Chile" in einer Bluesversion wiederum ein *Hendrix*-Cover enthält.

Über knapp zwei Jahrzehnte hinweg blieb *Frank Marino* dann musikalisch aktiv, sowohl live auf dem nordamerikanischen Teilkontinent als auch mit sporadischen Plattenveröffentlichungen, bis zu jenem noch heute existenten Website-Eintrag, der – ohne konkret zu werden – auf die gesundheitlichen Probleme *Marinos* verweist. Als bisher letzte Veröffentlichung des Italo-Kanadiers ist übrigens 2019 die opulente Konzert-DVD-Box „Live At The Agora Theatre" erschienen – sechs Stunden harter Bluesrock vom Feinsten.

Nun steht sein 70. Geburtstag an; ein guter Grund, ihm Gesundheit und Kraft für weitere musikalische Projekte zu wünschen, was hiermit geschehen soll.

Und von „Double Live" gibt's jetzt noch den Titel „Rock and Roll Hall of Fame" – vielleicht ist *Frank Marino* die dortige Mitgliedschaft eines Tages ja noch vergönnt…

Frank Marino: Rock and Roll Hall of Fame

Wir bleiben im *Hendrix*-Dunstkreis, auch wenn der folgende Musiker erst im kommenden Frühjahr mit einem runden 80. Geburtstag aufwarten kann, und kommen zu einem ebenfalls bis heute sträflich unterschätzten Gitarristen, der mir persönlich sehr viel bedeutet: *Robin Trower,* 1945 am Rande Londons geboren.

Am ehesten kennt man ihn wohl als Mitglied von *Procol Harum,* der stark Keyboard-dominierten Balladen-Combo von *Gary Brooker,* der *Robin Trower* von 1967 bis 1971 angehörte. Dabei ging das herausragende Können des Gitarristen dort allzu häufig in den schwelgenden Piano- und Orgelkaskaden im Stile von „A Whiter Shade Of Pale" unter. Übrigens musste sich Bandmitglied *Matthew Fisher,* der die an *Johann Sebastian Bach* orientierten Hammond-Orgelpassagen spielte, seine Anteilsrechte an der Komposition des Millionen-Sellers erst vor Gericht erstreiten – das nur am Rande.

Jedenfalls verließ *Robin Trower* frustriert die Band, gründete zunächst mit *Frankie Miller* das nur kurz bestehende Projekt *Jude* und dann 1972 seine eigene *Robin Trower Band,* zu der Schlagzeuger *Reg Isidore* (wenig später durch *Bill Lordan* ersetzt) und der singende Bassist *James Dewar* gehörten. Damit brach ein höchst erfolgreiches Jahrzehnt für das Trio an. So jubelt das Webportal Amazona.de: *„Als* *der britische Rock-Gitarrist Robin Trower 1973 sein erstes Solo-Album 'Twice Removed From Yesterday' veröffentlichte, war für Insider und Fans schnell klar: Das ist der neue Jimi Hendrix! Der war drei Jahre vorher verstorben, und Robin stand mit diesen belastenden Erwartungen 28*

Jahre jung voll im Leben. Sein nächstes Album, 'Bridge Of Sighs' (1974) ging dann wirklich durch die Decke, spielte siebenfach Gold ein – ein neuer Superstar an der E-Gitarre war auf der Szene." [85]

1975 erschien auf *Chrysalis* die LP „Robin Trower | LIVE!", die diesen Lobeshymnen absolut gerecht wird. Daraus hören wir „Too Rolling Stoned" und „Alethea", zwei Songs aus der Feder von *Robin Trower.*

Robin Trower Band: Too Rolling Stoned / Alethea

Was für eine kraftvolle Gitarre, vor fast 50 Jahren aufgezeichnet bei einem Konzert der *Robin Trower Band* in der *Concert Hall* der schwedischen Hauptstadt Stockholm.

In den 1980er-Jahren arbeitete *Robin Trower* auch mit dem ehemaligen *Cream*-Bassisten *Jack Bruce* zusammen, damals entstand das Album „B.L.T." – die Buchstaben stehen für *Bruce, Lordan* und *Trower.* In den 90ern produzierte *Trower* für den *Roxy-Music*-Frontman *Bryan Ferry* dessen Solo-Alben „Taxi" (1993) und „Mamouna" (1994). Und 1991 gab es auch noch mal ein kurzes Intermezzo der wiedervereinigten *Procol Harum;* gemeinsam brachte man das Album „The Prodigal Stranger" an den Start. 2008 wurde mit „Seven Moons" eine weitere gemeinsame Produktion von *Robin Trower* und *Jack Bruce* veröffentlicht, die damit auch live zu erleben waren. Zuletzt erschienen 2022 „No More Worlds to Conquer" und im Vorjahr „Joyful Sky", auf dem sich *Trower* gemeinsam mit der jungen, hochtalentierten US-amerikanischen Bluessängerin *Sari Schorr* präsentiert, die auch schon an der Seite von *Walter Trout* in Deutschland auf der Bühne stand. Bis heute hat *Robin Trower* somit knapp 40 Solo-Alben veröffentlicht.

„Ich habe definitiv das Gefühl, dass ich immer noch vorankomme", lässt er sich auf seiner eigenen Website zitieren; *„mit der Gitarre, den Songs und allem anderen."* [86]

Möge das für den knapp 80Jährigen noch eine Weile so weitergehen!

[85]   https://www.amazona.de/the-jimi-hendrix-book-22-robin-trower/.
[86]   https://www.robintrower.com/biography/.

Hier nun noch zwei weitere Titel der *Robin Trower Band* aus ihrer 1975er Live-LP: „I Can't Wait Much Longer" und „Little Bit Of Sympathy".

Robin Trower Band: I Can't Wait Much Longer / Little Bit Of Sympathy

An den Schluss der heutigen LiveRillen, die Gitarristen auf den musikalischen Spuren von *Jimi Hendrix* gewidmet waren, habe ich einen Musiker aus deutschen Landen gesetzt, dessen 70. Geburtstag im Dezember ansteht und den man da vielleicht nicht unbedingt auf dem Schirm hat, der aber die Bedeutung von *Jimi Hendrix* für sein eigenes Schaffen in einem Interview mit der Musikzeitschrift *Metal-Hammer* so beschreibt: *„Ich habe zunächst mit Blues begonnen. Bluesbreakers, Eric Clapton, Cream. Jimi Hendrix kam etwas später. Und dann war er für viele Jahre mein größter Einfluss […]. Die meisten haben einfach nur coole Musik gespielt, aber Hendrix' Schaffen hatte immer ein kosmisches Element. Als Kind sah ich ihn im Januar 1969 in Hamburg spielen, und es war überwältigend. […] Die Gitarre klang wie ein übermenschliches Wesen aus dem Weltraum. Diese Geräusche waren damals völlig neu. Kein anderer Gitarrist klang so. Niemand klang wie er. Und ich habe das aufgesaugt, ich wollte diesen Sound."* [87]

Soweit die Selbstaussage von *Uli Jon Roth,* gebürtiger Düsseldorfer, der bis heute als international einflussreicher Hardrock-Gitarrist gilt und ab 1973 bei den Hannoveraner *Scorpions* den zu *UFO* gewechselten *Michael Schenker* an der Leadgitarre ersetzte. *Roth* schrieb etliche Songs für die Band und tourte mit den *Scorpions,* die sich seinerzeit den Ruf als Deutschlands erfolgreichster Rockexport erarbeiteten, um die ganze Welt. So ist er auch auf den „Tokyo Tapes" zu hören, einem Doppel-Live-Album, das im April 1978 in der japanischen Hauptstadt mitgeschnitten wurde und in der soundmäßig großartigen Nachbearbeitung des *„möglicherweise besten Heavy Metal-Produzenten Dieter Dierks"* (so der Rolling Stone [88]) im selben Jahr bei *CBS* erschien. Zum 33. *Wacken-Open-Air* in diesem Jahr ist *Dieter Dierks* übrigens *„für seine herausragenden Verdienste um den Heavy Metal und sein Lebenswerk mit einem besonderen Award geehrt worden"* [89].

Aus den „Tokyo Tapes" der *Scorpions* hören wir zum Abschluss der heutigen Sendung gleich den komplett von *Uli Roth* geschriebenen Titel „Polar Nights", und wer mit der eigentlichen *Scorpions*-Stimme *Klaus Meine* so seine Probleme hat, wird erfreut feststellen, dass *Uli Roth* seinen Powersong auch selbst singen darf.

---

[87] https://www.metal-hammer.de/uli-jon-roth-jimi-hendrix-hat-sein-gitarrenspiel-beinflusst-2196785/.
[88] Zitiert nach: RL, Band 2, S. 816.
[89] GoodTimes, Ausgabe 5/2024, Nr. 192, S. 9.

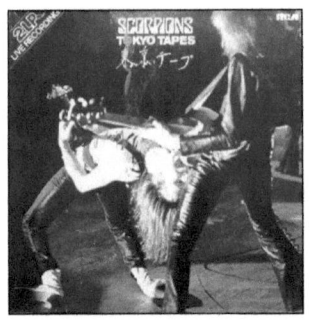 Nach den „Tokyo Tapes" verließ *Uli Jon Roth* die *Scorpions,* arbeitete in der Folge mit internationalen Hochkarätern wie *Deep Purple, Jack Bruce* oder den *Smashing Pumpkins* zusammen und lebt seit vielen Jahren in der ländlichen Idylle der britischen West Midlands. Natur und Ruhe als Ausgleich zu dem, was er noch immer gekonnt auf der Bühne veranstaltet...

Die nächste Ausgabe der LiveRillen widmet sich einem der ganz großen, singulären Stars der populären Musik: *Tom Waits* begeht im Dezember 2024 seinen 75. Geburtstag.

Hier nun zum heutigen guten Schluss die *Scorpions* mit *Uli Jon Roth* und seinem Powerrocker „Polar Nights".

Scorpions: Polar Nights

Quellen:

> Jimi Hendrix: Live / Birth Of Success, LP, Electrola/Hör Zu, 1970
> Jimi Hendrix: Band Of Gypsys, LP, Sony Music, 2010
> Frank Marino & Mahogany Rush: Live, LP, CBS, 1978
> Frank Marino & Mahogany Rush: Tales Of The Unexpected, LP, CBS, 1979
> Frank Marino & Mahogany Rush: Double Live, Do.-LP, MAZE Records, 1988
> Scorpions: Tokyo Tapes, Do.-LP, RCA, 1978
> Robin Trower: LIVE!, LP, Chrysalis, 1975
> Stevie Ray Vaughan & Double Trouble: Live Alive, Do.-LP, CBS, 1986
> Stevie Ray Vaughan: Live in Albuquerque & in Denver, Do.-LP, Radio Looploop, 2019

No. 81: Big Black Melancholy: Tom Waits | Lou Reed | Nick Cave

Dezember 2024

Zum Jahresabschluss habe ich unter dem zur dunklen Jahreszeit zweifellos passenden Motto „Big Black Melancholy" drei ebenso großartige wie eigenwillige Künstler versammelt: *Tom Waits, Lou Reed* und *Nick Cave.*

Nein, natürlich bin ich nicht der Erste, der *Tom Waits* in einem Atemzug mit dem sieben Jahre älteren *Lou Reed* nennt, und dabei gleich noch an *Nick Cave* denkt, durch den ein Triumvirat stimmlich und irgendwie auch geistig verwandter Sänger entsteht, die zudem durch literarische wie filmbezogene Ambitionen von sich reden machten. So sollen in dieser LiveRille alle drei zu Gehör gebracht werden, eingedenk der Tatsache, dass *Tom Waits* am 7. Dezember seinen 75. Geburtstag begehen wird.

1949 als *Thomas Alan Waits* im kalifornischen Pomona geboren, entdeckte er früh die amerikanischen Beatnik-Literaten um *Jack Kerouac* und *Charles Bukowski,* wurde – anders als viele seiner Generationsgefährten – eher durch die Musik von *George Gershwin, Bing Crosby* oder *Ray Charles* als durch Beat und Rock beeinflusst und stand mit Zwanzig erstmals mit eigenen Songs auf kleinen Bühnen. Seine Vorliebe für die Geheimnisse und Abgründe der Großstadtnächte mag der Tatsache geschuldet sein, dass er in dieser Zeit als Türsteher eines Nachtclubs jobbte. 1973 erschien mit „Closing Time" seine erste Platte, gefüllt mit einem eklektizistischen Mix aus Ragtime, Cool Jazz, Shuffle, Polka, Musical und *Kurt-Weill*-Anleihen. Ein Konzept, das er in den Folgejahren perfektionierte, indem seine Produktionen trotz ihrer inneren Differenzierung immer stärker zu komplexen Strukturen reiften. Musical, Revue, Performance, Show – all das passt irgendwie und trifft es doch nicht ganz, was da auf Platten wie „The Heart Of Saturday Night", „Blue Valentine", „Swordfishtrombones" (für die er bei *Asylum Records* gefeuert wurde und bei *Island Records* landete!), „Frank's Wild Years" oder „Rain Dogs" erschien. 1988 kam dann mit „Big Time" der Live-Soundtrack einer Show, die *Waits* bei Konzerten in Berlin, Dublin, Stockholm, San Francisco und Los Angeles fürs Kino aufzeichnen ließ.

Daraus zunächst „Cold Cold Ground", ein Song voller düsterer Bilder des Umherirrens, der Einsamkeit, Dunkelheit und Kälte. Anschließend "Falling Down" und schließlich „Strange Weather", das *Marianne Faithfull* gewidmet ist. Darin heißt es *"Seltsam, wie eine Frau versucht zu retten, / was ein Mann zu ertränken versucht. / Die Rose ist gestorben, weil du sie gepflückt hast. / Und ich glaube, der Brandy gehört mir. / Und überall auf der Welt reden Fremde nur über das Wetter. / Überall auf der Welt ist es dasselbe.* "

Ziemlich trostlos und doch irgendwie anheimelnd durch den knarzigen Gesang des *„besten Freundes der Schlaflosigkeit"*, wie er im *Crawdaddy* mal genannt wurde. Begleitet wurde *Waits* auf dieser Tour von *Marc Ribot* an Gitarre und Trompete, *Willie Schwarz* an Akkordeon und Orgel, *Ralph Carney* an Saxophon und Klarinette, *Greg Cohen* am Bass und *Michael Blair* am Schlagzeug.

Tom Waits: Cold Cold Ground / Falling Down / Strange Weather

Sich selbst bezeichnete *Tom Waits* einmal als *„Privatdetektiv der Nacht"*, was ebenso passt wie das Etikett, das ihm die US-Zeitschrift *The Face* als *„Orson Welles des lyrischen Wortspiels"* aufgedrückt hat. Dass seine musikalisch-literarische Kunst nicht unbedingt massentauglich war und ist, störte *Waits* offensichtlich kaum, zumal er beträchtliche Tantiemeneinnahmen erzielte, indem etliche seiner Titel als Coverversionen anderer Künstler wesentlich erfolgreicher waren als seine eigenen Plattenveröffentlichungen. So erreichte sein „Downtown Train" in der Interpretation von *Rod Stewart* 1989 Platz Eins der US-Billboard-Charts – für den *New Musical Express* übrigens *„der größte Song, den Bruce Springsteen nicht geschrieben hat"*. [90]

Seit Beginn der 1980er Jahre spielte *Tom Waits* zunächst kleinere Rollen in Kinofilmen; drehte später mit Regisseuren wie *Jim Jarmusch* oder *Terry Gilliam* und war zu sehen in Filmen wie „König der Fischer", „Mystery Man", „Bram Stoker's Dracula" oder „Short Cuts".

Nach den Terroranschlägen des 11. September 2001 enthielten seine Veröffentlichungen zunehmend auch politische Botschaften; zu erwähnen ist insbesondere seine Platte „Real Gone" von 2004 mit bissigen Kommentaren zu *George W. Bush*. Das 2011er Album „Bad As Me" wurde dann für *Tom Waits* die bislang kommerziell erfolgreichste Veröffentlichung; die Platte stieg in den USA, in Großbritannien, Österreich, der Schweiz und in Deutschland jeweils in die Top Ten der Album-Charts auf.

---

[90] RL, Band 2, S. 970.

Dabei versteht sich *Tom Waits* inzwischen längst als „Kunstfigur", der dank reichlich Bourbon und Zigaretten in seinen Lyrics das Image des melancholischen Loosers und Trunkenbolds anhaftet. Er selbst lebt dagegen seit Jahrzehnten als abstinenter Nichtraucher, hält sein Privatleben aus der Öffentlichkeit konsequent heraus und „*… räumt ein, in Bezug auf seine Person eine derart überwältigende Legende erschaffen zu haben, dass es manchmal schwer sei, Tatsachen und Fiktion auseinanderzuhalten*" [91]. Mit verantwortlich dafür sind zweifellos seine bildgewaltigen Texte.

In diesem Jahr wurde anlässlich ihres 25jährigen Jubiläums die seinerzeit Grammy-prämierte LP „Mule Variations" aus dem Jahr 1999 neu aufgelegt – gepresst in 180-Gramm-Silbervinyl. Auf der Website von *Tom Waits* heißt es dazu: „*Auf diesem Album wechseln sich kantige Stampfklänge, Humor und Experimentierfreude mit einigen der schönsten und persönlichsten Songs ab, die er je geschrieben hat.*" [92]

Wir kehren musikalisch noch einmal zurück ins Jahr 1988 mit zwei weiteren Titeln vom Live-Soundtrack „Big Time": Zunächst „Rain Dogs", der Titelsong seiner 85er Studio-LP, und danach das wunderbare „Time" als verzweifelte Beschwörung der verrinnenden Zeit, in der Napoleon an einer Karnevalsbar weint, dazu Hämmer und Nägel regnen und es unter anderem heißt: „*Sie alle tun so, als ob sie Waisen wären und ihre Erinnerungen sind wie ein Zug / Du kannst sehen, wie er kleiner wird, wenn er losfährt / Und die Dinge, an die du dich nicht erinnern kannst, / erzählen den Dingen, die du nicht vergessen kannst, / dass die Geschichte in jedem Traum einen Heiligen unterbringt*". [93]

Und das alles wird getragen von einer Stimme, die nun 75 wird, aber eigentlich mindestens doppelt so alt klingt…

Tom Waits: Rain Dogs / Time

Dem Songschreiber *Waits* wird ja häufig eine künstlerische Nähe zum in Dessau geborenen, nach der Machtergreifung der Nazis in die USA emigrierten *Kurt Weill* nachgesagt, dem Komponisten der „Drei-Groschen-Oper" nach dem Libretto von *Bertolt Brecht*. Allerding ist *Tom Waits* nach eigenem Bekunden auf *Weill* erst aufmerksam geworden, nachdem Kritiker seine Songs mit dessen Werk verglichen hatten. In einem *SPIEGEL*-Interview sagte er später dazu: „*Er (Weill; PB) nimmt eine schöne Melodie und erzählt dir furchtbare Dinge. Ich hoffe, dass mir das auch gelingt.*" [94]

---

[91] https://de.wikipedia.org/wiki/Tom_Waits.
[92] http://www.tomwaits.com/news/.
[93] https://www.songtexte.com/uebersetzung/tom-waits/time-deutsch-1bd691c4.html.
[94] Zitiert nach: https://de.wikipedia.org/wiki/Tom_Waits, Fußnote 44.

1985 war bei *A&M* mit „Lost In The Stars" ein Tribute-Album für *Kurt Weill* entstanden, an dem neben weiteren exzellenten Stars wie *Sting, Carla Bley, Chris Spedding, Van Dyke Parks* oder *John Zorn* auch *Tom Waits* und *Lou Reed,* zu dem ich gleich kommen werde, beteiligt waren. *Tom Waits* interpretierte darauf „What Keeps Mankind Alive?" und *Lou Reed* steuerte den „September-Song" bei. Initiator des Projekts war der vor allem im Film- und TV-Bereich tätige US-amerikanische Musikproduzent *Hal Wilner,* der auch einige Solo-Produktionen von *Lou Reed* betreut hatte. Er ist 2020 an den Folgen einer COVID-Infektion gestorben, nur einen Tag nach seinem 64. Geburtstag...

Die LP mit den *Kurt-Weill*-Musicalsongs ist übrigens 1990, kurz vor dem Ende der DDR, noch auf deren Staatslabel *AMIGA* in Lizenz erschienen.

In meiner LiveRillen-Gratulation für *Tom Waits* nun zwei Titel von einem Bootleg, der 2013 auf dem No-Name-Label *Swinging Dog Records* erschienen ist. Unter dem Titel „Bourbon Jesus" enthält die Platte den Mitschnitt eines Radiokonzerts, das *Tom Waits,* unter anderem begleitet vom *Canned-Heath*-Bassisten *Larry Taylor,* in Florenz im Juli 1999 bestritten hat.

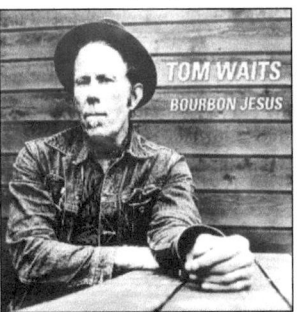

Zunächst mit „The Earth Dies Screaming" das Bild einer Apokalypse, in dem auch die vom Himmel regnenden Fische nicht fehlen und das im Refrain immer wieder beschwört: *„Und die Erde starb schreiend / Während ich da lag und träumte".*

Aus dem nachfolgenden „Jesus Gonna Be There" klingt es dann wie eine dunkle Hoffnung: *„Nun, Jesus wird bald hier sein / Er wird uns mit Blättern zudecken / Mit einer Decke vom Mond / Mit einem Versprechen und einem Gelübde / Und einem Schlaflied für meine Stirn".*

Tom Waits: The Earth Dies Screaming / Jesus Gonna Be There

Auf seiner Website gibt es übrigens eine Rubrik, die *Wit & Wisdom* überschrieben ist, also Witz und Weisheit. Und die hält auch genau das, was der Titel verspricht – unbedingt mal reinschauen! Beispiele gefällig? Bitte sehr: Über seine Ehefrau *Kathleen Brennan,* die an vielen seiner Schöpfungen unmittelbar oder mittelbar beteiligt ist, sagt *Waits: „Ich habe nicht nur eine wunderschöne Frau geheiratet, ich habe eine Plattensammlung geheiratet."* Über seine Eltern heißt es: *„Mein Vater war ein Auspuffkrümmer und meine Mutter war ein Baum."* Und über den gut befreundeten *Stones*-Gitarristen *Keith Richards,* von dem gleich noch die Rede sein wird: *„Er hat sich so lange Geld von mir geliehen, dass ich dem ein Ende bereiten musste."* Aber auch dies:

„Er ist ein Gentleman, er kam ins Studio, nahm seinen Hut ab und alle diese Vögel flogen heraus.“ [95]

Der Melancholiker hat ganz augenscheinlich auch viel Humor – eine prima Mischung, wie ich finde.

Und hier nochmals zwei Stücke von der Liveplatte „Bourbon Jesus".

Zunächst „That Feeling". Über den Hintergrund des Songs heißt es im Internet-Blog von *ByteFM: „Was passiert, wenn man zwei der abgewracktesten Gestalten der Pop-Musik in einen Raum sperrt und sie ihr Herz ausschütten lässt? ‚That Feeling‘, der Song, der Tom Waits‘ 1992 veröffentlichtes Album ‚Bone Machine‘ abschließt, bietet Antworten. Die Mutter aller Reibeisenstimmen singt den Song schon alleine mit der von ihr gewohnten Verzweiflung. Doch wenn man denkt, dass das Pathos seinen Zenit erreicht, gesellt sich im zweiten Refrain plötzlich die von jahrzehntelangem Bourbon-Konsum gezeichnete Stimme Keith Richards‘ dazu. Der The-Rolling-Stones-Mitbegründer singt, wie er Gitarre spielt: ruppig, unperfekt und herzergreifend. Gemeinsam schaukeln sie sich in siegestrunkene Höhen und singen, als gäbe es kein Morgen. Und trotz all des bukowskiesken Säufer-Kitschs ist es nahezu unmöglich, hier nichts zu fühlen.“* [96] Dem kann und will ich gar nichts hinzufügen, auch wenn bei dieser Aufnahme der Anteil von *Keith Richards* leider fehlt…

Und zum Abschluss meiner LiveRillen-Huldigung für das morgige Geburtstagskind schließlich noch die tröstliche Feststellung „Innocent When You Dream": *„Die Fledermäuse sind im Glockenturm / Der Tau ist auf dem Moor / Wo sind die Arme, die mich hielten / Und mir zuvor ihre Liebe schworen? / Es ist so ein altes, trauriges Gefühl / Die Felder sind sanft und grün / Es sind Erinnerungen, die ich stehle / Aber du bist unschuldig, wenn du träumst".* Was für eine grandios melancholische Poesie – stimmungsmäßig sozusagen der Dezember der Musik…

Tom Waits: That Feeling / Innocent When You Dream

Ich komme nun zu einer weiteren Ikone der unangepassten, wenig schubladenkonformen populären Musik: *Lou Reed,* 1942 in Brooklyn in einer konservativen jüdischen Familie geboren. Sein Vater hatte den Nachnamen von *Rabinowitz* zu *Reed* geändert, nachdem *Lou Reeds* Großeltern vor dem Antisemitismus aus der Sowjetunion geflohen waren. Schon in der Jugend fiel *Lou Reed* durch rebellisches Verhalten auf. Er bezeichnete Rock'n'Roll als seinen einzigen Gott, konsumierte reichlich Drogen und wurde mit Psychotherapie und Elektroschocks behandelt. Als Literaturstudent mit Anfang Zwanzig traf er den

---

95   Alle Zitate übersetzt von http://www.tomwaits.com/wit/.

96   https://www.byte.fm/blog/tracks-des-tages/tom-waits-keith-richards-that-feel-84322.

walisischen Keyboarder und studierten Bratschisten *John Cale* und gründete mit diesem die zeitweise von *Andy Warhol* protegierten *Velvet Underground* mit ihrer damaligen Sängerin *Nico*, einem als *Christa Päffgen* 1938 in Köln geborenen deutschen Model, das zunächst *Warhols* Muse, danach *Reeds* Geliebte wurde, musikalisch aber kein wirklicher Gewinn für die eigenwillige Band war.

„*Stoischer elektrischer Gleichklang, wo nicht Krach, mit dem sonoren Gesang einer blonden deutschen Walküre war das Allerletzte, was im psychedelischen Summer of Love gebraucht wurde*", urteilte *Rolling-Stone*-Redakteur *Arne Willander* über das Debüt „The Velvet Underground & Nico" von 1967, das heute jedoch „*in jedem Kanon der Welt unter den besten zehn Rock-Platten aller Zeiten*"[97] geführt werde. Nun ja, die Wege des Ruhms sind unergründlich. Als *Lou Reed* 2013 nach einer Lebertransplantation verstarb, schrieb der *SPIEGEL* in seinem Nachruf auf den 71Jährigen: „*Lou Reed und Velvet Underground brachten den Intellektualismus in die Rockmusik. Das Erstaunliche: Sie loteten das Genre dafür von seiner primitivsten Seite aus. Ein Akkord pro Song war optimal, zwei Akkorde waren gerade noch okay, drei wurden von Reed schon als Jazz verhöhnt.*"[98] Das klingt nach einem frühen Punk-Manifest, lange bevor es dieses Genre-Etikett überhaupt gab. Und wie klang das Produkt selbst?

Nun – ich greife mal nicht zum bekannten *Velvet-Underground*-Live-Doppelalbum aus dem Jahr 1969 mit dem schlüpfrig-provokanten Coverfoto, sondern zur LP „The Velvet Underground Live At Max's Kansas City". Im Sommer 1970 spielten *Velvet Underground,* nun schon ohne *Nico* und ohne *John Cale,* eine Reihe von Konzerten in diesem New Yorker Restaurant. Als Rhythmusgruppe hinter *Lou Reed* und seinem Leadgitarristen *Sterling Morrison* fungierten nun die Brüder *Doug Yule* am Bass und *Bill Yule* am Schlagzeug. An einem Abend, so der Text auf dem LP-Cover, habe eine gute Freundin der Band, *Brigid Polk,* einen Kassettenrecorder mitgebracht und das Konzert damit

aufgezeichnet. Die Aufnahmen waren überraschend gut gelungen, und so machten *Atlantic Records* daraus eine Liveplatte, die 1972 sozusagen als erstes legitimes Bootleg-Album der *Velvet Underground* in Mono erschien und aufgrund der geringen Produktionskosten seinerzeit auch recht preiswert angeboten wurde, verrät der Covertext der LP weiter.

---

97 https://www.rollingstone.de/lou-reed-der-tod-eines-empfindsamen-grenzgaengers-2255341/.
98 https://www.spiegel.de/kultur/musik/lou-reed-gestorben-das-raetsel-velvet-underground-a-930315.html

Daraus jetzt mit dem kaum verklausulierten Drogen-Song „I'm Waiting For The Man" und „Sweet Jane" zwei der erfolgreichsten Titel jener frühen *Velvet-Underground*-Jahre…

Lou Reed & Velvet Underground: I'm Waiting For The Man / Sweet Jane

Nach der Auflösung von *Velvet Underground* steigerte sich *Lou Reed* in den 70er Jahren immer mehr in vom Publikum kaum noch nachvollziehbare Experimente hinein, um *„diffuses Licht ins Abseits menschlichen Erlebens"* [99] zu bringen, wie *Siegfried Schmidt-Joos* in seinem Rocklexikon mutmaßte, um weiter festzustellen: *„Seine faszinierend monströsen LP-Fehlgeburten fanden ihre Entsprechung in unausgegorenen Bühnenshows".* [100]

Dabei war *Lou Reed* – wie auf der britischen Musikplattform *faroutmagazine* zu lesen ist – nie besonders zurückhaltend, wenn es darum ging, seine musikalische Meinung mitzuteilen. So bezeichnete er *Jim Morrison* als einen *„albernen Los Angeles-Typen"* und sagte einmal, seiner Meinung nach sollten Briten überhaupt keine Musik machen dürfen. Auf der anderen Seite feierte er jedoch gerne die Musik und die Künstler, die er liebte. Dass zu jenen auch *Tom Waits* gehörte, ist kein Geheimnis. Auf *faroutmagazine* heißt es dazu: *„Es macht Sinn, dass Reed Waits liebte. Als Künstler werden die beiden oft verglichen. Beide scheinen derselben Abstammung zu sein und denselben Weg vom Rock and Roll zum wilden Experimentieren zu gehen. … Lou Reeds Reise von einem Album wie ,Transformer', das David Bowie produziert hatte, mit klassischen Hits wie ,Satellite of Love' oder ,Walk On The Wild Side' hin zu polarisierenderen Projekten wie ,Berlin' oder ,Street Hassle' war geprägt von einziger Vision und Entschlossenheit, seine Grenzen zu erweitern.*

Tom Waits hat sich in die gleiche Richtung bewegt. Anfangs war er ein klassischer Rocksänger mit der Energie eines Betrunkenen, der in der Ecke Klavier spielt. In den 1980er Jahren war er nicht mehr wiederzuerkennen, da er sich mit Alben wie ,Rain Dogs' und ,Swordfishtrombones' weit von seinen Wurzeln entfernte und sich Neuerem und Seltsamerem zuwandte. Im Laufe der Jahre wurden beide Künstler immer experimenteller. Sie verdienten sich beide großen Respekt für ihre einzigartigen Visionen und ihre Hingabe zu ihrem ganz eigenen Sound. Dies war eindeutig eine Eigenschaft, die Reed an Waits schätzte, da er ,Bad As Me' als Lieblingssong seines gleichnamigen Albums von 2011 auswählte, was zeigt, dass Reed ganz klar

---

[99] RL, Band 2, S. 763.
[100] Ebenda, S. 764.

mit Waits' Karriere Schritt hielt und sein neues Album in den letzten Jahren seines Lebens genoss, da er immer noch ein genauso großer Musikfan war wie eh und je. " [101]

Die im Zitat genannten klassischen *Lou Reed*-Hits „Walk On The Wild Side" und "Satellite Of Love" hören wir jetzt von der LP „Live in Cleveland". Bei diesem Konzert im Oktober 1984 wurde *Lou Reed* begleitet von *Robert Quine* (Gitarre), *Fernando Saunders* (Bass), *Peter Wood* (Keyboards) und *Lenny Ferrari* (Schlagzeug) mit fast gefällig zu nennendem, gereiftem Sound.

Lou Reed: Walk On The Wild Side / Satellite Of Love

Mitte der 1980er Jahre hatte sich der *„frühere Apostel des Rock-Nihilismus"* *(The Face)* mit seiner zweiten Frau in die ländliche Idylle von New Jersey zurückgezogen, wo er abseits der grell erleuchteten und zugleich einsam-kalten urbanen Nachtwelten seiner früheren Jahre zumindest zeitweise zur Ruhe kam. Sein 89er Album „New York" knüpfte an seine besten Zeiten an; der *Rolling Stone* nannte die Platte „die gefeierte Abrechnung mit den politischen Zuständen in seiner Heimatstadt" [102]. Das zog sogar eine spontane Wiederbelebung von *Velvet Underground* nach sich, die aber schon 1990 während einer Europa-Tournee scheiterte, weil *Reed* seine alten Mitstreiter zu sehr bevormundete. *Lou Reed* ging daraufhin mit einem gerade erschienenen Gedichtband weltweit auf Lesereise, veröffentlichte weitere LPs, schrieb Bühnenmusiken, war an der erwähnten *Kurt-Weill*-Hommage beteiligt und kooperierte für eine LP sogar mit *Metallica*.

Nach der Jahrtausendwende verschlechterte sich sein Gesundheitszustand zusehends: der jahrzehntelange Alkohol- und Drogenmissbrauch zeigte Wirkung, die auch eine Lebertransplantation nicht aufhalten konnte. Im August 2013 *„starb der berüchtigtste Grantler der Popgeschichte an Leberversagen"*, wie der *Rolling Stone* in seinem Nachruf schrieb. *„Sein ganzes Leben lang hatte er Grenzen ausgelotet, hatte sie definiert und überschritten. Die letzte überquerte er im Beisein seiner dritten Ehefrau Laurie Anderson"* [103], so der *Rolling Stone*.

Geblieben ist uns ein insgesamt grandioses, dabei heterogenes und letztlich singuläres Werk, an dem sich Musikfans auch noch in den kommenden

101 https://faroutmagazine.co.uk/lou-reeds-favourite-song-by-tom-waits/.
102 https://www.rollingstone.de/lou-reed-der-tod-eines-empfindsamen-grenzgaengers-2255341/.
103 Ebenda.

Jahrzehnten delektieren werden, ohne sich in jeder Bewertung einig sein zu müssen…

Nun noch einmal Livemusik von *Lou Reed* in den dem großen schwarzen Vogel Melancholie gewidmeten Dezember-LiveRillen. Die Konzertplatte „Rock'n'Roll Animal" erschien 1974 bei *RCA* und präsentiert *Lou Reed* mit einer extrem rockigen Begleitband, angeführt von den beiden Gitarristen *Dick Wagner* und *Steve Hunter*. Daraus „White Light/White Heat"

Danach aus dem 78er Live-Doppelalbum „Take No Prisoners" ein Stück mit deutlichem Bezug zu Deutschland: „Berlin". Der Titelsong des 1973 erschienenen Konzept-Albums, das die scheiternde Liebesgeschichte zweier Junkies thematisiert und von einigen Kritikern verrissen, von anderen als *„Sgt. Pepper der siebziger Jahre"* gepriesen wurde, besteht aus zwei lapidaren Strophen: *„In Berlin, an der Mauer / Du warst 1,78 m groß / Es war sehr schön / Kerzenlicht und Dubonnet auf Eis // Wir waren in einem kleinen Café / Man konnte die Gitarren spielen hören / Es war sehr schön / Oh Schatz, es war das Paradies".*

Die um zwei Backgroundsängerinnen und den Saxofonisten *Marty Fogel* erweiterte Band musiziert dazu gemäßigt; *Lou Reed* ist ab und zu selbst an der Gitarre aktiv. Heute gilt "Berlin" vielen als eines der Meisterwerke des 2013 verstorbenen *Lou Reed,* der 2015 posthum in die *Rock and Roll Hall of Fame* aufgenommen wurde.

Lou Reed: White Light/White Heat / Berlin

Nun zum dritten Vertreter meines melancholischen Triumvirats, das uns heute mit ihrer zur Jahreszeit passenden dunklen Poesie konfrontiert: *Nick Cave.* 1957 in Australien geboren, konnte er dort in den 1980er Jahren seine ersten Erfolge verbuchen, indem er – *wie Siegfried Schmidt-Joos* anmerkt – *„in rücksichtsloser Selbstzerstörung und provokanter Arroganz … seine persönliche Unfähigkeit, mit dem Leben zurechtzukommen, als mythologische Passion des modernen Rockstars"* [104] stilisierte. Doch bei dieser Attitüde blieb er nicht stehen. Er verließ den fünften Kontinent

[104] RL, Band 1, S. 174f.

zunächst Richtung England, zog 1983 nach Westberlin um und gründete dort mit dem Bassisten *Barry Adamson,* dem Multiinstrumentalisten und Songschreiber *Mick Harvey* sowie *Blixa Bargeld,* dem Sänger und Gitarristen der Westberliner Experimentalband *Einstürzende Neubauten,* seine ihm seither treu zur Seite stehende Begleitband, die *Bad Seeds.* Mit diesen mutierte *Nick Cave* (noch einmal O-Ton *Siegfried Schmidt-Joos) "vom übergeschnappten Hexendoktor des australischen Rock zum liebeskranken Schmelzsänger von unerwarteter Zärtlichkeit".* Spätestens mit seinen in den 90er Jahren veröffentlichten Platten habe sich zudem gezeigt, dass er *"im Grunde kein Rockmusiker war, sondern ein Poet, der Rockmusik benutzte".* [105]

Nick Cave versuchte sich denn auch als Theoretiker des Songwritings. So hielt er im Auftrag der Schule für Dichtung in Wien eine Vorlesung, die auf der CD „The Secret Life of the Love Song" mit Songbeispielen nachzuhören ist. Darin formulierte *Cave* den Gedanken, dass ein Song immer auch Melancholie enthalten müsse – wie passend zu unserer heutigen Sendung! Poetische Bezugsgrößen der Texte von *Nick Cave* sind zudem die Romantik, die ihr innewohnende Transzendenz, aber auch biblische Motive, vor allem aus dem Alten Testament, die sich nicht nur in seinen Liedern, sondern auch in seinem Roman „Und die Eselin sah den Engel" finden lassen. [106]

1995 erschlossen ihm die Videoclips zu seinem Album „Murder Ballads", an dem auch *Kylie Minogue* und *P.J. Harvey* mitgearbeitet hatten, neue Publikumskreise, doch hielt er Abstand zum Kommerz und verweigerte die Annahme eines *MTV Music Awards* mit der Begründung, seine Muse sei kein Pferd, und an Pferderennen nehme er ohnehin nicht teil. [107]

Ähnlich wie *Tom Waits* entwickelte auch *Nick Cave* eine Affinität zum Film. Er spielte kleinere Rollen, schrieb Filmmusiken und Drehbücher, und seine Songs fanden häufig Eingang in den Soundtrack von Filmen, so etwa bei *Wim Wenders,*

der in „Der Himmel über Berlin" sogar einen längeren Konzertausschnitt der *Bad Seeds* im Berliner Kaisersaal zeigt.

Nun wird es aber Zeit, dass auch wir *Nick Caves* Musik hörbar werden lassen.

Zum Abschluss einer dreimonatigen Tour spielte *Nick Cave* im Frühjahr 2013 mit einer abgespeckten Version der *Bad Seeds,* wie es auf dem Plattencover heißt, vor nur 180 Gästen eine

---

[105] Ebenda, S. 175.
[106] Siehe auch: https://de.wikipedia.org/wiki/Nick_Cave.
[107] Siehe: RL, Band 1, S. 175.

Show für den kalifornischen Radiosender *KCRW*. Mit dabei waren der Multiinstrumentalist *Warren Ellis,* Bassist *Martin Casey,* Schlagzeuger *Jim Sclavunos* sowie *Barry Adamson,* der inzwischen vom Bass zu den Keyboards gewechselt hatte. *„Keine Wiederholungen, keine Kameras, keine Overdubs",* konstatieren die Linernotes auf dem Cover des noch im selben Jahr veröffentlichten Doppelalbums; *„dies ist das Ergebnis."*

Wir hören „Stranger Than Kindness" und das noch stark in der Post-Punk-Attitüde verhaftete „Jack The Ripper", das 1992 auf der LP „Henry's Dream" erschienen war.

Nick Cave: Stranger Than Kindness / Jack The Ripper

„Ich habe eine Frau / Sie regiert mein Haus mit eiserner Faust / Sie schreit ‚Jack the Ripper' / Jedes Mal, wenn ich versuche, diesem Mädchen einen Kuss zu geben…" – Nick *Caves* ironische Klage über das weibliche Regime, unter dem er ach so leidet.

Es ist bemerkenswert, wie *Nick Cave* die Möglichkeiten der digitalen Online-Welt nutzt: Laut *Wikipedia* [108] startete er 2018 mit den *Red Hand Files* [109] eine Online-Plattform, auf der er auf sehr persönliche Art und Weise Fragen beantwortet. Als Gegenpol zur häufigen Aggressivität der Sozialen Medien gehe es ihm darum, einen Ort der Gemeinsamkeit und Zusammengehörigkeit zu schaffen.

Erstaunlich auch die Produktivität des nunmehr 67Jährigen, von der auch sein breit aufgestellter Online-Webshop [110] zeugt, der keineswegs nur Musik enthält. Während der Corona-Pandemie beschäftigte sich *Nick Cave* mangels Auftrittsmöglichkeiten nämlich mit der Töpferei und schuf eine Serie von 17 Keramik-Skulpturen, die unter dem Titel „The Devil: A Life" eine fiktive Lebensgeschichte erzählt, die auch Motive aus *Caves* eigener Biographie enthält. Das Werk wurde in diesem Jahr in einer Brüsseler Galerie ausgestellt. Zudem steuerte er die Filmmusik zum aktuellen Biopic „Back To Black" über die Sängerin *Amy Winehouse* bei, und nachdem im Juli „Long Dark Night" bereits vorab als Single veröffentlicht wurde, erschien am 30. August dieses Jahres mit „Wild God" das jüngste Album von *Nick Cave & The Bad Seeds,* das in Großbritannien, Australien, Österreich und Deutschland unter die Top Five der Album-Charts aufstieg; in der Schweiz stand die Platte sogar auf Platz Eins. Bis Mitte November waren Band und Frontmann damit auf Europatournee; leider gab es nur ein einziges, lange ausverkauftes Deutschlandkonzert am 18. Oktober in der

---

[108]   Siehe: https://de.wikipedia.org/wiki/Nick_Cave.
[109]   Siehe: https://www.theredhandfiles.com/.
[110]   Siehe: https://cavethings.com/.

Münchener Olympiahalle. Im Frühjahr 2025 soll dann eine ausgedehnte US-Tour folgen.

Hier folgen zum Abschluss der heutigen LiveRillen voller winterdunkler Melancholie noch zwei *Cave*-Songs vom besagten Live-Doppelalbum aus dem Jahr 2013.

Zunächst mit „Far From Me" ein bittersüßes, abgrundtief trauriges Liebeslied: *„Du hast mir gesagt, du würdest zu mir halten / Durch dick und dünn gehen / Das waren genau deine Worte / Mein Schönwetterfreund / Du warst mein tapferer Liebhaber / Beim ersten Anzeichen von Ärger bist du zurückgerannt zu Mutter / So weit weg von mir / Schwebend in deinem öden und fischlosen Meer / Weit weg von mir".*

Danach das tröstlich-betörende „Into My Arms", in dem es heißt: *„Ich glaube nicht an einen eingreifenden Gott / Aber ich weiß, Liebling, dass du das tust // Und ich glaube nicht an die Existenz von Engeln / Aber wenn ich dich ansehe, frage ich mich, ob das wahr ist // Und ich glaube an die Liebe / Und ich weiß, dass du das auch tust / Und ich glaube an einen Weg / Den wir gehen können, du und ich / Also lass deine Kerze brennen / Und mach die Reise hell und rein / Damit sie immer wieder zurückkehrt / Immer und ewig // In meine Arme".*

Wie passend zur Adventszeit!

Mit der nächsten LiveRille hole ich im Januar 2025 ein sträfliches Versäumnis der bisherigen 81 Ausgaben nach, denn – warum auch immer? – bisher war hier noch nie ausführlicher von *Led Zeppelin* die Rede; lediglich in der 50. Sendung waren sie mal kurz zu hören, als es um markante Riffs der Rockmusik ging. Das soll und wird sich ändern, zumal mit *Jimmy Page* und *John Paul Jones* gleich zwei Mitglieder der legendären Band im Januar Geburtstag haben. Freut euch also auf zwei Stunden Hardrock vom Feinsten!

Nick Cave: Far From Me / Into My Arms

Quellen:

- ➢ Nick Cave & The Bad Seeds: Live From KCRW, Do.-LP, Bad Seeds Ltd., 2013
- ➢ Lou Reed: Hero & Heroine, Do.-LP, Swingin' Pig Records, 1990
- ➢ Lou Reed: LIVE, LP, RCA, 1975
- ➢ Lou Reed: LIVE / Take No Prisoners, Do.-LP, RCA, 1978
- ➢ Lou Reed: Rock-N-Roll Animal, LP, RCA, 1981
- ➢ Lou Reed: Live In Italy, Do.-LP, RCA, 1984
- ➢ Lou Reed: Live Cleveland 1984, LP, DOL, 2015
- ➢ The Velvet Underground: Live At Max's Kansas City, LP, Atlantic/WEA, 1972
- ➢ Velvet Underground: Live With Lou Reed 1969, Do.-LP, Phonogram, 1974
- ➢ Tom Waits: Big Time, LP, Island, 1988
- ➢ Tom Waits: Bourbon Jesus / Live In Florence, Italy, 24 July 1999 / Radio Broadcast, LP, TOM, 1999

No. 82: Ein musikalisches Luftschiff: Led Zeppelin

Januar 2025

Willkommen zur ersten Sendung des Neuen Jahres, liebe Freundinnen und Freunde der LiveRillen, und zunächst noch alles Gute für Selbiges – möge es friedlicher, freundlicher und solidarischer verlaufen als das vergangene! Musikalisch stehen die Zeichen recht gut – ich habe bereits Konzertkarten für *Bruce Springsteen, die Hooters, Bryan Adams, Fury In The Slaughterhouse* und *Beth Hart* geordert. Und auch in den LiveRillen habe ich einiges vor, was euch hoffentlich erfreuen wird.

Gleich die heutige Sendung dürfte ein Paukenschlag werden, gilt doch die Band, deren ausgewählte Vinylprodukte sich gleich zigfach auf dem Plattenteller drehen werden, zu Recht als eine der einflussreichsten und bedeutendsten Rockformationen der vergangenen Jahrzehnte: *Led Zeppelin.* Welche andere Band kann schon von sich behaupten, dass alle vier Bandmitglieder in den entsprechenden Spezial-Rankings der Musikzeitschrift *Rolling Stone* einen Platz unter den Top 15 belegen: Sänger *Robert Plant* wird genau auf diesem geführt (auch wenn der *Musikexpress* ihn unter seinen „100 besten Stimmen der Musikgeschichte" [111] nicht mal auflistet?!), Bassist *John Paul Jones* steht auf Platz 14, Gitarrist *Jimmy Page* belegt hinter *Jimi Hendrix* und *Eric Clapton* Platz 3, tja, und der bereits im September 1980 mit nur 32 Jahren verstorbene *John „Bonzo" Bonham* führt die Liste der hundert weltbesten Schlagzeuger noch immer an! Eine Supergroup also im besten Sinne des Wortes, die sich da Ende 1968 in London zusammenfand, sicher ohne zu ahnen, was für eine an Höhen und Tiefen reiche Karriere auf sie wartete. Obwohl gerade mal 20 bis 24 Jahre jung, waren alle vier keineswegs heurige Hasen im Rockgeschäft: als Band- und Sessionmusiker hatten sie bereits an zahlreichen Projekten mitgewirkt; zudem war *Jimmy Page* als Mitglied der *Yardbirds* bekannt geworden, wo er den zu *Cream* gewechselten *Eric Clapton* und dessen kurzzeitigen Nachfolger *Jeff Beck* beerbt hatte.

Die ersten Auftritte des neuen Quartetts liefen noch unter dem Namen *The New Yardbirds,* da alte Verträge einzuhalten waren; dann erfolgte die Umbenennung in *Led Zeppelin.* Der Name geht der Legende nach auf einen Ausspruch des *Who*-Drummers *Keith Moon* zurück, der einige Jahre zuvor geäußert haben soll, eine Band mit *Jimmy Page* würde abstürzen wie ein bleiernes Luftschiff

---

[111] https://www.musikexpress.de/das-sind-die-100-besten-saengerinnen-und-saenger-1050411/.

– *Lead Zeppelin;* Manager *Peter Grant,* der schon die *Yardbirds* unter Vertrag gehabt hatte, machte daraus schließlich *Led Zeppelin.*

Gleich mit ihrer ersten, in nur 30 Stunden aufgenommenen und schlicht als römisch Eins betitelten LP, über die *Jimmy Page* in einem Interview später sagte, sie sei eigentlich *„wirklich ein Livealbum"* [112] mit nur wenigen Overdubs, sowie der im Frühjahr 1969 absolvierten US-Tour machte die Band deutlich, dass da ein Quartett angetreten war, die inzwischen ausgetretenen Mainstreampfade von Beat, Rock und Blues gehörig zu erweitern und hin und wieder auch zu verlassen, um neue Wege zu finden. Ein *„Frontalangriff auf die Ohren",* wie *Jimmy Page* es in der Zeitschrift *GoodTimes* nennen wird: *„Mein Ziel war, mit der Band einen Sound zu erschaffen, den man so noch nicht gehört hatte: radikal, wild, intensiv und roh. Kurzum: Wir wollten einfach Krach machen."* [113]

Das ist ihnen überzeugend gelungen: Songs wie „Good Times Bad Times" oder „Communication Breakdown" erreichten zuvor ungehörte Härtegrade, die von „Whole Lotta Love" oder „Immigrant Song" – beides Singleauskopplungen aus den in kurzer Folge erscheinenden Studioplatten II und III – noch getoppt wurden. Damit katapultierte sich *Led Zeppelin* rasch an die Spitze der internationalen Hardrock-Szene, zu der junge Bands wie *Free, Black Sabbath, Deep Purple* oder *Iron Butterfly* gehörten, wobei ihre starke Bindung an den Blues erfreulicherweise auch in der Folge Bestand hatte.

Vor eben 55 Jahren – am 7. Januar 1970 – startete eine triumphale England-Tour, und das zwei Tage später in der Londoner *Royal Albert Hall* stattfindende Konzert ist 2023 komplett bei *PRIME VINYL* auf sechs LP-Seiten veröffentlicht worden. Titel der Edition: „Jimmy's Birthday Bash" – es war der 26. Geburtstag des als *James Patrick* geborenen *Jimmy Page!* In wenigen Tagen wird er nun 81.

Neben bluesigen Interpretationen von *Willie Dixon* oder dem Rock'n'Roller *Eddy Cochran* standen seinerzeit natürlich ihre bis dahin erschienenen Hits auf der Setlist, und ich steige musikalisch ein mit dem 16minütigen „Dazed And Confused", das gleich mal zeigt, wo bei *Led Zeppelin* der musikalische Hammer hängt.

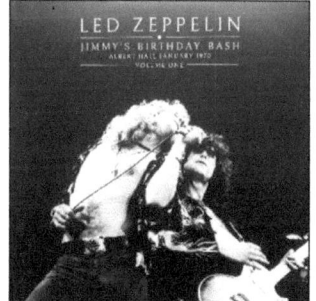

Led Zeppelin: Dazed And Confused

[112] „I first met Jimmy on Tolworth Broadway, holding a bag of exotic fish..." In: Uncut. Nr. 1, 2009, zitiert nach: https://de.wikipedia.org/wiki/Led_Zeppelin_(Album)#cite_note-10.
[113] GoodTimes, History-Interview, Heft 2/2021, S. 38.

Seinerzeit beanspruchte *Jimmy Page* die Urheberschaft des Titels zunächst allein für sich, wobei der Song bereits 1967 von *Jake Holmes,* einem kalifornischen Singer/Songwriter, auf dessen Debüt-LP erschienen war. Und da *Holmes* im selben Jahr als Support für die *Yardbirds* spielte, liegt es nahe, dass *Jimmy Page* den Titel kannte und ihn zur Grundlage seiner stilistisch natürlich ganz anders gearteten, wuchtigen und metrisch schweren Bluesversion hernahm.

Als es bis in die 1980er Jahre hinein zu keiner finanziellen Einigung zwischen *Page* und *Holmes* kam, verklagte letzterer den *Led-Zeppelin*-Gitarristen im Jahr 2010; das Ganze endete mit einer außergerichtlichen Einigung. *„Heuzutage läuft ‚Dazed And Confused' unter ‚written by Page, inspired by Jake Holmes'",* weiß die Musikzeitschrift *GoodTimes* zu berichten und schreibt weiter: *„Wie viel Kohle geflossen ist, blieb das Geheimnis beider Parteien".* [114]

Übrigens war das keineswegs der einzige Plagiatsvorwurf, der Titel von *Led Zeppelin* betraf. Unter anderem gerieten „Stairway To Heaven", „Nobody's Fault But Mine" oder "Gallows Pole" diesbezüglich in die Schlagzeilen. Dazu nochmals *Jens-Uwe Berndt* in *GoodTimes: „Led Zeppelin-Fans haben längst akzeptiert, dass ihre Favoriten mit der Interpretation eigener Kompositionsleistungen und Dichtkunst recht frei umgegangen sind. Den Ruf der Heavyrocker hat das nie geschmälert. Vielmehr sorgten Urheberrechtsstreitigkeiten dafür, Led Zeppelin auch in Zeiten im Gespräch zu halten, wenn mal keine Wiederveröffentlichung anstand oder die Debatte um eine Reunion eingeschlafen war".* [115]

Nun ja, so kann man es wohl auch sehen – doch diese Aussage greift zeitlich weit voraus; bleiben wir noch bei den großen Zeiten der Band!

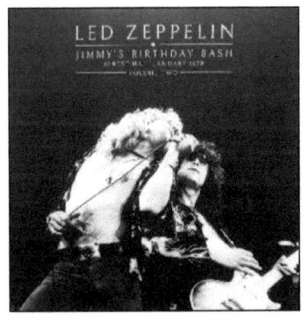

Aus dem Geburtstagskonzert von *Jimmy Page* in der Londoner *Royal Albert Hall* hier noch zwei Mitschnitte. Zunächst „What Is And What Should Never Be" *(Robert Plant* verarbeitet darin textlich eine Affäre mit der jüngeren Schwester seiner Frau), danach "Communication Breakdown" als doch recht stürmisches Liebeslied dicht am Nervenzusammenbruch – ob es die Angebetete erreichen wird, bleibt allerdings offen…

Led Zeppelin: What Is And What Should Never Be / Communication Breakdown

[114] GoodTimes, Heft 6/2020, S. 89.
[115] Ebenda.

Nach dem Ende von *Led Zeppelin,* das 1980 bekanntlich durch den tragischen Tod von Schlagzeuger *John Bonham,* zu dem ich noch kommen werde, verursacht wurde, arbeitete *Jimmy Page* mit zahlreichen Kollegen zusammen, ohne dass sich daraus wieder eine feste Band entwickelte. Unter seinen Partnern finden sich ex-*Deep-Purple*-Sänger *David Coverdale,* die *Yes*-Musiker *Chris Squire* und *Alan White,* der *Free*- und *Bad-Company*-Frontmann *Paul Rodgers* sowie die Gitarrenvirtuosen *Jeff Beck* und *Eric Clapton* – durchweg allererste Garde. Zeitweise kooperierte *Jimmy Page* auch mit seinem *LedZep*-Kumpel *Robert Plant,* was stets zu neuen Gerüchten über ein Wiederaufleben der musikalischen Luftschiffer mit neuem Drummer führte, und tatsächlich standen die verbliebenen drei Ur-Mitglieder der Band zu bestimmten Anlässen noch mehrfach gemeinsam auf der Bühne, so etwa 1985 für das von *Bob Geldof* organisierte *Live-Aid*-Konzert (am Schlagzeug *Genesis*-Drummer *Phil Collins* sowie *Tony Thompson,* der ansonsten bei *Chic* für die härteren Disco-Beats sorgte), und zuletzt im Dezember 2007 in der *O2-Arena* in London, am Schlagzeug unterstützt von *Jason Bonham,* dem 1966 geborenen Sohn des verstorbenen Originaldrummers, der sich bereits bei *UFO* und *Foreigner* einen Namen gemacht hatte und heute unter anderem gemeinsam mit *Joe Bonamassa* das Projekt *Black Country Communion* betreibt.

Das Londoner Konzert, dessen 20-tausend Karten unter 20 Millionen Interessenten verlost wurden, fand übrigens zum Gedenken an den ein Jahr zuvor bei einem Konzert der *Rolling Stones* im Backstagebereich gestürzten und an den Folgen verstorbenen türkischstämmigen Musikproduzenten und Manager *Ahmet Ertegün,* Gründer des Plattenlabels *Atlantic Records,* statt. Doch ich bin schon wieder der Zeit weit vorausgeeilt – zurück also zu den Anfängen von *Led Zeppelin* in den späten 1960er Jahren.

Dass die Musik von *Led Zeppelin* tief im Blues verwurzelt ist, zeigt vor allem der kreative Umgang der Band mit Standards diverser US-amerikanischer Bluesgrößen. Dafür hier zwei Beispiele von einem Konzert, das im März 1969 in Kopenhagen mitgeschnitten und 2020 von *LONDON CALLING* in einer limitierten Edition auf weißem Vinyl veröffentlicht wurde. Zunächst „I Can't Quit You", geschrieben von *Willie Dixon* und 1956 erstmals vom singenden Bluesgitarristen *Otis Rush* veröffentlicht. Danach mit „I Gotta Move" ein weiterer Bluesklassiker von *Otis Rush; der Rolling Stone* führt den 1935 in

Mississippi geborenen Linkshänder, der 2018 verstorben ist, übrigens auf Platz 53 der hundert weltbesten Gitarristen.

Led Zeppelin: I Can't Quit You / I Gotta Move

Während ihrer gerade mal ein Dutzend Jahre umfassenden Existenz veröffentlichten *Led Zeppelin* immerhin acht reguläre Studioalben; nach den Scheiben I bis IV, die innerhalb von zweieinhalb Jahren erschienen waren, folgten „Houses Of The Holy" (1973), „Physical Graffiti" (1975), im Folgejahr „Presence" und schließlich 1979 „In Through The Out Door" – alle Platten erreichten in den USA und Großbritannien Gold- bzw. Platin-Status. Nach dem Tod von *Paul Bonham* wurde dann noch „Coda" nachgeschoben; die 1982 erschienene LP enthielt unveröffentlichtes Material aus den Vorjahren und wirkt wie eine zusammengestoppelte Resteverwertung. Erstaunlich, dass trotz der zahlreichen Konzerttourneen der Band nur ein einziges reguläres Livealbum erschienen ist: 1976 kam „The Song Remains The Same" als Soundtrack zum gleichnamigen Musikfilm in die Plattenläden; dazu später mehr.

Allerdings hat das Luxemburger Bootleg-Label *Swingin' Pig Records* den grauen Markt mit einer ganzen Reihe von *Zeppelin*-Liveaufnahmen in zumeist recht guter Tonqualität versorgt – meist sind es Mitschnitte von Radioübertragungen, die als Kleinauflagen in farbiges Vinyl gepresst die Hardcore-Fans bis heute verzücken. So etwa die *Swingin'-Pig*-LP „Riverside Blues", von der es weltweit lediglich 250 Kopien gibt; mein Exemplar trägt die Nummer 123. Sie enthält Aufnahmen aus dem Jahr 1969; neben zwei echten Konzert-Takes vor allem Live-Einspielungen für die *BBC*. In einem späteren Interview erinnert sich *Jimmy Page: „Die BBC fragte an, ob wir Liveaufnahmen für ein neues Radioformat namens ‚John Peel's Top Gear' machen würden. So entstanden die BBC-Sessions, live im Studio und in Konzertsälen wie dem Playhouse oder dem Paris Cinema in London."* [116] Und auch wenn diesen Mitschnitten das Publikum fehlt, kommt der Live-Charakter dennoch deutlich zum Tragen. Zwei der *BBC*-Titel vom Juni 69 will ich spielen; zunächst das legendäre „Whole Lotta Love", das die Studio-LP „Led Zeppelin II" eröffnet, die allerdings erst reichlich vier Monate nach dieser *BBC*-Session erscheinen wird! Um den Titel mit dem einprägsamen Gitarrenriff gab es ja auch etliche Diskussionen, da er sich ziemlich unverblümt an *Muddy Waters'* „You Need Love" bedient und zudem auch den *Small-Faces*-Song „You Need Loving" zitiert. Die Leserschaft der Fachmagazine *Guitar World* und *Total Guitar* wählte vor wenigen Jahren diese Gitarrenphrase zum

---

[116] GoodTimes, History-Interview, Heft 2/2021, S. 38.

besten Gitarrenriff der Rockgeschichte. In der Begründung schreiben die Initiatoren des Rankings: *„Im Jahr 1969, als Neil Armstrong als erster Mensch den Mond betrat, gelang Jimmy Page sein großer Schritt für die Menschheit … Es braucht nur 2,7 Sekunden, um die Gitarrenfigur von 'Whole Lotta Love' zu spielen. Aber die katapultierten die Musik unmittelbar in ein anderes Jahrzehnt. Während alle anderen immer noch die Sechziger spielten, waren Led Zeppelin schon in den Siebzigern angekommen".* [117]

Diese *BBC*-Aufnahme bietet allerdings lediglich eine Kurzversion des später fünfeinhalbminütigen Originals, das zudem in Konzerten schon mal locker auf mehr als die doppelte Länge ausgeweitet wurde. Behaltet diese *BBC*- Fassung bitte mal im Ohr zum Vergleich mit einer weiteren Aufnahme des berühmten Titels, die ich am Schluss dieser Sendung noch präsentieren will.

Danach dann jener Coversong, dem die Bootleg-LP ihren Titel verdankt: der „Travelling Riverside Blues", den die Blueslegende *Robert Johnson* bereits im Jahr 1937 aufgenommen hatte. *Jimmy Page* spielt ihn hier für die BBC auf einer akustischen Slideguitar.

Led Zeppelin: Whole Lotta Love / Travelling Riverside Blues

1989 haben die Luxemburger Bootleg-Spezialisten unter dem Titel „White Summer" dann hörenswerte Ausschnitte aus einem Radiokonzert veröffentlicht, das *Led Zeppelin* am 27. Juni 1969 im Londoner *Playhouse Theatre* für die *BBC* spielten. Daraus jetzt der Titelsong, wobei „Song" etwas irreführend ist: *Jimmy Page* hat sich mit „White Summer" ein gitarristisches Kabinettstückchen komponiert, bei dem sich der Solist auf seinen sechs Saiten ausgiebig austoben kann, ehe seine Bandkollegen den Schluss des Instrumentals mitgestalten dürfen.

Led Zeppelin: White Summer

---

[117] Zitiert nach: https://www.rollingstone.de/led-zeppelin-whole-lotta-love-bestes-gitarren-riff-ranking-2316785/.

Ebenfalls als Bootleg – also als inoffizielle Veröffentlichung – gilt das 2020 erschienene Doppelalbum „Live At Madison Square Garden in NYC", das deshalb für den Handel auf der Plattform *Discogs* gesperrt, aber ansonsten im Netz durchaus verfügbar ist. Die Aufnahmen entstammen den drei vor insgesamt 60-tausend Besuchern gespielten Shows, die Ende Juli 1973 den Abschluss einer triumphalen US-Tour markierten – jener Tour, die in filmischer Aufbereitung dann drei Jahre später dem Musikfilm „The Song Remains The Same" und dem dazugehörigen gleichnamigen Soundtrack-Album, das auf dem bandeigenen *Swan-Song*-Label erschien, zugrunde liegt. *„Wie keine Band vor ihnen symbolisierten Led Zeppelin den Massenappeal, der es einer Londoner Bluesgruppe erlaubte, am Ende einer zweimonatigen US-Tour ein Wochenende lang den Garden auszuverkaufen",* [118] konstatiert der *Rolling Stone* in seiner Reihe „Legendäre Konzerte".

Gegenüber dem offiziellen Livealbum enthält der Bootleg etliche Songs, die dort keine Berücksichtigung fanden, darunter zwei meiner absoluten Lieblingstitel von *Led Zeppelin,* die ich deshalb jetzt sehr gern zu Gehör bringe: „Black Dog" und „The Ocean". Beide Titel leben insbesondere vom schweren, zugleich dynamischen Groove, den Schlagzeuger *Paul Bonham* erzeugt. Im Ohr bleiben zudem vor allem die stürmischen Unisono-Läufe von Gitarre und Bass; und natürlich nicht zu vergessen die grandiose Stimmperformance des Frontmanns *Robert Plant,* der gern mit dem Publikum interagiert und in der Schlusszeile von „The Ocean" von einem dreijährigen Mädchen singt, das sein Herz erobert habe: Gemeint ist seine am 21. November 1968 geborene Tochter *Carmen,* die zum Zeitpunkt der Studioaufnahme des Titels eben drei Jahre alt war.

Led Zeppelin: Black Dog / The Ocean

Nun aber zum einzigen offiziellen Livealbum der Band, das im Ergebnis ihrer 1973er US-Tour entstanden ist: „The Song Remains The Same" – das Lied bleibt stets das gleiche. Der Titel, der dem Konzertfilm seinen Namen gab, war 1973 auf der LP „Houses Of The Holy" erschienen.

Die Regie des Filmprojekts lag zunächst beim US-Amerikaner *Joe Massot,* der 1968 den Streifen „Wonderwall" gedreht hatte, zu dem *George Harrison* den

---

118   https://www.rollingstone.de/led-zeppelin-new-york-1973-legendaere-konzerte-2354015/.

Soundtrack beisteuerte. Die Filmaufnahmen mit *Led Zeppelin* wurden bei den erwähnten Konzerten im New Yorker *Madison Square Garden* realisiert; die Nachbearbeitung zog sich allerdings in die Länge, unter anderem, weil *John Paul Jones* und *Jimmy Page* an den drei Abenden unterschiedliche Bühnenkleidung trugen. Als der mit dem Fortgang des Projektes unzufriedene *Zeppelin*-Manager *Peter Grant* schließlich *Joe Massot* feuerte, behielt dieser die Filmaufnahmen einfach so lange ein, bis ihm sein zugesagtes Honorar ausbezahlt wurde. Danach erhielt der australische Regisseur *Peter Clifton* das Vertrauen. Er ließ etliche Szenen auf einer nachgebauten Bühne nachdrehen und veränderte die Dramaturgie des Films durch zusätzliche Szenen, in denen die Bandmitglieder auch abseits der Bühne agieren durften. All das brauchte viel Zeit, sodass der 138minütige Film erst am 20. Oktober 1976 – mehr als drei Jahre also nach den Konzerten in New York – die Kinoleinwand erblickte. Dann aber geriet er zum Kassenschlager, der innerhalb eines Jahres rund 10 Millionen Dollar einspielte. Und auch die einen Monat vor dem Kinostart erschienene Doppel-LP, die gegenüber dem Film-Soundtrack um drei Titel gekürzt ist, verkaufte sich bestens – bis heute stehen rund 4,7 Millionen Verkäufe zu Buche. In den USA gab es dafür vierfach Platin und Platz zwei der Charts; in England stieg das Album sogar bis auf Platz Eins und erhielt ebenfalls Platin, und in Deutschland kamen immerhin Platz 16 und eine Goldene Schallplatte heraus. Umso erstaunlicher die Tatsache, dass das Album im letzten Heft des *Magazins für Vinylkultur MINT* unter den dort gewählten hundert besten Liveplatten aller Zeiten nicht erscheint...

In unserer Sendung darf es natürlich nicht fehlen, ebenso wenig wie dieser darauf enthaltene Titel, der für viele Fans die musikgewordene Inkarnation der *Led-Zeppelin*-Stilistik schlechthin darstellt: „Stairway To Heaven". Dessen Anfangsakkorde regen viele Hobbygitarristen bis heute, nun ja, zur Nachahmung an, was Inhaber von Musikgeschäften aber häufig zur Verzweiflung 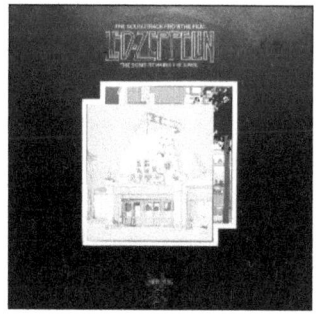 treibt: „*No Stairway To Heaven!*" wird in vielen Gitarrenabteilungen auf großen Schildern gefleht.

Wer sich an dem Intro des Titels versucht, wird rasch merken, wie hoch *Jimmy Page* hier die Latte gelegt hat, der bei der Liveperformance des Stücks stets eine zweihälsige *Gibson EDS-1275* nutzte, um den akustischen vom elektrifizierten Sound besser abheben zu können...

Ursprünglich war der in drei stilistisch stark differierende Parts geteilte Titel auf dem vierten Studioalbum der Band im November 1971 erschienen. Die Holzbläser der Studioaufnahme imitierte Bassist *John Paul Jones* bei der Liveperformance auf einem Mellotron.

Hier nun das grandiose, gut zehnminütige Werk, das *Robert Plant* mit den Worten *„This is a song of hope"* ankündigt und das der US-Fernsehsender VH-1 im Jahr 2000 auf Platz drei der hundert größten Rocksongs aller Zeiten setzte... [119]

Led Zeppelin: Stairway To Heaven

Ein weiterer, 1990 erschienener Live-Bootleg aus Luxemburg trägt den Titel „Brussels Affair". Die Box von *Swingin' Pig Records* enthält auf sechs Plattenseiten das komplette Konzert, das *Led Zeppelin* am 20. Juni 1980 in der belgischen Hauptstadt spielten. Daraus habe ich mit „Kashmir" einen der musikalisch wohl interessantesten Titel der Band ausgewählt. Die Studioaufnahme war 1975 auf „Physical Graffiti" erschienen; in der vom *Rolling Stone* zusammengestellten Liste der 500 besten Rocksongs aller Zeiten belegt der Titel Platz 141. Alle vier Bandmitglieder haben in späteren Interviews den Song besonders hervorgehoben; *Robert Plant* bezeichnete ihn gar als seinen Lieblingstitel, der für ihn gleichwohl eine unglaubliche Herausforderung dargestellt habe. Musikalisch fällt vor allem die Polymetrik auf: Während alle Instrumente im Dreivierteltakt spielen, hält Drummer *John Bonham* mit einem stoischen Vierviertel dagegen. Die melodische Aufwärtsbewegung, teilweise in Halbtonschritten, hat etwas Suggestives, das mich stets an *Ravels* „Bolero" denken lässt.

Noch ein paar Worte zum Tod von *John Bonham*. Ende der 1970er Jahre war die Band irgendwie vom Kurs abgekommen. *Robert Plants* damals fünfjähriger Sohn *Karac* war 1977 verstorben; das hatte den Frontmann der Band stark angeschlagen, der seither strikt den Drogen entsagte und kaum noch Anteil an der Band nahm. Das änderte sich auch durch die Arbeit am Studioalbum „In Through The Outdoor" (1979) kaum, dessen Zustandekommen vor allem dem Bassisten *John Paul Jones* zu verdanken ist. Auch zur Europatour im Frühsommer 1980 mit dem Schwerpunkt Deutschland und besagtem Konzert in Brüssel musste *Robert Plant* regelrecht überredet werden. Die Kritiken der Einzelkonzerte *„fielen dann eher mau aus"*, wie in *GoodTimes* berichtet wird, und die *BRAVO* stellte die Frage, ob *„es*

---

[119] Eine ausführliche Darstellung der Besonderheiten und Bedeutung von „Stairway To Heaven" findet sich im Netz hier: https://en.wikipedia.org/wiki/Stairway_to_Heaven.

die Altmeister noch mit jungen Heavy-Metal-Bands wie AC/DC oder Van Halen aufnehmen"
[120] könnten.

Altmeister mit gerade mal Anfang 30 – das klingt aus heutiger Sicht angesichts zahlreicher noch sehr agiler Rockveteranen schon etwas verwegen, war aber wohl dem pubertätspickligen Zielpublikum der *BRAVO* geschuldet. Für den Herbst 1980 hatte Manager *Peter Grant* dann eine Nordamerika-Tour zusammengestellt. Am 24. September kam die Band zu einer ersten Tourprobe zusammen, nach der sich Schlagzeuger *John Bonham,* der seit längerem starke Alkoholprobleme hatte, dem Suff hingab – die Rede ist von 40 Gläsern Wodka. *Pamela des Barres,* eine gute Freundin der Band, hat sich dazu wie folgt geäußert: *„Bonzo war ein süßer, kuscheliger, alberner Kerl – bis er betrunken war. Dann bist du ihm lieber aus dem Weg gegangen."* [121]

Bassist *John Paul Jones* fand ihn am nächsten Morgen tot in seinem Bett, erstickt an seinem Erbrochenen. Damit platzte nicht nur die Tour – am 4. Dezember 1980 gaben Management und die verbliebenen Bandmitglieder die offizielle Auflösung von Led Zeppelin bekannt. *„Ich weiß nur noch, dass wir gut gespielt und harmoniert haben. Aber ohne Bonzo machten Zeppelin keinen Sinn mehr",* [122] sagte *Jimmy Page* rückblickend zum traurigen Ende einer der größten Rockbands aller Zeiten…

Hier nun „Kashmir", live gespielt im Juni 1980 in Brüssel (die Abbildung rechts zeigt allerdings den Bootleg „Live In Rotterdam", da ich die „Brussels Affair" leider nur ohne Cover besitze…) – man beachte die schwere Metrik des Schlagzeuges, an dem hier wenige Monate vor seinem frühen Tod der damals 32jährige *John Bonham* die Grundlage dafür legt, dass er posthum noch heute das Ranking der weltbesten Rockdrummer anführt.

Led Zeppelin: Kashmir

Damit neigt sich die 82. LiveRille, heute ganz im Zeichen von *Led Zeppelin,* deren Bassist und Keyboarder *John Paul Jones* übrigens am 3. Januar seinen 79. Geburtstag feiert, ihrem Ende zu. Noch ein paar abschließende Worte zu den drei noch lebenden Mitgliedern von *Led Zeppelin.*

John Paul Jones war nach dem Aus der Band vor allem als Produzent tätig, unter anderem für *R.E.M., Peter Gabriel* und die *Foo Fighters.* Zudem ist er Mitglied der Hardrock-Supergroup *Them Crooked Vultures,* die offiziell noch existiert, aber seit

[120] GoodTimes, Heft 3/2020, S. 23.
[121] Zitiert nach: Goodtimes, Heft 4/2019, S. 23.
[122] GoodTimes, History-Interview, Heft 2/2021, S. 39.

längerem inaktiv ist. Im Vorjahr war *John Paul Jones* als Pianist beim *Big Ears Festival* in Knoxville, Tennessee, zu erleben, wo er mit dem finnischen Cellisten *Anssi Karttunen* und ihrer 2019 gegründeten gemeinsamen Band *Sons Of Chipotle* auftrat. An Ruhestand ist bei ihm wohl noch nicht zu denken.

Die Aktivitäten von Gitarrist *Jimmy Page* nach *Led Zeppelin* sind kaum zu überschauen; seine Zusammenarbeit mit vielen Größen der Szene wurde schon erwähnt. Eine Zeitlang tourte er mit den *Black Crowes*, unterstützte immer wieder *Robert Plant* im Studio oder auch live und erhielt 2014 die Ehrendoktorwürde des *Berklee College of Music*. In Anerkennung seiner Wohltätigkeitsarbeit in Brasilien ernannte ihn die britische Königin zum *Officer des Order of the British Empire;* zudem erhielt er aus demselben Grund die Ehrenbürgerschaft von Rio de Janeiro. Privat bewohnt *Page* seit 1972 das architektonisch auffällige *Tower-House,* an dem seinerzeit wohl auch *David Bowie* Interesse gezeigt haben soll [123], in London-Kensington, unweit des Hyde-Parks und der *Royal Albert Hall.*

Robert Plant – ebenfalls Mitglied des *Order of the British Empire* – experimentierte nach der *Led-Zeppelin*-Ära mit verschiedenen Musikstilen, arbeitete mit den *Yes*-Musikern *Chris Squire und Alan White* ebenso zusammen wie mit den Schlagzeugern *Cozy Powell* und *Phil Collins* und entdeckte in der Folge seine Liebe zum Folk, was sich in seinen häufig von mythologischen Themen beeinflussten Songtexten schon zuvor abgezeichnet hatte. Mit seiner Lebensgefährtin, der Bluegrass-Sängerin und Violinistin *Alison Krauss,* nahm er das Album „Raising Sand" auf, das 2009 mit fünf Grammys ausgezeichnet wurde; 2021 ließen beide die LP „Raise The Roof" folgen, die weltweit gute Chartplatzierungen erreichte.

Ergo: Für die drei Überlebenden gibt es ein Leben nach *Led Zeppelin,* auch wenn sie sich natürlich stets im mächtigen Schatten ihres riesigen Luftschiffs bewegen werden.

Soweit meine Würdigung für eine der großartigsten Formationen der Rockgeschichte. Als musikalischen Abschluss gibt es nun noch einmal das vorhin bereits in einer frühen *BBC*-Aufnahme gehörte „Whole Lotta Love" – hier die Langfassung vom Soundtrack-Album „The Song Remains The Same".

In der nächsten LiveRille im Februar steigen wir ein in „Die 100 besten Livealben aller

---

[123] Vgl. Ebenda.

Zeiten", die das *Magazin für Vinylkultur MINT* soeben in seiner Novemberausgabe vorgestellt hat – freut euch drauf!

Led Zeppelin: Whole Lotta Love

<u>Quellen:</u>

➢ Led Zeppelin: The Song Remains The Same, Do.-LP, Swan Song, 1976
➢ Led Zeppelin: Live Scandinavia '69, LP, London Calling, 2020, limitiert
➢ Led Zeppelin: White Summer, LP, Swingin' Pig Records, ca. 1989
➢ Led Zeppelin: Riverside Blues, LP, Swingin' Pig Records, ca. 1990
➢ Led Zeppelin: Live In Rotterdam (21. Juni 1980), Do.-LP, Swingin' Pig Records, ca. 1990
➢ Led Zeppelin: Live At Madison Square Garden In NYC, July 1973, Do.-LP, DBQP, 2020
➢ Led Zeppelin: Jimmy's Birthday Bash / Albert Hall January 1970, Volume One, Do.-LP, Prime Vinyl, 2023
➢ Led Zeppelin: Jimmy's Birthday Bash / Albert Hall January 1970, Volume Two, LP, Prime Vinyl, 2023

No. 83: MINT: Die 100 besten Livealben aller Zeiten – Teil I (1965 – 1973)

Februar 2025

Sicher ist es auch an euch nicht unbemerkt vorbeigegangen: Das *Magazin für Vinylkultur MINT* hat in seiner Novemberausgabe des letzten Jahres *„Die 100 besten Livealben aller Zeiten"* vorgestellt. Das ist natürlich eine Steilvorlage für die LiveRillen, zumal die Zeitschrift mir und meinem etwas ausgefallenen Hobby, ausschließlich Konzertplatten zu sammeln, vor einigen Jahren schon eine nette Homestory gewidmet hat. Umso neugieriger war ich auf diese Zusammenstellung, und ich wurde nicht enttäuscht. Natürlich ist es wie bei jeder subjektiven Auswahl – das eine oder andere Album hätte ich mir gern noch gewünscht, anderes dafür weggelassen, aber so ist es halt mit dem persönlichen Geschmack. *„Am Ende langer Diskussionen steht eine Liste mit bekannten Namen, unbestrittenen Klassikern und Geheimtipps, für die wir aus knapp 500 Alben die 100 besten ausgewählt haben"*[124], lassen uns die MINT-Redakteure einleitend wissen. Und da sich gut die Hälfte dieser Alben auch in meinen Plattenregalen findet, ist mein Maß an Zustimmung insgesamt recht hoch. Zudem bin ich den MINT-Machern dankbar, dass sie es vermieden haben, aus dieser unterhaltsam kommentierten Liste ein Ranking zu machen, denn mal ehrlich: Wer wollte schon entscheiden, welche Platte da auf Platz Eins und welche auf Platz Einhundert stehen soll? Hier sind die Alben nach dem Zeitpunkt der Erstveröffentlichung sortiert, beginnend im Dezember 1953 mit dem Konzertmitschnitt „Jazz At Massey Hall", der *Charlie Parker, Dizzy Gillespie, Charles Mingus, Max Roach* und *Bud Powell* präsentiert, bis hin zum Album „Live In Paris 1973" der Krautrock-Band *Can*, das Keyboarder *Irmin Schmidt*, der als einziger der klassischen Besetzung noch lebt, genau vor einem Jahr auf dem eigenen *SPOON*-Label veröffentlicht hat.

Dazwischen weitere 98 Empfehlungen, und da mein Sammelschwerpunkt die 1960er bis 80er Jahre sind, will ich in dieser und den nächsten LiveRillen insgesamt gut drei Dutzend Platten aus dieser MINT-Liste vorstellen, wobei unvermeidbar ist, dass einige von ihnen bereits in anderen Zusammenhängen in den vergangenen 82 LiveRillen-Sendungen ausschnittweise zu hören waren.

---

124 MINT / Magazin für Vinylkultur, Heft 11/24, S. 29.

Heute werden zunächst vierzehn LPs, die zwischen 1965 und 1973 erstmals erschienen sind, auf den Plattenteller gelegt; weitere Scheiben folgen dann in der März- und der April-Ausgabe. Die Abfolge der Erstveröffentlichungen halte ich dabei gern ein und beginne mit dem Bluesgiganten *B.B. King* und seiner 1964 bei einem Konzert im *Regal-Theatre* in Chicago aufgenommenen, gleichnamigen LP, die im Januar 1965 auf ABC das Licht der Welt erblickte.

„*B.B. King hat im Laufe seiner Karriere einige erstklassige Livealben aufgenommen ... Aber sein erstes ist bis heute sein bestes geblieben*" [125], urteilen die *MINT*-Redakteure, und dem schließe ich mich gern an.

Der 1925 im US-Bundesstaat Mississippi als *Riley Benjamin King* geborene Sänger und Gitarrist gilt als einer der wichtigsten frühen Protagonisten des elektrischen Blues; der *Rolling Stone* führt ihn aktuell auf Platz Sechs der einhundert besten Gitarristen aller Zeiten. Das *B.B.* steht übrigens für „*Blues Boy*" – unter diesem Pseudonym moderierte er zeitweise eine Radiosendung bei einem Sender in Memphis/Tennessee.

Seine erfolgreiche Blues-Karriere begann schon in den frühen 1950er Jahren; gegen Ende des Jahrzehnts erschienen seine ersten Studioplatten, die den typischen Sound seiner damals ganz neuen, „Lucille" genannten Gibson-Halbresonanz-Gitarre ES-335 populär machten. Im Laufe seines langen, im 89. Lebensjahr endenden Musikerlebens soll er sechzehn Modelle dieses Typs besessen haben...

„Live At The Regal" präsentiert *„einen sehr lebhaften und mitreißenden Auftritt von King vor einem afroamerikanischen Publikum"* [126], weiß *Wikipedia* zu berichten. Die Platte wurde ein Überraschungserfolg, und so ist ihre Aufnahme in die MINT-Liste der 100 besten Livealben keine Überraschung. Aus dieser ursprünglich in Mono erschienenen LP, für deren Erstausgabe inzwischen mittlere dreistellige Beträge bezahlt

werden, spiele ich sein „You Done Lost Your Good Thing Now", mit dem er in bester Bluestradition Abschied nimmt von einer verflossenen Liebe.

Das gibt es hier in Stereo, denn meine Platte gehört natürlich zu den zahlreichen preiswerteren Neuausgaben der legendären LP...

[125] Ebenda, S. 33.
[126] https://de.wikipedia.org/wiki/B._B._King.

B.B. King: You Done Lost Your Good Thing Now

Nach diesem Blues-Monument nun zu einer Scheibe, angefüllt mit
„hochenergetischem Guerilla-Rock"[127], wie *Siegfried Schmidt-Joos* in seinem Rocklexikon
befand. Die Band, die sich schon 1964 in Detroit gegründet hatte, nannte sich
Motor City Five, kurz *MC5,* und spielte eine wahrhaft heftige Mischung aus hartem
Rhythm&Blues, Jazz auf Speed und rhythmischen Exzessen, die zu einer Zeit, da
die spätere Punkgeneration noch in den Windeln lag, wie eine Vorwegnahme ihrer
zornigen Attitüden daherkam: *„Kick out the jams"* – schmeißt alle Hemmungen über
Bord! Ihr ikonischer Schlachtruf wurde auch zum Titel ihrer ersten LP, die – und
das ist schon ungewöhnlich für ein Debüt – im Herbst 1968 im *Grande Ballroom*
von Detroit live mitgeschnitten wurde und im April des Folgejahres als Platte bei
Elektra erschien. Nicht nur ein musikalisches, sondern auch ein politisches
Manifest sollte es sein, agierte doch der Manager der Band, *John Sinclair,* als Chef
der linksradikalen *White Panther Party,* deren Hauptquartier wiederum die „Trans
Love Energies"-Kommune in Michigan war, in der die Bandmitglieder gemeinsam
mit *Sinclair* lebten. Sex & Drugs & Rock'n'Roll als Weg zur maximalen Freiheit des
Individuums – wohl keine andere Band hat in den 1960er Jahren diese Losung so
deutlich verkörpert wie *MC5.*

Das Plattendebüt erreichte immerhin Platz 30 der US-Album-Charts. Die
Band tourte daraufhin in den USA und in Europa, doch die in den Folgejahren
veröffentlichten Studioplatten „Back In The USA" und „High Time" fanden
kaum Beachtung. Als die Bandmitglieder ihre Gagen und Vorab-Kredite in Autos,
Villen und Drogen umsetzten, statt den propagierten Idealen treu zu bleiben, wird
der inzwischen als Manager geschasste *John Sinclair* mit dem Satz zitiert, *„Ihr wolltet
größer sein als die Beatles, und ich wollte, dass ihr größer werdet als Mao".*[128]

Nun – eingetreten ist weder das eine noch das andere, und 1972 löste sich die
Band auf. Allerdings gab es in späteren Jahren immer mal wieder Projekte, mit
denen die einstigen Rock-Revoluzzer an den frühen, kurzen Ruhm anknüpfen
wollten.

Immerhin geblieben ist von *MC5,* deren letzte Originalmitglieder, der Gitarrist
Wayne Kramer und Schlagzeuger *Dennis Thompson,* beide im Vorjahr im Alter von 76
Jahren verstorben sind, mit *„Kick Out The Jams ... einer der Monolithen der Rockmusik"*
[129], wie MINT schon 2018 befand. Kein Wunder also, dass es die immer mal
wiederveröffentlichte Protopunk-Scheibe auch unter die besten hundert Livealben

[127] RL, Band 2, S. 584.
[128] Ebenda. S. 585.
[129] MINT, Heft 07/18, S. 57.

aller Zeiten geschafft hat. Ich spiele daraus mit dem Titelsong „Kick Out The Jams" und „Borderline" zwei der bekanntesten Nummern von *MC5*.

MC5: Kick Out The Jams / Borderline

Eine letzte Fußnote zur Band: Überraschend erschien im Vorjahr – kurz nachdem die letzten Protagonisten und auch ex-Manager *John Sinclair* verstorben waren – mit „Heavy Lifting" noch ein neues Studioalbum von *MC5*. Produziert hat es der Kanadier *Bob Ezrin,* der unter anderem mit Hardrockern wie *Kiss, Alice Cooper und Deep Purple* gearbeitet hat und als dessen Meisterstück als Produzent sicher „The Wall" von *Pink Floyd* gelten darf.

In der zeitlichen Abfolge der von MINT gewählten besten Livealben überspringe ich nun einige, die ich zwar besitze, aber hier in den LiveRillen auch schon oft vorgestellt habe: „Band Of Gypsys" von *Jimi Hendrix,* „Live Cream" der kurzlebigen Supergroup sowie das Dreifach-Album „Woodstock", allesamt im Frühjahr 1970 erschienen.

Im Mai dieses ertragreichen Rock-Jahres kam dann der nächste Meilenstein auf den Musikmarkt: „Live At Leeds" von *The Who.* Das britische Quartett aus Gitarrist *Pete Townshend,* Sänger *Roger Daltrey,* Bassist *John Entwistle* und Drummer *Keith Moon* hatte sich im Jahr zuvor mit der Rockoper „Tommy" und seinem gefeierten Auftritt beim Woodstock-Festival endgültig in der Spitzengruppe des Rock etabliert und war besonders für seine energetischen Liveshows berühmt. Höchste Zeit, dies endlich auch auf Vinyl zu dokumentieren. Zu diesem Zweck ließ Mastermind *Pete Townshend* alle Konzerte der US-Tour im Herbst 1969 direkt aus dem Mischpult aufzeichnen; allerdings hatte er dann *„weder Zeit noch Lust, die über 70 Stunden Material durchzuhören",* und so wurden die Bänder *„aus Angst vor Bootlegs"* vernichtet – Townshend wird dies später als *„eine der dämlichsten Entscheidungen seines Lebens bezeichnen".*[130]

Somit wird erst das im Februar 1970 in Leeds mitgeschnittene Konzert der Band zum Grundstein des in schlichtem Packpapier-Charme daherkommenden *„Hardrock-Monolithen",* den MINT so feiert: *„Townshends aggressives Gitarrenspiel, Keith Moons stürmische Schlagzeugattacken, John Entwistles flinke Bassvirtuosität und Roger*

Daltreys offensiver Gesang ergänzen sich perfekt und erzeugen so wie in dem Opener Young Man Blues ... eine zerschmetternde brachiale Wucht".[131] Dabei überrascht schon die Auswahl der Songs, die *Pete Townshend* getroffen hat: drei der sechs berücksichtigten Titel sind nämlich Coversongs und belegen – was man bei *The Who* vielleicht nicht unbedingt vermutet – den relativ starken Blues-Bezug der Band.

Der Jazz- und Bluesmusiker *Mose Allison* hatte den „Young Man Blues" 1957 geschrieben und veröffentlicht – seine LP-Version war gerade mal anderthalb Minuten lang. Was *The Who* in gut dreifacher Länge aus dem Song herausholen, können wir nun genießen – hier ist ihre Version des „Young Man Blues" aus der hochgelobten Konzertplatte „Live At Leeds".

The Who: Young Man Blues

Nur wenige Wochen später – im Juli desselben Jahren 1970 – kam ein weiterer Konzert-Meilenstein auf den Markt: Das Doppelalbum „Absolutely Live" der US-Band *The Doors* um ihren charismatischen Frontman *Jim Morrison*. Zum Zeitpunkt der Veröffentlichung steckt die 1965 in Los Angeles von *Morrison* gemeinsam mit dem Gitarristen *Robbie Krieger*, dem Keyboarder *Ray Manzarek* und dem Schlagzeuger *John Densmore* gegründete Band allerdings in einer Krise. Zwar hatten sich ihre zuvor erschienenen fünf Studioplatten bestens verkauft, ihre Konzerte versetzten das Publikum wahlweise in Trance oder in Ekstase und Kritiker verorteten ihren Stellenwert gleich nach den *Beatles*. Andererseits galt in mehreren US-Bundesstaaten *„wegen ihrer aggressiven, vielfach obszönen Bühnenschau"* ein Auftrittsverbot für das Quartett. *Jim Morrison*, dessen Alkoholprobleme längst kein Geheimnis mehr waren, war wegen *„Entblößung in der Öffentlichkeit"* [132] mehrfach arretiert worden, und die erzkonservative „Liga für den Anstand" brachte 1969 in Miami rund 30-tausend Menschen zu einer Anti-*Doors*-Demonstration auf die Straße.

Die Band muss sich also zusammenreißen, als sie im selben Jahr auf US-Tour geht; Sittenpolizei und Drogenwächter in Zivil seien jeweils zugegen gewesen, um bei Zwischenfällen die bereits ausgestellten Haftbefehle zu vollstrecken. Doch diesmal laufen die Konzerte störungsfrei; in Los Angeles, Pittsburgh, New York,

---

[131] Ebenda.
[132] RL, Band 1, S. 281.

Philadelphia und Detroit laufen die Bandmaschinen mit. Produzent *Paul Rothchild* puzzelt dann *„aus mehr als 2.000 Einzelteilen … die perfekte Illusion eines zusammenhängenden Konzertes zusammen.“* [133]

Dabei performen *The Doors* keineswegs nur ihre bisherigen Hits – die Programmpalette der reichlich vertretenen Coversongs reicht von *Willie Dixon* über *Bo Diddley* bis zu *Kurt Weill;* zudem erklingen etliche bisher unveröffentlichte Songs. Dazu gehört auch die Bluesnummer „Build Me A Woman", die wir gleich hören werden. Im nicht ganz jugendfreien Text fordert *Jim Morrison: „Bau mir eine Frau / Mach sie drei Meter groß / Mach sie nicht hässlich, Baby / Mach sie nicht klein / Bau mir eine Frau, die drei Meter groß ist / Mit der ich Liebe machen kann / Die ganze Nacht lang".* Das war bereits eine entschärfte Übersetzung des Originals, das als Studioaufnahme nie erschienen ist. 1989 brachte das Bootleg-Label *Great Dance Records* unter diesem Titel lediglich einen nicht legalisierten Mitschnitt mit acht Songs eines Konzerts heraus, das *The Doors* im Januar 1970 in New York spielten. Hier also die sozusagen offizielle Konzertfassung vom *Doors*-Album „Absolutely Live".

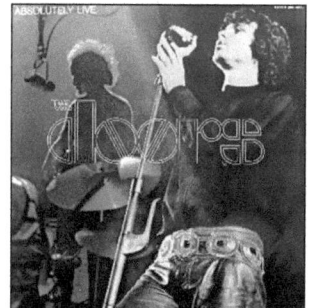

The Doors: Build Me A Woman

Großmäuliger Großstadt-Blues eines jungen weißen Mannes, der im Folgejahr in den *Club 27* einging, in dem bereits Größen wir *Brian Jones, Jimi Hendrix* und *Janis Joplin* warteten. Nachdem das letzte gemeinsame Konzert der *Doors* im Dezember 1970 in New Orleans in Chaos und Streit versunken war, hatte sich *Morrison* mit seiner Freundin *Pamela Courson* nach Paris zurückgezogen, wo er an Gedichten und Drehbüchern arbeiten wollte. Am Morgen des 3. Juli starb er – als offizielle Todesursache wurde ein Herzstillstand nach dem Schnupfen von Heroin genannt. Dass sich um *Jim Morrisons* frühes Ende zahlreiche Legenden ranken, ist bekannt, soll hier aber nicht vertieft werden…

In der Abfolge der besten Livealben aller Zeiten nennt die Zeitschrift MINT als nächste Band die *Rolling Stones*, womit wir nahtlos an den *Club 27* anknüpfen können: Das zweite, 1969 während ihrer von *B.B. King* sowie *Ike & Tina Turner* supporteten US-Tour aufgenommene Konzertalbum der Band „Get Yer Ya-Ya's

---

[133] MINT, a.a.O., S. 36.

Out!" war ja das erste mit dem neuen Gitarristen *Mick Taylor.* Der hatte den im Frühjahr 1969 von der Band geschassten und Anfang Juli im Alter von 27 Jahren in seinem Swimming Pool ersoffenen *Brian Jones* beerbt und konnte nun auf der Bühne zeigen, warum die Wahl des Nachfolgers auf ihn gefallen war. Als Pianist war übrigens – wie häufig auch bei den Studiosessions der Stones – der britische Pianist *Nicky Hopkins* dabei, dessen schier endlose Mitwirkungsliste das Who-is-who der internationalen Musikszene abbildet – er ist 1994 im Alter von nur 50 Jahren verstorben. Im Verlauf der Tour wurde übrigens auch die neue Studio-LP der *Rolling Stones* „Let It Bleed" veröffentlicht, auf der *Brian Jones* nur noch sporadisch als Perkussionist zu hören ist; *Mick Taylor* durfte da immerhin schon bei zwei Titeln in die Saiten greifen.

'GET YER YA-YA'S OUT!'
The Rolling Stones in concert

Vom hochgelobten Livealbum „Get Yer Ya-Ya's Out!", auf dessen Cover einzig Schlagzeuger *Charlie Watts* in clownesker Pose abgebildet ist, habe ich den „Stray Cat Blues" ausgewählt, der bereits 1968 auf "Beggars Banquet" erschienen war; *Brian Jones* spielte im Studio damals das Mellotron.

Hier hören wir die Konzertversion, die verdeutlicht, was für ein großartiger Gitarrist dieser ansonsten zwischen den Alpha-Tieren *Jagger* und *Richards* stets etwas deplatziert wirkende *Mick Taylor* tatsächlich ist. *Lester Bangs,* der scharfzüngige Musikjournalist und Rockkritiker des *Rolling Stone,* feierte *„die LP sogar als das beste Rockkonzert, das jemals auf Platte gepresst wurde".*[134] Und nachdem die *Stones* und *Mick Taylor* 1974 wieder getrennte Wege gingen, schrieb der Musikkritiker *Robert Palmer* in der New York Times, dass *„Taylor der beste Techniker ist, der je bei den Stones gespielt hat. Ein Bluesgitarrist mit einem Gespür eines Jazzmusikers für melodische Erfindungen."*[135] Das können wir nun für dreieinhalb Minuten genießen beim anspielungsreichen Blues von der streunenden Katze – an der Leadgitarre seinerzeit Mick Taylor.

Rolling Stones: Stray Cat Blues

Weiter geht's in den heutigen LiveRillen, die sich den von der Zeitschrift MINT gekürten besten Livealben aller Zeiten widmet, mit der ebenfalls im

---

[134] MINT, a.a.O., S. 37.
[135] Zitiert nach: https://de.wikipedia.org/wiki/Mick_Taylor.

September 1970 erschienenen Doppel-LP „Mad Dogs & Englishmen" der wohl eindrucksvollsten Rockröhre jener Zeit – *Joe Cocker*.

Sein legendärer Auftritt beim Woodstock-Festival, als er das harmlos-nette, im Original von *Ringo Starr* gesungene *Beatles*-Liedchen „With A Little Help From My Friends" zur Hymne für die Ewigkeit reifen ließ, hatte den gerade mal 25jährigen Klempner aus Sheffield ins internationale Rampenlicht katapultiert, woraufhin sein Management für 1970 eiligst eine umfangreiche US-Tournee zusammenzimmerte. *Cocker* fand sich plötzlich in einem Tross aus *„etwa 50 Musikern, Sängerinnen, Technikern, Managern, Kameramännern, Groupies, Kindern und Hunden"* [136] wieder und darin kaum zurecht; die *Grease-Band*, die ihn in Woodstock begleitet hatte, war ihm bis auf Keyboarder *Chris Stainton* abhandengekommen, und hätte nicht auf Bitte von *Joe Cocker* ein gewisser *Leon Russell* seine Musikerfreunde zusammengetrommelt und daraus als musikalischer Leiter in wenigen Tagen ein spielfreudiges Ensemble geformt, wäre die Tournee durch die USA wohl geplatzt. Ein Großteil der versammelten Musikerinnen und Musiker stammte aus der Liveband von *Delaney & Bonnie*, darunter klangvolle Namen wie *Jim Keltner, Jim Gordon, Carl Radle, Don Preston* oder *Rita Coolidge*.

Chaotisch sei die Tour dennoch gewesen, heißt es – 48 Konzerte in 56 Tagen, ständig gehetzt zwischen Bühnen und Charterflugzeug; *„für Cocker selbst, der anschließend mit einem Nervenzusammenbruch bei seinen Eltern untertauchte, blieben ganze 862 Dollar von der Tournee übrig"* [137], weiß *Siegfried Schmidt-Joos* in seinem Rocklexikon zu berichten. Dass ein insgesamt grandioses, zudem auch im Film festgehaltenes Ergebnis herausgekommen ist, grenzt da fast an ein Wunder.

In dieses hören wir nun für gut sechs Minuten hinein. Im breit gefächerten Programm dominierten wie stets bei *Cocker* die Coverversionen – unter anderem von *Bob Dylan*, den *Beatles, Otis Redding, Dave Mason* oder den *Rolling Stones* –, die der Sänger in seiner unvergleichlichen Art zu seinen ganz eigenen Songs macht. Ausgewählt habe ich mit „Bird On The Wire" eine eher ruhige, nicht ganz so  bekannte Nummer aus der Feder des kanadischen Singer/Songwriters *Leonard Cohen*, die dessen ein Jahr zuvor erschienene zweite Platte „Songs From A Room" eröffnet hatte. Im Repertoire der US-amerikanischen Folksängerin *Judy Collins*, die

---

[136] RL, Band 1, S. 201.
[137] Ebenda.

auch Cohens „Suzanne" schon zum Hit gemacht hatte, fand sich der Song, der als prototypisch für den frühen Songschreiber gilt, allerdings schon seit 1967.

Joe Cocker: Bird On The Wire

In der MINT-Liste der hundert besten Livealben aller Zeiten taucht als nächste Veröffentlichung – und wir sind immer noch im Jahr 1970 – das US-amerikanische Power-Trio *Grand Funk Railroad* auf; eine Band, die nicht unbedingt von den Kritikern geadelt wurde, dafür aber von ihren zahlreichen Fans heiß geliebt, und dies insbesondere aufgrund ihrer kraftvollen Liveauftritte, deren erster beim *Atlanta Pop Festival* im Juli 1969 schon zum Triumph geriet – die Fans hätten nach ihrem Part die Bühne gestürmt und die Musiker auf ihren Schultern davongetragen, heißt es. [138]

Dabei waren der singende Gitarrist *Mark Farner* und Schlagzeuger *Don Brewer* gerade mal zwanzig Jahre alt; Bassist *Mel Schacher* sogar noch Teenager, als sie der frühe Ruhm ereilte. Nach drei bei *CAPITOL* erschienenen Studioplatten schien es der Plattenfirma nun an der Zeit, auf einem Livealbum die Vorzüge der „*amerikanische(n) Antwort auf die britischen Cream*" [139] zu präsentieren. Nun – die musikalische Differenziertheit der Herren *Bruce, Baker & Clapton* erreichen *Grand Funk Railroad* wohl dann doch nicht ganz, und „*rhythmisch wirkt das manchmal etwas minimalistisch, aber die energetische Wucht der Band ist bis heute überragend*" [140], lobt das Magazin für Vinylkultur MINT.

Davon überzeugen wir uns nun gern mit einem Song aus der Feder von *Mark Farner* – hier ist „Heartbreaker" vom *Grand-Funk*-Livealbum aus dem Jahr 1970. Fünf Jahre später brachte die inzwischen durch das Hinzukommen des Keyboarders *Craig Frost* zum Quartett erweiterte Band mit „Caught In The Act" dann noch eine weitere Konzertplatte auf den Markt, die auch nicht von schlechten Eltern ist, auch wenn sie die ungeschliffene Wucht des Livedebüts nicht toppen kann...

Grand Funk Railroad: Heartbreaker

---

[138] Siehe RL, Band 1, S. 370.
[139] MINT, a.a.O., S. 37.
[140] Ebenda.

Ebenso unter die hundert besten Konzertplatten aller Zeiten gewählt wurde die folgende Doppel-LP, die alle dem akustischen Folkrock und dem ausgefeilten Harmoniegesang zugeneigten Herzen noch heute höher schlagen lässt: „4 Way Street" von *Crosby, Stills, Nash & Young*, erschienen auf dem *Atlantic*-Label im April 1971. Ähnlich wie für *Joe Cocker* war Woodstock zur Initialzündung für die Band geworden, die auf den Kuhwiesen von Bethel ihren gerade mal zweiten öffentlichen Auftritt bestritt. Das Quartett war ja bereits mehrfach in den LiveRillen zu hören. Deshalb will ich mich heute zugunsten der Musik, die in dieser Sendung noch Platz finden soll, auf wenige Worte beschränken. Mitgeschnitten wurde „4 Way Street" im Juni 1970 bei Konzerten in New York, Los Angeles und Chicago. Die erste LP enthält vornehmlich akustische Songs, die zweite dann elektrifizierten Folkrock, wobei dort *„die aufkeimenden Spannungen zwischen den Akteuren in den E-Gitarrenduellen zwischen Young und Stephen Stills"*[141] fast schon spürbar gewesen seien.

Vier derart individualistische Musiker dauerhaft unter einen musikalischen Hut zu bringen – eine schier unlösbare Aufgabe, wie die Abfolge von Trennungen und Wiedervereinigungen des Quartetts in den folgenden Jahrzehnten bewies. Der Reiz ihrer Musik besteht aber zu einem nicht unwesentlichen Teil gerade in dieser Unterschiedlichkeit, die sich auch in der Stilistik der jeweiligen Kompositionen deutlich niederschlägt und die in ihren besten Momenten eine spannungsvolle Gemeinsamkeit erzeugt, die ihresgleichen sucht. Bis heute entdecke ich auf „4 Way Street" immer wieder neue Nuancen, die das Mit-, aber auch das Gegeneinander der Musiker hervorbringen – so bleibt das Album ein Hörgenuss, der keine Langeweile aufkommen lässt und ihm mit Recht einen Platz unter den hundert besten Livealben aller Zeiten sichert.

Ausgewählt habe ich diesmal einen Song des 2023 verstorbenen *David Crosby*, der sich auf der zweiten – der elektrifizierten – LP findet: „Long Time Gone". Der Text enthält – poetisch verklausuliert – durchaus politisch deutbare Botschaften: *„Sprechen Sie, Sie müssen sich gegen den Wahnsinn aussprechen, / Sie müssen Ihre Meinung sagen, / Wenn Sie sich trauen. // Du weißt, dass hier etwas vor sich geht, / Das ganz sicher das Tageslicht scheut. // Und es scheint lange zu dauern, ja, lange Zeit bis zum Morgengrauen."*

---

[141] MINT, a.a.O., S. 38.

Und erwähnen will ich gern (zumal das oft vergessen wird), dass im Schatten der vier Frontmänner ein bewährtes Duo für das rhythmische Fundament sorgte: *Calvin Samuels* am Bass und *Johnny Barbata* am Schlagzeug.

CSN&Y: Long Time Gone

Eines der Konzerte, bei denen die Aufnahmen für das zeitlos schöne Livealbum „4 Way Street" entstanden, fand bekanntlich im New Yorker *Fillmore East* des Konzertimpresarios *Bill Graham* statt – eine bessere Überleitung zum nächsten, im Juli 1971 erschienenen und von der Zeitschrift MINT unter die besten hundert Livealben aller Zeiten gewählten Tonträger lässt sich kaum finden: „The Allman Brothers Band At Fillmore East". Es ist – so die MINT-Redakteure – *„bis heute das am häufigsten verkaufte Album der Allman Brothers Band und eines der stärksten Livealben der Rockgeschichte"* [142] überhaupt. Für nicht wenige Musikexperten so etwas wie die Geburtsstunde des Southern Rock und für die Band nach zwei mäßig erfolgreichen Studioplatten der endgültige Durchbruch an die Spitze der US-amerikanischen Szene! Und dies wohl vor allem deshalb, weil das Potenzial der herausragenden Virtuosen *Duane Allman* und *Dicky Betts* an den Gitarren sowie *Gregg Allman* an den Keyboards mit ihren ausufernden, gleichwohl stets spannungsreichen Instrumentalpassagen auf der Bühne noch stärker zum Tragen kam als in den mitunter doch etwas gebremst wirkenden frühen Studioversionen. Hinzu kommen der dichte Rhythmusteppich, für den mit *Butch Trucks* und *Jai Johanny „Jaimoe" Johanson* gleich zwei Drummer sorgten, sowie der druckvolle Bass von *Berry Oakley*.

Gegründet hatte sich die Band um die zuvor bereits in Schülerbands und als Studiomusiker aktiven *Allman*-Brüder 1969 in Macon, Georgia, als eine der wenigen Formationen jener Zeit, in denen weiße und schwarze Musiker gemeinsam spielten. Ihr Stil enthielt ebenso Bluesorientierungen und Folkrockelemente wie auch eine Affinität zur Country Music – die wichtigsten Ingredienzien für das, was in der Folge als Southern Rock durch Bands wie *Lynyrd Skynyrd*, die *Charlie Daniels Band*, die *Marshall Tucker Band*, die *Black Crowes, The Outlaws, Molly Hatchet* oder *Blackfoot* ausdifferenziert werden würde. Und obwohl die *Allman Brothers Band* durch die frühen Unfalltode von *Duane Allman* 1971 und *Berry Oakley* 1972 – beide verunglückten tödlich mit ihren Motorrädern – schmerzliche Verluste erlitt, gelang es den verbliebenen Musikern mit adäquaten Neuzugängen, das hohe musikalische Niveau über Jahrzehnte hinweg zu halten.

---

[142] Ebenda.

Nach dem Tod von *Dickey Betts,* der im April 2024 im Alter von 80 Jahren verstorben ist, ist von der Urbesetzung der Band nur noch Drummer *Jaimoe Johanson* am Leben.

Von ihrem Livealbum „At Fillmore East" habe ich eine der typischen Instrumentalkompositionen der *Allman Brothers Band* ausgewählt, die alle Vorzüge des entspannten und zugleich hoch konzentrierten Miteinanders der verschiedenen Solisten, von denen sich dennoch niemand in den Vordergrund drängt, in sich vereinen. Hier ist es das Stück „Hot 'Lanta", das dann auch alle sechs Bandmitglieder gleichwertig als Urheber verzeichnet. Southern Rock auf höchstem Niveau!

The Allman Brothers Band: Hot 'Lanta

Wir bleiben noch immer im *Fillmore East,* das seinen Ruf als einer der wichtigsten Musiktempel damit nachhaltig unterstreicht, auch wenn der rote Backsteinbau in Manhattan lediglich drei Jahre lang (vom März 1968 bis zum Juni 1971) den besten Künstlern und Bands der damaligen Zeit eine Bühne bot, und kommen zu einem weiteren, von vielen Fans bis heute kultisch verehrten Phänomen der populären Musik in den 1970er Jahren, das die Zeitschrift MINT unter die hundert wichtigsten Livealben aller Zeiten gewählt hat: den *Mothers Of Invention* um den Gitarristen, Songschreiber und Sänger *Frank Zappa.* Ihre Konzertplatte „Fillmore East – June 1971" erschien im August desselben Jahres – eine absolute Rekordzeit für die Veröffentlichung eines Livemitschnitts, die auch der Tatsache geschuldet war, dass von etlichen Konzerten der *Mothers* ständig illegale und zudem qualitativ mäßige Bootlegs auf den Markt kamen.

Im *Fillmore East* lässt *Frank Zappa* zwei Shows auf einer modernen 16-Kanal-Bandmaschine mitschneiden, um nicht nur die Musik, sondern auch die szenische, mitunter theatrale Liveatmosphäre adäquat einzufangen. Musikalisch dominiert die skurrile Mixtur aus Jazz, Rock und Blues mit Anklängen an die moderne E-Musik; inhaltlich stehen die *Turtles* – ein One-Hit-Wonder mit dem Song „Happy Together" – mit den witzigen Dialogen zweier Ex-Schildkröten im Mittelpunkt: Flo & Edi. Die wurden von *Howard Kaylan* und *Mark Volman* verkörpert; beide zuvor als Sänger bzw. Saxofonist bei den *Turtles* aktiv und nach deren Auflösung nunmehr Mitglieder von *Zappas* Begleitband *Mothers Of Invention.* Übrigens hatte auch der im Hintergrund von *Crosby, Stills, Nash & Young* erwähnte *John Barbata* bei den *Turtles* eine Zeitlang das Schlagzeug bedient.

Frank Zappas Experimentierfreude sowohl im Studio als auch bei den Liveperformances ist ja bis heute legendär. Bei seinen Veröffentlichungen vermischten sich häufig Bühne und Aufnahmeraum; *Zappa* selbst hielt am liebsten die Fäden auch als Produzent selbst in der Hand, um seinen häufig vertrackten Kompositionen die adäquate Umsetzung angedeihen zu lassen. Seine Art der Montage, *„aus verschiedenen Einzelspuren einen Track zusammenzusetzen, nennt er „Xenochrony"*; sein Wohnhaus im Laurel Canyon in Nord-Hollywood beherbergte später *„ein professionelles Studio mit festangestellten Tontechnikern"*. [143]

Als *Frank Zappa* 1993 wenige Tage vor seinem 53. Geburtstag an einem Krebsleiden verstarb, waren sich die Kritiker noch uneinig, ob er nun als *„ein Genie der elektronischen Avantgarde-Musik, ein musikalischer Scharlatan und Schwindler, (oder als) ein massiver Bluff"* in die Musikgeschichte eingehen werde – sicher sei aber, dass niemand sagen könne, *„Zappa sei langweilig oder unumstritten gewesen."* [144]

Für die LiveRillen ausgewählt habe ich zwei Kompositionen vom noch heute kultig verehrten *Spiritus Rector* der *Mothers – Frank Zappas* „Peaches En Regalia" und „Tears Began To Fall" – live im *Fillmore East.*

The Mothers: Peaches En Regalia / Tears Began To Fall

Als Überleitung zur nächsten hochgelobten Konzertplatte bietet sich *Frank Zappa* geradezu an, auch wenn die darauf enthaltene Musik ziemlich anders klingt: Hardrock von *Deep Purple* auf ihrem Album „Made In Japan", das nach dem 69er „Concerto For Group And Orchestra" im Dezember 1972 als erste reguläre Liveveröffentlichung der wohl erfolgreichsten – später als klassische *Mark II* bezeichneten – Bandbesetzung des noch heute existierenden Unternehmens erschienen ist. Ursprünglich sollten die in Osaka und Tokyo entstandenen Aufnahmen nur den japanischen Markt beglücken, doch aufgrund der Qualität der Mitschnitte entschlossen sich *Ian Gillan, Ritchie Blackmore, John Lord, Roger Glover* und *Ian Paice* zu einer weltweiten Veröffentlichung – und der Verkaufserfolg gab

---

[143] RL, Band 2, S. 1028.
[144] Ebenda.

ihnen Recht. *„Das Album wird von vielen Fans und Kritikern als bestes Album der Band und als Meilenstein in der Geschichte des Hard Rock und des Heavy Metal angesehen und gilt als eines der populärsten und meistverkauften Livealben der Musikgeschichte"* [145], konstatiert *Wikipedia.* Die weltweiten Verkäufe überstiegen die Zwei-Millionen-Grenze; in Deutschland und Österreich erreichte das Livealbum Platz Eins der Verkaufs-Charts.

Was das alles mit *Frank Zappa* zu tun hat?

Nun, der legendäre, auf dem *„Jahrzehntalbum ,Machine Head"* [146] als Eröffnungssong der B-Seite veröffentlichte *Deep-Purple*-Hammer-Hit „Smoke On The Water" wurde inspiriert durch ein Brandunglück, das sich während eines Konzerts der *Mothers* beim Jazz Festival 1971 im schweizerischen Montreux ereignete und dessen Zeugen die *Deep-Purple*-Musiker wurden, die sich zur selben Zeit unweit des in Flammen aufgehenden Casinos mit der Produktion besagter Platte beschäftigen wollten: Rauch über dem Genfersee und Flammen bis zum Himmel… Wie durch ein Wunder kam niemand bei dem Feuer zu Schaden; vielmehr wurde es zur Inspiration für einen der bekanntesten Rocksongs aller Zeiten, dessen markantes Riff bis heute die Fans elektrisiert.

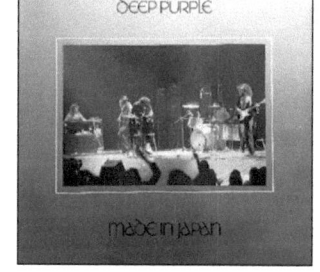

Und genau dieses Stück habe ich von „Made In Japan" für unsere heutige Sendung ausgewählt – auf geht's!

Deep Purple: Smoke On The Water

So, nun könnt ihr die Luftgitarren wieder aus der Hand legen, Freunde – beim nächsten Interpreten, der es unter die hundert besten Livealben aller Zeiten geschafft hat, geht es etwas geruhsamer zu, auch wenn sich die Intensität seiner musikalischen Kunst durchaus auf vergleichbarem Niveau bewegt. Die Rede ist vom US-amerikanischen Soulinterpreten *Bill Withers*, der 2020 im Alter von 81 Jahren verstorben ist. Als er mit 17 Jahren in die US-Navy eintrat und immerhin neun Jahre lang in deren Diensten unter anderem im Nahen Osten im Einsatz war, war kaum zu ahnen, welch großartige Karriere vor ihm lag, auch wenn er bereits während dieser Jahre begonnen hatte, Songs zu schreiben und erste Demos zu produzieren. Die wirklich große, erfolgreiche Zeit des Musikers *Bill Withers* beschränkt sich dann auf wenige Jahre: 1971 erschien sein LP-Debüt „Just As I

---

[145] https://de.wikipedia.org/wiki/Deep_Purple#Made_in_Japan.
[146] MINT, a.a.O., S. 41.

Am", dem im Jahr darauf „Still Bill" folgte, ehe ihn im April 1973 das Doppelalbum „Live At Carnegie Hall" – aufgenommen dortselbst im Oktober 1972 – auf dem Höhepunkt seines Könnens als Songschreiber, Sänger, Gitarrist und Entertainer präsentierte – *„die 14 Songs verbinden ultimative Spielfreude und sensible Momente"* [147], urteilt MINT in der Laudatio zur Nennung unter den hundert besten Livealben aller Zeiten. Darunter sind natürlich jene Hits, die auf immer mit seinem Namen verbunden bleiben werden und die zahlreiche Künstler zu Coverversionen herausgefordert haben: „Ain't No Sunshine" etwa, für den er 1972 seinen ersten *Grammy* erhielt (zwei weitere sollten folgen) und den *Stefan Gwildis* als „Allem Anschein nach bist du's" stimmig eingedeutscht hat, oder „Lean On Me". Der ebenfalls bekannte Ohrwurm „Just The Two Of Us" erschien erst einige Jahre später; dafür gab's 1982 einen *Grammy* als bester Rhythm&Blues-Song.

Nachdem zunächst weitere Studioproduktionen in den 1970er und 80er Jahren zwar hohe Qualität, aber insgesamt kaum Hitpotenzial enthielten, zog sich *Bill Withers* nach Erscheinen seiner letzten LP „Watching You, Watching Me" 1985 komplett aus dem Musikgeschäft zurück. Für seine unvergessenen Leistungen wurde er 2005 in die *Songwriters Hall of Fame* aufgenommen; zehn Jahre später folgte in Anerkennung seines Lebenswerks die Aufnahme in die *Rock and Roll Hall of Fame.*

Seine Bodenhaftung habe *Bill Withers* sein ganzes Leben lang behalten, heißt es über ihn – er selbst führte es darauf zurück, dass ihn der Ruhm erst im Alter von 32 Jahren ereilte. Zu seiner Tochter soll er nach der pompösen Aufnahme-Zeremonie in die *Rock and Roll Hall of Fame* gesagt haben, nun ginge es offenbar ans Sterben…[148] Immerhin blieben ihm noch fünf Jahre.

Wir feiern in den LiveRillen ja stets die konservierte Erinnerung an das musikalische Leben – hier mit einem der unbekannteren Songs von *Bill Withers:* „World Keeps Going Around" vom Album „Live At Carnegie Hall", das 1973 erschienen ist und dessen akustische, fast intime Atmosphäre das riesige Auditorium fast vergessen lässt.

Bill Withers: World Keeps Going Around

---

[147] MINT, a.a.O., S. 42.
[148] Siehe dazu: https://www.spiegel.de/kultur/musik/bill-withers-ist-tot-19-sekunden-fuer-die-ewigkeit-nachruf-a-7ed20392-ed54-4802-ab67-ba0bf561ed63.

An den Schluss der heutigen Sendung, die sich im Kontext der vom Magazin für Vinylkultur im letzten Herbst gekürten hundert besten Livealben aller Zeiten dem knappen Jahrzehnt von 1965 bis 1973 widmete, steht eine Band, die in den bisherigen 82 LiveRillen-Ausgaben noch keine Erwähnung gefunden hat – die ProgRock-Formation *Yes*.

Die britische Band gründete sich 1968 und damit zu einer Zeit, da sich Beat und Rock immer mehr ausdifferenzierten und sich mit *Jethro Tull*, der Gruppe *Nice* um *Keith Emerson*, den frühen *Genesis* oder auch der holländischen Band *Focus* Musiker aufmachten, die bisherigen Stilmittel aus Blues, Rock'n'Roll oder Surf Beat um Anleihen bei der klassischen Sinfonik und um artifizielle Arabesken in Melodie und Rhythmus zu bereichern: Progressive Rock, auch als Art Rock bezeichnet, war geboren. Und *Yes* wurden rasch zu einem stilbildenden Aushängeschild: *„Die Band ist bekannt für ihre ausgefallenen Songs, esoterischen Texte, aufwendigen Albumcover und Live-Bühnenbilder"*, heißt es auf ihrer bandeigenen Website, und weiter mit nicht geringem Stolz: *„Als Pioniere des Progressive Rock haben YES in ihrer 47-jährigen Geschichte und mit 21 Studioalben weltweiten Erfolg erzielt"*. [149]

Tatsächlich sind die Dinosaurier des Art Rock noch heute unterwegs, jüngst auf einer gemeinsamen Tour mit *Deep Purple*. Dienstältestes Mitglied der aktuellen Besetzung ist Sänger und Gitarrist *Steve Howe*, der 1970 den Gründungsgitarristen *Peter Banks* ersetzt hatte. Und so ist *Steve Howe* natürlich auch auf dem Konzertalbum zu hören, das Ende 1972 bei Konzerten in Kanada und den USA mitgeschnitten und im Mai 1973 bei *Atlantic Records* unter dem Titel „Yessongs" veröffentlicht wurde. Die Fans der Band waren entzückt von sechs prall gefüllten Plattenseiten und den teils überlangen Liveversionen ihrer auf den vorangegangenen Studioalben erschienenen Titel.

Zur damaligen *Yes*-Besetzung gehörten noch die beiden Initiatoren des Projekts, Sänger *Jon Anderson* und Bassist *Chris Squire*, während Keyboarder *Rick Wakeman* 1971 hinzugekommen war (er stieg bereits 1974 zugunsten einer Solokarriere wieder aus), und Schlagzeuger *Bill Bruford* wurde noch während der Konzerttour durch den versierten Session-Drummer *Alan White* ersetzt, der bis zu seinem Tod im Jahr 2022 der Band die Treue hielt.

Von „Yessongs", diesem Meilenstein des Progressive Rock, spiele ich zum Abschluss

---

[149] https://www.yesworld.com/we-are-yes/.

meiner Sendung das mehrteilige Paradestück „Close To The Edge" aus der Feder von *Jon Anderson* und *Steve Howe*, das 1972 auf der gleichnamigen *Yes*-LP erschienen war.

Die nächsten LiveRillen kommen im März mit dem zweiten Teil der Reise durch die 100 besten Livealben aller Zeiten, die jüngst von der Zeitschrift MINT gekürt wurden – freut euch drauf!

Yes: Close To The Edge

Quellen:

> ➤ Allman Brothers Band: At Fillmore East, Do.-LP, Capricorn, 1971
> ➤ Joe Cocker: Mad Dogs & Englishmen, Do.-LP, A&M Records, 1970
> ➤ Crosby, Stills, Nash & Young: 4 Way Street, Do.-LP, Atlantic, 1970
> ➤ Deep Purple: Made In Japan, Do.-LP, Electrola, 1972
> ➤ The Doors: Absolutely Live, Do.-LP, WEA, 1972
> ➤ Grand Funk Railroad: Live Album, Do.-LP, Capitol, 1970
> ➤ B.B. King: Live At The Regal, LP, Ace Records, 1965
> ➤ MC5: Kick Out The Jams, LP, ELEKTRA Records/WEA, 1969
> ➤ The Mothers (Zappa): Fillmore East – June 1971, LP, Reprise Records, 1971
> ➤ The Rolling Stones: Get Yer Ya-Ya's Out, LP, Decca, 1970
> ➤ The Who: Live At Leeds, LP, Polydor, 1970
> ➤ Bill Withers: Live At Carnegie Hall, Do.-LP, SUSSEX, 1973
> ➤ Yes: Yessongs, 3-LP-Set, Atlantic, 1973

No. 84: MINT: Die 100 besten Livealben aller Zeiten – Teil II (1974 – 1978)

März 2025

Willkommen zur März-Ausgabe der LiveRillen, die unmittelbar an die vorige Sendung anknüpft, in der ich begonnen hatte, die vom *Magazin für Vinylkultur MINT* im November des letzten Jahren vorgestellten *„100 besten Livealben aller Zeiten"* [150] zu präsentieren, soweit sich diese Zusammenstellung mit dem Bestand meiner Plattenregale deckt. Heute betrachten wir das Jahrfünft zwischen 1974 und 1978 – ein äußerst fruchtbarer Zeitraum, wie sich zeigen wird.

Los geht's mit einem Solisten, der bereits in den 1960er Jahren bleibende Berühmtheit mit der musikalisches Neuland beackernden Gruppe *Velvet Underground* erlangt hat und den ich in meiner der Melancholie gewidmeten November-LiveRille des letzten Jahren ausführlich präsentiert habe: *Lou Reed*. Nachdem sich die von *Andy Warhol* protegierte Band um den Multiinstrumentalisten *John Cale*, den Gitarristen *Sterling Morrison*, die Schlagzeugerin *Moe Tucker* und die Sängerin *Nico* 1970 aufgelöst hatte, begab sich der Sänger, Gitarrist und Songschreiber mit neuen Musikern auf Solopfade, und dies ganz gemäß dem Zeitgeist zunächst stilistisch innerhalb der Glam-Rock-Bewegung jener Jahre. Nach den viel beachteten Studioplatten „Lou Reed", „Transformer" und „Berlin" veröffentlichte RCA im Februar 1974 dann die Live-LP „Rock N Roll Animal".

In der Zeitschrift MINT heißt es dazu, *„ 'Rock N Roll Animal' ist der Höhepunkt dieser Phase, weist aber auch prägend in die Zukunft. Als Rock'N'Roll Animal wagt sich Reed in neue musikalische Gefilde und nimmt optisch Punk, Metal und Goth zugleich vorweg"* [151], was man anhand des ikonischen LP-Covers gut nachvollziehen kann.

Nach den wilden 70ern wurden die 80er und 90er Jahre dann für *Lou Reed* zu einer Zeit der selbstironischen Reflexion und teilweisen Neuerfindung; spätere Alben wie „New York" (1989) oder „Magic And Loss" (1992) genießen noch heute Kultstatus. So verwundert es nicht, dass der nach einer Lebertransplantation 2013 Verstorbene, dessen „Einfluss" auf nachfolgende Musikergenerationen Wikipedia *„mit dem von Elvis Presley, den Beatles oder Dylan"* [152] vergleicht, vom *Rolling Stone* gleich in mehreren Bestenlisten geführt wird – er wird als Gitarrist, Sänger und Songwriter unter den jeweils hundert besten ihres Fachs gelistet.

---

[150] MINT, Magazin für Vinylkultur, Ausgabe 11/2024, S. 28ff.
[151] Ebenda, S. 43.
[152] https://de.wikipedia.org/wiki/Lou_Reed#Diskografie.

Von der Liveplatte „Rock'n'Roll Animal", die musikalisch vor allem durch die auch bei *Alice Cooper* aktiven Gitarristen *Dick Wagner* und *Steve Hunter* bestimmt wird, habe ich mit „Lady Day" eine fast theatralische Komposition ausgewählt, die auf „Berlin" erschienen war. Sie *„besticht durch das von den E-Gitarren beherrschte, getragene Arrangement, das den düsteren Charakter des Songs perfekt reproduziert"* [153] , befindet *MINT*. Und hier ist der klingende Beweis…

Lou Reed: Lady Day

Ebenfalls im Februar 1974 erschien die Doppel-LP „It's To Late To Stop Now" des irischen Ausnahme-Sängers *Van Morrison*, begleitet vom 12köpfigen *Caledonia Soul Orchestra* und mitgeschnitten bei Konzerten in Kalifornien sowie im Londoner *Rainbow Theatre*.

„*Morrison arrangiert hierfür all seine Klassiker detailreich um, so dass die bekannten Songs den Zuhörer von einer bislang nicht gekannten Seite bezaubern*", ist im Online-Musikforum *Laut.de* zu lesen, das den in Belfast Geborenen, der am 31. August seinen 80. Geburtstag begehen kann, als „*eine der größten noch lebenden weißen Blues-Legenden*" [154] bezeichnet. Zu hoch gegriffen ist das ganz sicher nicht.

Auch er hatte ja damals in den frühen 70ern schon eine Bandkarriere als Frontmann von *Them* (mit ihrem Drei-Harmonien-Überhit „Gloria") hinter sich und wandelte nun erfolgreich auf Solopfaden; dabei bis heute stets umgeben von herausragenden Musikern, die ihn allerdings auch vorbehaltlos als Leader zu akzeptieren haben – *Morrison* ist hinlänglich als schwieriger Charakter bekannt. Qualitativ allerdings weist seine lange Karriere kaum Schwachpunkte auf; zu den absoluten Höhepunkten zählt zweifellos dieses erste Livealbum mit dem programmatischen Motto, es sei längst zu spät, um es zu beenden.

Daraus lege ich nun eine Coverversion auf den Plattenteller: *Van Morrison* nimmt sich hier auf seine eigene Weise einer alten *Sam-Cooke*-Nummer an: „Bring It On Home To Me", wie sie komplett heißt (auf der *Morrison*-LP ist der Titel als „Bring It On Home" aufgeführt). Der US-amerikanische Soulsänger *Sam Cooke* hatte den Titel, den der *Rolling Stone* noch heute unter den 500 besten Songs aller

---

[153]   MINT, a.a.O., S. 43.
[154]   https://laut.de/Van-Morrison.

Zeiten führt, 1962 als Single-B-Seite auf *RCA Victor* veröffentlicht. Der in der Bürgerrechtsbewegung aktive, mit *Muhammad Ali* und *Malcolm X* befreundete *Sam Cooke* wurde im Dezember 1964 in einem Motel von dessen Besitzerin in Notwehr erschossen; eine bis heute ziemlich undurchsichtige Geschichte, die durchaus einen Schatten auf den Menschen *Sam Cooke* wirft.

Im Gedenken an den großartigen Sänger, der er unbestritten war, brachten die *Animals* seinen Song im Folgejahr als eigene Single heraus; *Otis Redding* hat „Bring It In Home To Me" ebenso gecovert wie später *Rod Stewart* oder *John Lennon* auf seinem 1975er „Rock'n'Roll"-Album.

Van Morrisons Studioversion des *Sam-Cooke*-Klassikers ist übrigens erst 2017 auf seinem 37. Studioalbum „Roll With The Punches" erschienen. Hier hören wir die Live-Fassung vom Konzertalbum „It's To Late To Stop Now".

Van Morrison: Bring It On Home

Unter den vom Musikmagazin *MINT* gewählten 100 besten Livealben aller Zeiten findet sich gleich der nächste Meilenstein der konservierten Konzertmusik, den ich sehr gern auf den Plattenteller lege: Das Album zur „Irish Tour '74" von *Rory Gallagher* nämlich. Und wie *Van Morrison* wurde auch *Rory Gallagher* in Irland geboren, ganz im Norden der grünen Insel im Frühjahr 1948. Nachdem er schon in den späten 1960er Jahren als Kopf des Bluesrock-Trios *Taste* Erfolge feierte, war er nunmehr mit drei musikalischen Begleitern unter eigenem Namen weltweit unterwegs. Seine Fans schätzten an dem zumeist in kariertem Holzfällerhemd und Jeansjacke daherkommenden Anti-Star insbesondere seine Bodenhaftung und seine Nahbarkeit. Seiner optisch arg malträtierten Fendergitarre vermochte *Gallagher* eine beeindruckende stilistische Palette an Tönen und Klängen zu entlocken – von fließenden Melodiepassagen bis zum knallharten Brett. *„Mit seiner zerschundenen Stratocaster sagte er der Welt alles, was zu sagen hatte"* [155], so *Deep-Purple*-Bassist *Roger Glover* über *Rory Gallagher*. Dass dieser in einer Zeit, da Drogen zum Alltag im Rock'n'Roll-Zirkus gehörten, eher dem Alkohol zuneigte, ist kein Geheimnis. Letztlich führte der exzessive Genuss von „Too Much Alcohol" (so der Titel eines von ihm gern gecoverten Stücks des US-amerikanischen Bluesgitarristen *J. B. Hutto*) auch zu seinem frühen Tod im Jahr 1995. Ähnlich wie *Lou Reed* konnte auch ihn eine Lebertransplantation nicht mehr retten.

---

[155] Zitiert nach: https://laut.de/Rory-Gallagher.

Seine *Irish Tour,* die er gemeinsam mit *Gerry McAvoy* am Bass, *Rod De'Ath* am Schlagzeug und *Lou Martin* an den Keyboards im Frühjahr 1974 bestritt, war auch ein politisches Statement, fand sie doch in unruhigen Zeiten statt und führte ihn sogar ins nordirische Belfast. Und der Gitarrist und Sänger stand zweifellos im Zenit seines Könnens. *„Gallagher und seine Band agieren so tight und ausdrucksstark, dass die spielfreudig-leidenschaftlichen Liveversionen den Studioaufnahmen der 1973 erschienenen Alben Blueprint und Tattoo vorzuziehen sind"* [156], befindet das Musikmagazin *MINT* in seiner Begründung für die Wahl des Albums unter die 100 besten Livealben aller Zeiten. Dem ist nicht zu widersprechen, und so erfreuen wir uns an der 11minütigen Live-Version des Laufens auf heißen Kohlen – „Walk On Hot Coals", das zuvor auf „Blueprint" herausgekommen war.

Rory Gallagher: Walk On Hot Coals

Rory Gallaghers Livealbum „Irish Tour '74" wurde in Großbritannien vergoldet, auch wenn sich dort die zwei Jahre zuvor erschienene Konzertplatte „Live! In Europe" insgesamt noch besser platziert hatte. In jedem Falle sind die Konzertaufnahmen von *Rory Gallagher* und seiner kongenialen Begleiter noch heute jede Minute des Zuhörens wert!

Nun zu einer Band, die im Laufe ihrer fünfzigjährigen Geschichte durchaus für Kontroversen gesorgt und zum Abschluss ihrer mehrjährigen Abschiedstour im Dezember 2023 erklärt hat, sie werde sich künftig – ähnlich wie das Schweden-Pop-Quartett *ABBA* – auf der Bühne durch Avatare vertreten lassen: Die Hardrock-Combo *KISS.*

1973 von *Paul Stanley, Gene Simmons, Ace Frehley* und *Peter Criss* in New York gegründet, fiel die Band in der Hochzeit des Glam Rock zunächst durch ihr Outfit auf – jedes Bandmitglied verwandelte sich auf der Bühne durch Kostüme, Plateaustiefel und Schminke in eine Fantasy-Figur: Als *The Demon, The Starchild, The Spaceman* und *The Catman* sorgten sie vor allem live mit enormer Lautstärke, aufwändigen Kulissen und heißer Pyrotechnik bei ihren zahlreichen Fans für Begeisterung. *Siegfried Schmidt-Joos* wertet die vier denn auch als *„sadomasochistische Horror-Clowns ..., deren Gebaren eine Karikatur infantiler Sehnsüchte und frühreifer Ängste*

---

[156] MINT, a.a.O., S. 44.

war" [157]. Dass auch der an SS-Runen erinnernde Schriftzug des Bandnamens für Diskussionen sorgte, sei zumindest erwähnt. Immerhin strömten gerade männliche US-Teens und -Twens in Scharen in die Konzerte der Schock-Rocker. Nach drei nur mäßig erfolgreichen Studioplatten beschloss ihr Label *Casablanca* deshalb die Veröffentlichung eines Livealbums, das im Wesentlichen in der *Cobo-Hall* in Detroit vor 12tausend Fans mitgeschnitten wurde. Während andere Acts ausdrücklich Wert darauf legen, dass ihre Konzertveröffentlichungen keinerlei nachträgliche Korrekturen und Overdubs enthalten, wurde hier aber in den dereinst von *Jimi Hendrix* gegründeten *Electric Lady Studios* kräftig nachgeholfen, ehe die Aufnahmen im September 1975 unter dem Titel „Alive!" auf den Markt kamen. Nachvollziehbar ist die Aussage des Produzenten *Eddie Kramer, „dass brauchbare Tonaufnahmen beim Pyrotechnik-Lärm einer Kiss-Show nur schwer zu bekommen seien"* [158].

Wie dem auch sei – das Album verkaufte sich wie geschnitten Brot und erreichte bereits nach wenigen Tagen in den USA Gold-Status. Heute gilt „Alive!" (dem 1977 mit „Alive II" eine weitere Konzertplatte folgte) als *„Meilenstein der Rockgeschichte"* [159], wie das Fachmagazin *Metal Hammer* einschätzt, und wurde also mit Recht unter die 100 besten Livealben aller Zeiten gewählt. Auch ich habe gewählt, und zwar die Nummern „Hotter Than Hell" – Titelsong der 1974er Studioplatte von *KISS,* die lediglich Platz 100 der US-Charts erreichte – sowie „Firehouse", das bereits auf ihrem Plattendebüt erschienen war. Kurioses Detail am Rande: Ihren größten Hit hatte die Band im eigentlich verschmähten Disco-Sound 1979 mit „I Was Made For Loving You".

KISS: Hotter Than Hell / Firehouse

In der Vorstellung der von der Zeitschrift MINT gekürten 100 besten Livealben aller Zeiten vollziehen wir nun einen radikalen stilistischen Wechsel hin zum Reggae und seinem wohl bis heute bekanntesten Protagonisten: *Bob Marley,* laut *Melody Maker „der erste Genius des Reggae"* [160]. Dem 1945 auf Jamaika geborenen

---

[157]   RL, Band 1, S. 498.
[158]   MINT, a.a.O., S. 45.
[159]   Wahnsinn mit Methode. In: Metal Hammer, Oktober 1998, S. 25.
[160]   Zitiert nach: RL, Band 2, S. 573.

Sohn eines britischen Offiziers und einer einheimischen Kolonialwarenhändlerin ist es zu danken, dass die *„Melange aus westindischer Folklore, Rockabilly-Klängen und afrikanischen Rhythmen mit Soul-Spieltechniken und Elektronik-Effekten"* [161] in der ersten Hälfte der 1970er Jahre auch auf den amerikanischen und europäischen Kontinent überschwappte, was zwangsläufig mit einer zunehmenden Kommerzialisierung des unruhestiftenden Protest-Produkts der Armenviertel und Proletarier-Reservate einherging. Gemeinsam mit seiner Band, den bereits 1964 gegründeten *Wailers*, tourte *Bob Marley* nun durch die Welt und machte Songs wie „Put It On, Sunday Morning", „Stir It Up" oder das später von *Eric Clapton* erfolgreich gecoverte Stück „I Shot The Sheriff" international populär. Als *Marley*, der 1976 bei einem Attentatsversuch angeschossen wurde, fünf Jahre später an den Folgen eines Hirntumors verstarb, war seine Musik längst zu einem anerkannten und geliebten Bestandteil der populären Weltmusik geworden, was nicht zuletzt die Aufnahme des Reggae-Styles in das immaterielle Weltkulturerbe unterstreicht.

Im Sommer 1975 spielen *Bob Marley* und die *Wailers* zwei Konzerte im Londoner *Lyceum*, die vom *Rolling Stones Mobile Studio* mitgeschnitten werden. *Chris Blackwell*, Chef von *Island Records*, ist vor Ort und *„erlebt, wie ein Song aus dem Rahmen des militanten Sets fällt"*, wie es in der Zeitschrift *MINT* dazu heißt, und weiter: *„‚No Woman, No Cry' wird zum Gamechanger, ab jetzt ist Reggae Pop."* [162]

Der Titel wird zunächst von *Blackwell* auf einer 7-Minuten-Single veröffentlicht und ist natürlich auch auf der im Dezember 1975 erschienenen, schlicht „Live!" betitelten Konzertplatte enthalten, die bis heute rund 300 Nachauflagen erlebt hat.

Hier sind *Bob Marley and The Wailers* mit "No Woman, No Cry", einer der unvergänglichen Hymnen des Reggae.

Bob Marley and The Wailers: No Woman, No Cry

Nach dieser entspannten Reggae-Nummer von *Bob Marley* nun zum nächsten Meilenstein der besten Livealben aller Zeiten und damit zu einem Künstler, dessen größter kommerzieller Erfolg tatsächlich eine Konzertplatte geworden ist: „Frampton Comes Alive!", erschienen im Februar 1976 und sechsfach Platin-veredelt.

---

[161] Ebenda.
[162] MINT, a.a.O., S. 45

Der Gitarrist, Sänger und Songschreiber *Peter Frampton* wurde 1950 in London geboren – am 22. April begeht er seinen 75. Geburtstag. Bereits mit neun Jahren stand er auf der Bühne, wurde mit *The Herd* 1967 zum Teeny-Star (die britische Yellow-Press feierte den smarten Jüngling mit der Lockenmähne 1968 als *„Gesicht des Jahres"!*) und gründete 1969 mit Ex-Mitgliedern von *Spooky Tooth* und den *Small Faces* die Band *Humble Pie,* die er allerdings 1971 zugunsten einer Solokarriere schon wieder verließ. Er spielte für *George Harrison* und *Harry Nilsson,* brachte erste Soloplatten an den Start und tourte ausgiebig, ohne dass sich der große Erfolg einstellte – den Rockfans war er zu soft, zu bieder und zu clean. Später sagte er über seine frühen Jahre: *„Zu viele Talkshows, zu viele Interviews, zu viele Titelseiten. Als ich ein Begriff für jedermann wurde, waren da dieses Gesicht und ein paar Bilder, die mich ohne Hemd zeigten, und schon hatte sich das Image etabliert"* [163].

Dann allerdings schlug das 1975 im *Winterland* in San Francisco und weiteren Konzertorten in den USA mitgeschnittene Livealbum überraschend ein. *„Auch dank der Solos des von einer dreiköpfigen Band unterstützten Leaders sowie des exzessiven Gebrauchs der damals neuen Talk Box* [164] *verfügt* Frampton Comes Alive *über eine Klasse, die Frampton nie wieder erreicht"* [165], befindet *MINT* in seiner Einschätzung. Das gibt der auch in meinen Ohren wunderbaren Platte halt doch einen leicht bitteren Beigeschmack, auch wenn *Peter Frampton* in den Jahrzehnten nach diesem unbestrittenen Höhepunkt weiterhin musikalisch aktiv blieb. So spielte er in *David Bowies* Liveband mit, versuchte sich mit *Steve Marriott* (der dann leider zu früh verstarb) an einer Wiederbelebung von *Humble Pie* und stand gelegentlich mit *Lynyrd Skynyrd* auf der Bühne.

Aktuell steht für *Peter Frampton* die *Never-Ever-Say-Never-Tour* auf dem Plan, die durch elf US-Städte führt und kurz vor seinem 75. Geburtstag enden wird. Im Gepäck hat er neben seinen frühen Erfolgen auch sein jüngstes, 2021 erschienenes Album „Frampton Forgets The Words", auf dem er unter anderem Songs von *George Harrison, Jaco Pastorius* und *David Bowie* gecovert hat.

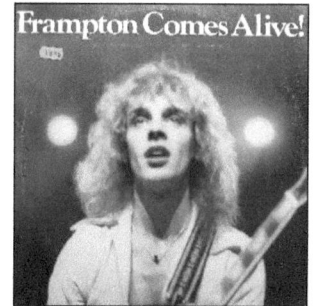

Hier nun als Erinnerung an seine große Zeit vom Album „Frampton Comes Alive!" sein Titel „Lines On My Face" über eine enttäuschte Liebe: *„Falten auf meinem Gesicht, während ich lache, damit ich nicht weine / ... / So viele Leute, die Familie, die Freunde*

---

163 Zitiert nach: RL, Band 1, S. 343.
164 Eine Talkbox ist ein Effektgerät in der Musik zur Veränderung des Klangs eines verstärkten Musikinstruments mit Hilfe des Mundraumes. Siehe auch: https://de.wikipedia.org/wiki/Talkbox.
165 MINT, a.a.O., S. 46.

/ *Versuchen so sehr, mich zum Lächeln zu bringen, bis dieser Kummer vergeht"*... Peter *Frampton* über die Falten in seinem Gesicht, die er seinerzeit noch gar nicht hatte.

Peter Frampton: Lines On My Face

Nun zu *Roxy Music* und ihrem Konzertalbum „Viva!", das Aufnahmen aus Glasgow, Newcastle und Wembley enthält und im Juli 1976 bei *Island Records* erschienen ist. Lediglich acht Songs enthält die Platte; auf mehr habe man sich in der Band nicht einigen können, heißt es; *MINT* nennt das Ergebnis dennoch oder gerade deshalb „*hochverdichtet"*.

1970 waren *Roxy Music* gestartet, um mit einem „*Gebräu aus brutalen Rock'n'Roll-Monotonismen, Jazz- und E-Musik-Formen mit Anklängen an Sonny Rollins und Kurt Weill, exotischen Tanzrhythmen und Canzone-Schmalz"* [166] für frischen Wind im sich zunehmend ausdifferenzierenden Kosmos der populären Musik zu sorgen. Das verweist auf die ganz unterschiedlichen musikalischen Vorerfahrungen und Kompetenzen der sechs Protagonisten: im Zentrum der studierte Kunstpädagoge und singende Keyboarder *Bryan Ferry*, der maßgeblich an den meisten Songs als Komponist beteiligt ist, der Gitarrist *Phil Manzanera* sowie Soundtüftler und Elektronikspezialist *Brian Eno*, dazu die aus dem Bassisten *Richard Kenton* und Schlagzeuger *Paul Thompson* bestehende Rhythmusgruppe sowie der Saxofonist *Andy Mackay*, zuvor als Oboist im *London Symphony Orchestra* auf klassischen Pfaden unterwegs.

Zugleich beinhaltet diese Unterschiedlichkeit der musikalischen Biografien natürlich auch die Schwierigkeit, derartige Individuen auf Dauer in ein Band-Korsett zu zwängen. So war *Brian Eno* zum Zeitpunkt der zwischen dem November 73 und dem Oktober 75 entstandenen Aufnahmen bereits wieder ausgestiegen, um eine Solokarriere zu verfolgen – ihn hatte *Edwin „Eddie" Jobson* an  den Synthesizern beerbt, und auch Bassist *Rik Kenton* war abgängig und hier zumindest kurzzeitig durch *John Wetton* ersetzt worden, der zuvor bei *Family* und *King Crimson* für das Bassfundament gesorgt hatte (in der Juli-LiveRille des Vorjahres habe ich bereits ausführlicher an den damals anstehenden 75. Geburtstag des 2017 Verstorbenen erinnert).

---

[166] RL, Band 2, S. 796.

Als Klangbeispiel habe ich „In Every Dream Home A Heartache" ausgewählt
– *in jedem Traumhaus wohnt ein Herzschmerz* –, und vielleicht meint die Zeitschrift
MINT, die in ihrer Würdigung des Albums hier von einem *„dräuenden"* Song
spricht, dass dieser Herzschmerz in der Interpretation durch *Roxy Music* durchaus
spürbar sei.

Roxy Music: In Every Dream Home A Heartache

Wenn dieser Herzschmerz-Song aus der Feder von *Bryan Ferry* keine gute
Überleitung zum texanischen Singer/Songwriter *Townes Van Zandt* ist, dann weiß
ich auch nicht. Dem Spross einer alteingesessenen, seit Generationen im
Ölgeschäft tätigen und wohlhabenden Familie war eigentlich ein sorgenfreies
Leben vorherbestimmt, doch es kam anders: Schon in Kindheit und Jugend zog
sich *Townes Van Zandt* gern zurück, blieb selbst während des Jura-Studiums und in
der Army eher Außenseiter, probierte frühzeitig diverse Drogen aus und wurde
wegen suizidaler Neigungen zeitweise in stationäre Obhut genommen. Halt bot
ihm die Musik. Mit neun Jahren begann er, Gitarre zu spielen, schrieb eigene
Songs in einer dunkel-poetischen Bildersprache und trat während seines Studiums
in Houston in diversen Folkclubs der Stadt auf. 1968 erschien seine erste LP auf
einem lokalen Label; weitere folgten, die zumindest in Country-Kreisen
überregional bekannt wurden, obgleich *Van Zandts* Stilistik über den traditionellen
Country-Style deutlich hinausreichte. Über die Musik bahnte sich auch eine
Freundschaft zum gut zehn Jahre jüngeren Countrysänger *Steve Earle* an, der
Townes Van Zandt eine abgelegene Hütte in den Bergen verschaffte, in der dieser
ein seltsames, nur hin und wieder von kleineren Konzerten unterbrochenes
Einsiedlerleben führen konnte. Gleichwohl genoss er in der Szene selbst bald
einen herausragenden Ruf; Stars wie *Lucinda Williams, Doc Watson, Willie Nelson*
oder *Emmylou Harris* hatten seine Songs im Repertoire. Selbst *Bob Dylan* spielte hin
und wieder den Song „Pancho And Lefty" des Texaners, der 52jährig am
Neujahrsmorgen 1997 im Alkoholdelir an einem Herzinfarkt verstarb.
    *„Townes Van Zandt ist der beste Songwriter der Welt und ich werde in meinen
Cowboystiefeln auf Bob Dylans Couchtisch stehen und das sagen"* [167] – ein Zitat von *Steve
Earle* aus dem Dokumentarfilm „Be Here to Love Me: A Film About Townes Van
Zandt" der Regisseurin *Margaret Brown,* der 2005 erschien und in dem sich unter
anderem *Willie Nelson, Kris Kristofferson, Kinky Friedman* und *Emmylou Harris* an den

---

[167]   Zitiert nach: https://de.wikipedia.org/wiki/Townes_Van_Zandt#cite_note-film-4.

scheuen Anti-Star erinnern, dessen Konzerte eher introvertierten, gleichwohl oft humorvoll mäandernden musikalischen Erzählungen glichen.

Als wunderbar intimes Dokument seiner einzigartigen Kunst erschien im März 1977 mit „Live at The Old Quarter, Houston, Texas" *Van Zandts* erstes Livealbum, dessen Aufnahmen allerdings bereits 1973 mit einem tragbaren Vierspur-Recorder entstanden waren. *MINT* hebt hervor, dass *„dieses Album das Wesen seiner Musik und sein künstlerisches Idiom ungefiltert einfängt"* und Fans wie Kritikern deshalb *„als die ultimative Veröffentlichung des Künstlers"* [168] gilt.

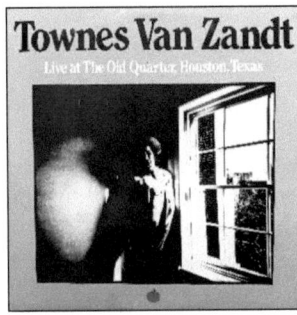

Daraus hören wir jetzt zunächst „Two Girls" und anschließend mit „If I Needed You" eines der bekanntesten Lieder von *Townes Van Zandt,* das mehrfach als Film-Soundtrack verwendet wurde und über das er selbst sagte, *„er habe den Text eines Nachts aus dem Gedächtnis notiert, nachdem er aus einem Traum erwacht war, in dem er es gesungen hatte"* [169]. Vielleicht die beste Form des Songwritings überhaupt, wer weiß?

Townes Van Zandt: Two Girls / If I Needed You

Das Schöne an dieser Zusammenschau der Musikzeitschrift *MINT* hinsichtlich der 100 besten Livealben aller Zeiten ist auch die stilistische Vielfalt der ausgewählten Acts, die uns von der eben gehörten lyrischen Poesie nun wieder zum muskelbepackten Hardrock führt.

Ausnahmegitarrist *Richie Blackmore,* der *Deep Purple* aufgrund anhaltender Differenzen mit Keyboarder *Jon Lord* 1975 verlassen hatte, war inzwischen mit seiner neuen Band *Rainbow* zu einer ernsthaften Herausforderung für die Stammband des britischen Hardrock geworden, zumal *Blackmore* sich nun einerseits vor allem live den ihm zustehenden Raum für ausufernde Soli nehmen konnte und er zum anderen den stilistischen Übergang zu Heavy und Speed Metal zumindest mit vorbereiten half. Umso erstaunlicher die zwei Jahrzehnte später mit *Blackmore's Night* vollzogene Kehrtwende hin zum Renaissance- und Mittelalter-Folk, die ihn allerdings später nicht an gelegentlichen Hardrock-Ausflügen hinderte.

---

[168] MINT, a.a.O., S. 47.
[169] https://de.wikipedia.org/wiki/Townes_Van_Zandt.

Im Juni 1977 erschien mit „On Stage" ein erstes, bei Konzerten in Deutschland und Japan mitgeschnittenes Livealbum von *Rainbow* mit *Ronnie James Dio* am Mikrofon, dazu *Tony Carey* an den Keyboards sowie *Jimmy Bain* am Bass und *Cozy Powell* am Schlagzeug. Songs wie „Catch The Rainbow" oder „Mistreated" füllen dabei jeweils eine komplette LP-Seite in toller Live-Dramaturgie mit viel Raum für *Blackmores* Saitenkünste, beanspruchen aber hier in unserer Sendung zu viel Raum, sodass ich mich für den Konzert-Opener „Kill The King" entschieden habe, der als Studiofassung erst auf der 78er *Rainbow*-LP „Long Live Rock'n'Roll" enthalten sein wird.

Rainbow: Kill The King

Rainbow Mitte der 1970er Jahre mit *Ritchie Blackmore* im Zentrum, der im *Rolling-Stone*-Ranking der hundert weltbesten Gitarristen auf Platz 50 geführt wird und dessen Popularität unter den Luftgitarristen dieser Welt bis heute ungebrochen ist.

Wir bleiben im Jahr 1977 – im Oktober erschien ein neues Live-Opus von *Genesis*, das erste nach dem Ausstieg des ursprünglichen Masterminds *Peter Gabriel* aus der bereits 1967 gegründeten britischen Band, die damit den Wandel vom früheren Progressive hin zum Pop Rock untermauerte, auch wenn die Hälfte des dargebotenen Repertoires noch aus der Zeit mit *Peter Gabriel* stammt. *Phil Collins,* der seinen angestammten Platz hinter dem Schlagzeug durch die Mitwirkung der Tourdrummer *Chester Thompson* und *Bill Bruford* zugunsten seiner neuen Aufgabe als singender Frontmann verlassen konnte, interpretiert die Songs auf seine Weise, beweist aber *„dabei ein ebenso gutes Gespür für Dramatik wie sein Vorgänger"* [170], befindet MINT.

Als Beweis sollen die nahtlos ineinander übergehenden Titel „The Lamb Lies Down On Broadway" und „The Musical Box" dienen, an deren Komposition noch die komplette vorherige *Genesis*-Besetzung mit *Tony Banks, Mike Rutherford, Steve Hackett, Phil Collins* und *Peter Gabriel* beteiligt gewesen war.

---

[170] MINT, a.a.O., S. 48.

Gitarrist *Steve Hackett* erklärte übrigens noch vor dem Erscheinen von
„Seconds Out" seinen Ausstieg aus der Band zugunsten einer Solo-Karriere, die
ihn aber nicht davon abhielt, sich hin und wieder an späteren Reunions von *Genesis*
zu beteiligen. Hier ist er aber noch als reguläres Bandmitglied mit von der Partie.

Genesis: The Lamb Lies Down On Broadway ... The Musical Box

Nun hinein ins Jahr 1978, und da erwarten uns nach Aussage von *MINT*
„breitbeinige Riffs, rohe Power, pure Ekstase" – alles stimmige Attribute für *„eines der
besten Livealben aller Zeiten"* [171], wie es dort nochmals bestätigend heißt. Die Rede ist
von *Thin Lizzy* und ihrem Doppelalbum „Live And Dangerous", das
Starproduzent *Tony Visconti* aus Mitschnitten, die in London, Philadelphia und
Toronto entstanden waren, zusammengestellt und durch Nachbearbeitungen und
Overdubs in Paris aufgemotzt hatte. Er selbst meinte später, von den
ursprünglichen Aufnahmen seien dabei nur das Schlagzeug und der Applaus
übriggeblieben; die Bandmitglieder dementierten heftig. Unstrittig ist, dass *„Hits
wie* Jailbreak, Southbound, Johnny The Fox Meets Jimmy The Weed *oder* The Boys
Are Back In Town *erst in diesen entfesselten Livefassungen ihre endgültige Gestalt finden"* [172],
wie *MINT* dazu vermerkt.

Die 1970 im irischen Dublin von Jugendfreunden um den singenden
Bassgitarristen *Phil Lynott* gegründete Band hatte sich zu dieser Zeit vor allem
durch ihre starken Liveauftritte eine große Fangemeinde erspielt und mit
„Jailbreak" endlich auch ein weltweit erfolgreiches Studioalbum veröffentlicht.
Eines ihrer Markenzeichen neben der rauchigen Stimme von *Lynott* waren die
eleganten und kraftvollen Gitarrenläufe von *Scott Gorham* und *Brian Robertson*, die

häufig zu einem an *Wishbone Ash* erinnernden
Twin-Guitar-Sound verschmolzen. Zeitweise
gehörten ja auch die Gitarristen *Gary Moore* und
Snowy White der Band an, die sich 1983 zunächst
auflöste, nach dem Tod von *Phil Lynott,* der 1986
verstarb, allerdings mehrfache
Wiederauferstehungen erlebte. Und noch heute
soll es eine *Thin-Lizzy*-Besetzung geben, in der
Gitarrist *Scott Gorham* nach wie vor aktiv zu sein
scheint.

---

[171] Ebenda, S. 50.
[172] Ebenda.

Hier nun aber ein Titel aus dem hochgelobten Album „Live And Dangerous"
von *Thin Lizzy*: „Still In Love With You" aus der Feder von *Phil Lynott,* und auch
da kommen die Zwillingsgitarren ganz gut zur Geltung.

Thin Lizzy: Still In Love With You

Und mit diesem gefälligen Powerrock, abgeliefert von *Thin Lizzy* auf ihrem
Album „Live And Dangerous", biegt diese 84. LiveRillen-Ausgabe nun auf ihre
Zielgerade ein mit dem für heute letzten Beitrag dieser von der Zeitschrift *MINT*
besorgten illustren Zusammenstellung herausragender Konzertplatten.

Sie haben sich in den 1970er Jahren keineswegs durch billige Tricks mit an die
Spitze der US-amerikanischen Rock-Hierarchie gespielt, sondern durch die
Originalität ihrer humorvoll-unterhaltsamen Songs: die 1973 von Schulfreunden in
Illinois gegründete Band *Cheap Trick*. Sie seien *„nicht wichtig, weil sie große innovative
Qualitäten haben, sondern allein wegen ihres beachtlichen Unterhaltungswertes"* [173], schrieb
der *Melody Maker* seinerzeit über das Quartett, dessen Harmonien anfangs
durchaus eine gewisse Nähe zu den *Beatles* nachgesagt wurde. Echten Kultstatus
genossen Sänger *Robin Zander,* Gitarrist *Rick Nielsen,* Bassist *Tom Petersson* und
Schlagzeuger *Bun E. Carlson* zunächst in Japan – ausgerechnet ihre im April 1978
in der *Budokan Hall* von Tokyo mitgeschnittene und im Oktober desselben Jahres
von *EPIC* weltweit veröffentlichte Liveplatte brachte dann auch in ihrer US-
Heimat den Durchbruch an die Spitze.

Dort ließen sie es sich einige Jahre wohlergehen, unterstützten sogar *John
Lennon* im Studio bei der Produktion seiner letzten Platte „Double Fantasy", ehe in
den 1980er Jahren ein Auf und Ab mit zeitweisen Umbesetzungen folgte. Danach
geriet die Band wieder in insgesamt ruhigeres Fahrwasser, in dem sie noch heute,
wenn auch inzwischen unterhalb des Radars, fröhlich herumdümpelt. Immerhin
wurden *Cheap Trick* 2016 in die *Rock and Roll Hall of Fame* aufgenommen.

Über ihr Live-Album „At Budokan" heißt es in *MINT: „Die Konzertatmosphäre
kommt durch den rohen Sound und das Gekreisch im Publikum vollends zur Geltung, während
die Performance durchweg Spitze ist – ein Beleg der musikalischen Klasse der Mitglieder, die in
einer neunminütigen Version von Need Your Love gipfelt"* [174]. Und genau das Stück lege
ich für die letzten Takte dieser Sendung auf.

Die nächste LiveRille in vier Wochen schließt dann die Vorstellung der von
MINT ausgewählten 100 besten Livealben aller Zeiten – soweit sie sich in meinem

---

[173] Zitiert nach: RL, Band 1, S. 181.
[174] MINT, a.a.O., S. 54.

Plattenregal finden – ab mit den Jahrgängen 1979 bis 1990 und relativ viel Prominenz aus deutschen Landen – freut euch drauf!

Cheap Trick: Need Your Love

Quellen:

> Cheap Trick: At Budokan, LP, Epic/Sony, 1979
> Peter Frampton: Frampton Comes Alive, Do.-LP, A&M, 1976
> Rory Gallagher: Irish Tour '74, Do.-LP, Polydor, 1974
> Genesis: Seconds Out, Do.-LP, Charisma Records/Phonogram, 1977
> KISS: ALIVE!, Do.-LP, Casablanca Records, 1975
> Bob Marley: Live 1975, LP, Island Records, 2015
> Van Morrison: It's Too Late To Stop Now, Do.-LP, Warner, 1973
> Rainbow: On Stage, Do.-LP, Polydor, 1977
> Lou Reed: Rock-N-Roll Animal, LP, RCA, 1981
> Roxy Music: Viva!, LP, Polydor, 1976
> Thin Lizzy: Live And Dangerous, Do.-LP, Phonogram, 1978
> Townes Van Zandt: Live At The Old Quarter, Houston, Texas, Do.-LP, Tomato Records, 1978, Reissue Charly Records, 1989

No. 85: MINT: Die 100 besten Livealben aller Zeiten – Teil III (1979 – 1990)

April 2025

Auf geht's zur dritten LiveRillen-Ausgabe, die sich den vom Magazin für Vinylkultur *MINT* gekürten 100 besten Livealben aller Zeiten widmet. Heute schaue ich mal, was sich in meinem Plattenregal aus den dort aufgeführten Veröffentlichungsjahrgängen 1979 bis 1990 findet, und – so viel vorab – es werden nun auch deutsche Bands und Künstler zu erleben sein.

Schon der musikalische Auftakt der heutigen – insgesamt 85.! – LiveRille kann mit maßgeblicher deutscher Beteiligung aufwarten: 1984 stieg der gerade mal neunzehnjährige, im niedersächsischen Sarstedt geborene *Michael Schenker,* jüngerer Bruder des *Scorpions*-Gitarristen *Rudolf Schenker,* bei UFO ein und verwandelte *„die Briten von einer verschrobenen Space/Psych-Combo in ein Hardrock-Bollwerk"*[175], wie *MINT* feststellt. UFO-Frontmann *Phil Mogg* und der auch als Komponist hoch begabte Neuzugang *Michael Schenker* wurden rasch zu einem kreativen Gespann, das die in kurzer Folge erscheinenden Studioplatten von *UFO* mit den wohl besten Songs der langen Band-Historie füllte. Allerdings gerieten die beiden Alpha-Tiere, was die Führungsrolle in der Band betraf, zunehmend aneinander. Das führte 1979 zwangsläufig zur Trennung. Glücklicherweise wurden vor dem Ausstieg *Schenkers* – er schloss sich kurzzeitig noch einmal den *Scorpions* an, bei denen er als Teenager schon vor seiner UFO-Zeit gespielt hatte – im Herbst 1978 mehrere Konzerte einer USA-Tour der Band mitgeschnitten, und das Beste dieser Aufnahmen veröffentlichte *Chrysalis* im Januar 1979 auf dem Live Doppelalbum „Strangers In The Night", das in Großbritannien die Top Ten der Album-Charts erreichte und sich auch in den USA gut platzierte. Es wurde damit zum bis heute größten Verkaufserfolg von *UFO,* und der Anteil, den *Michael Schenker* mit seiner Virtuosität auf der Gitarre, aber auch als origineller Hardrock-Komponist daran besitzt, ist gar nicht hoch genug einzuschätzen.

Nach dem kurzen *Scorpions*-Intermezzo gründete er seine eigene *Michael-Schenker-Group (MSG),* die in wechselnder Besetzung und mit diversen Auszeiten bis heute aktiv ist und immer wieder den Nachweis der hohen musikalischen Qualität ihres Leaders erbringen konnte.

---

175 MINT, Magazin für Vinyl-Kultur, Heft 11/24, S. 54.

Hier aber geht es ja um *UFO* und ihr Livealbum „Strangers In The Night", aus dem ich mit „Love To Love" einen typischen Song des Autorengespanns *Mogg/Schenker* ausgewählt habe. Und das ist Hardrock vom Feinsten…

UFO: Love To Love

Der aktuelle Status der Band ist etwas unklar. *Phil Mogg* hatte schon 2019 das Ende der Band erklärt, dann aber eine von Corona unterbrochene Abschiedstour gestartet. Zwischenzeitlich waren mehrere der seinerzeit aktiven *UFO*-Mitglieder verstorben, und vor genau einem Jahr war in der Zeitschrift *Metal Hammer* zu lesen: *„UFO-Sänger Phil Mogg schließt aus, dass sich die britische Band noch einmal die Live-Ehre gibt, geschweige denn dass sie ihre Abschiedstournee nachholt."* [176] Nun, warten wir es ab, ob der inzwischen kahlköpfige Sänger nicht doch noch einmal eine Rolle rückwärts hinlegt.

Derartige Spekulationen erübrigen sich bei der folgenden Band, zumindest, was ihren unverwechselbaren, charismatischen Sänger betrifft: *Freddy Mercury,* Frontmann der britischen Formation *Queen,* ist 1991 als eines der ersten prominenten *AIDS*-Opfer verstorben.

Die Band hatte sich 1970 aus mehreren Vorgänger-Formationen gegründet; zum Quartett gehörten neben dem 1946 auf Sansibar als *Farrokh Bulsara* geborenen *Mercury* Gitarrist *Brian May,* Schlagzeuger *Roger Taylor* sowie der Bassist *John Deacon.* Ihr erstes, schlicht „Queen" betiteltes Studiowerk riss 1973 noch niemanden vom Hocker. Die Gruppe tourte als Vorband von *Mott The Hoople* und arbeitete sich über „Queen II" und „Sheer Heart Attac" Stück für Stück nach vorn ins internationale Rampenlicht. Mitte der 70er brachten Titel wie „Killer Queen" und „Bohemian Rhapsody" dann endlich den Durchbruch und wiesen der Band den Weg über die bisher begangenen Mainstream-Rock-Pfade hinaus.

Ein hörbares und vor allem hörenswertes Ergebnis dieser Neuerfindung ist das Mitte 1979 erscheinende Album „Live Killers", das sich weltweit mehr als zweieinhalb Millionen Mal verkaufte und in England, Österreich, der Schweiz und Deutschland jeweils Gold, in den USA sogar Doppel-Platin erhielt. Es *„dokumentiert, dass Queen nicht nur im Studio, sondern vor allem auch auf der Bühne eine Bank waren",* wie *MINT* in der Begründung für die Wahl der Platte unter die 100 besten Livealben aller Zeiten betont. Weiter heißt es dort: *„Das Charisma und die Entertainer-Qualitäten von Mercury sind bereits voll ausgeprägt, … und erst auf der Bühne* *wird deutlich, was für ein Ausnahmegitarrist Brian May ist, der selbst in den an Gitarrenhelden wahrlich nicht armen 70ern zu den Größten zählt"* [177].

Das ist *Brian May* als Nummer 26 der *Rolling-Stone*-Liste der weltweit besten Gitarristen zweifellos noch heute, schon allein durch den unverkennbar singenden Ton seiner zu großen Teilen selbstgebauten Gitarren, deren Saiten er mit Münzen anstelle von üblichen Plektren bearbeitet. Dass er quasi nebenher als Astrophysiker promoviert hat, mehrere Bücher veröffentlichte und sich als Aktivist der Tierrechtsbewegung engagiert, hebt ihn zusätzlich aus dem Heer der bedeutenden Rockmusiker heraus. So war er 2023 an dem *NASA*-Projekt beteiligt, das *„mittels der Raumsonde OSIRIS-REx erstmalig Proben einer Asteroidenoberfläche erfolgreich zur Erde zurückbringen konnte"* [178].

Insofern könnte der Titel, den ich als Klangbeispiel von „Live Killers" ausgewählt habe, auch ein Lebensmotto für *Brian May* sein: „Spread Your Wings" – *breite deine Schwingen aus und hebe ab* –, auch wenn das Stück eine der im Bandrepertoire von *Queen* selteneren Kompositionen des Bassisten *John Deacon* war.

Queen: Spread Your Wings

In der zeitlichen Abfolge der 100 besten Livealben aller Zeiten führt die Zeitschrift *MINT* nach *Queen* für den November 1979 einen weiteren großartigen Meilenstein der populären Musik an: „Live Rust" von *Neil Young & Crazy Horse*. Es ist ein frühes Bilanzwerk, das der Kanadier damit vorlegt, unangepasst und unbequem. Zugleich bleibt *Neil Young* ständig auf der Suche und dem Neuen in der Musik gegenüber, das sich da als Punk, New Wave und Grunge artikuliert, durchaus aufgeschlossen.

Veröffentlicht als Soundtrack des gleichnamigen Konzertfilms, enthält die erste Seite des Albums akustische Aufnahmen, während der Barde auf den restlichen drei Plattenseiten *„mit seiner liebsten Begleitband"* – wie es in *MINT* heißt – aufspielt: *„Zum ersten Mal ist auf einem Album die ganze Magie zu erleben, die Young und Crazy Horse durch ihr traumwandlerisches Zusammenspiel auf der Bühne entfachen. Ein Ritt zwischen folkiger Introspektion und hart rockender Energie".* [179]

---

[177]   MINT, a.a.O., S. 55.
[178]   https://de.wikipedia.org/wiki/Brian_May.
[179]   MINT, a.a.O., S. 55.

Das beste Beispiel für diese breite stilistische Palette sind zweifellos der auf der im Juni 1979 veröffentlichten Studioplatte „Rust Never Sleeps" enthaltene Akustik-Titel „My My, Hey Hey (Out Of The Blue)" und dessen donnerndes, elektrisches Pendant „Hey Hey, My My (Into The Black)", die in etwa jene Pole markieren, zwischen denen sich der umtriebige Künstler, dessen 80. Geburtstag im November ansteht, bis heute bewegt. Ausführlich vorgestellt habe ich *Neil Young* ja bereits anlässlich seines 75. Geburtstages im November 2020, nachzulesen im dritten Band der LiveRillen-Buchreihe.

Toll auch, was das Netz in Bezug auf den Kanadier hergibt, der seit 2020 auch die US-Staatsbürgerschaft besitzt und *Donald Trump* bekanntlich untersagt hat, im Wahlkampf seinen Song „Rockin' In A Free World" zu nutzen. Eine besonders ergiebige Quelle, deren Aufmachung die Vorliebe *Neil Youngs* für das Rustikale

offenbart, ist die Website neilyoungarchives.com [180], die voller Entdeckungen entlang einer interaktiven Zeitleiste steckt. Und wer dazu beim Stöbern sein Konzertalbum „Live Rust" auflegt, hat ganz sicher nichts falsch gemacht. Daran halten wir uns jetzt auch – hier ist *Neil Young* zunächst solo und dann in Begleitung von *Frank Sampedro* an der Gitarre, *Billy Talbot* am Bass und *Ralph Molina* am Schlagzeug – alias *Crazy Horse*.

Neil Young & Crazy Horse: My My, Hey Hey (Out Of The Blue) / Hey Hey, My My (Into The Black)

In der zeitlichen Abfolge der in der *MINT* aufgeführten Platten erfolgt nun der Sprung in die 1980er Jahre, und das zunächst mit einer deutlichen Erhöhung von Lautstärkepegel und Speed der Musik: Es geht um die britische Hardrock- und Metal-Combo *Motörhead* – der in den USA geläufige Slangbegriff steht für die Sucht nach Geschwindigkeit –, natürlich untrennbar verbunden mit dem singenden Bassisten *Ian Kilmister,* genannt *Lemmy,* der zuvor bei *Hawkwind* als Roadie mit zeitweisen Bass-Einsätzen gedient und den *Hawkwind*-Hit „Silvermachine" eingesungen hatte, aber 1974 aufgrund von Drogendelikten die Band verlassen musste. Der letzte Song, den *Kilmister* vor seinem Rauswurf für *Hawkwind* geschrieben hatte, hieß übrigens – „Motorhead"… sic!

---

[180] Siehe: https://neilyoungarchives.com/menu.

Gemeinsam mit dem Gitarristen *Larry Wallis* und dem Schlagzeuger *Lucas Fox* brachte *Kilmister* daraufhin ein eigenes Trio an den Start, das nach einem ersten Auftritt als Vorgruppe für *Blue Öyster Cult* von der Presse als *„schlechteste Band der Welt"* [181] geschmäht wurde. *Lemmy* ersetzte daraufhin seine Mitspieler durch neues Personal: Nunmehr bediente *Eddie Clarke* die Gitarren und *Philipp Taylor* saß am Schlagzeug. Die 1977 unter dem Bandnamen erschienene erste [182] LP *„bot überkreischte Gitarren, Riffs wie Kettensägen, rotzigen Gesang und Texte voller überdrehter Macho-Selbstgefälligkeit"* [183], so Rockexperte *Siegfried Schmidt-Joos*. Und *Jens-Uwe Berndt* charakterisiert in der Zeitschrift *GoodTimes* die innovative Bedeutung der Band so: *„Sie kombinierten Tempo und Energie des Punk mit der Brutalität des Heavy Metal und kreierten einen eigenen Stil. Und der war derart heftig, dass ihnen mehrere Jahre niemand das Wasser reichen konnte."* [184]

Gerade weil die Band Elemente von Hardrock, Heavy Metal und Protopunk wild mischte und weder bei Lautstärke noch Tempo irgendwelche Kompromisse machte, fand sie bald ein Publikum, das sie genau dafür frenetisch feierte. Und nachdem durch die bei *Bronze Records* in kurzer Folge erschienenen Studionachfolger „Overkill", „Bomber" und „Ace Of Spades" genügend Material vorlag, wurde es Zeit für eine Liveplatte, die diese ungezügelte Wildheit pur konservieren und *„den brachialen Livesound des Trios möglichst realitätsnahe auf Platte ab(zu)bilden"* [185] sollte. So wurde aus etlichen Konzertmitschnitten ausgewählt, und im Juni 1981 erschien „No Sleep 'Til Hammersmith". *„Was da über die Schwermetallgemeinde hereinbrach, war das blanke Inferno: rasend schnell, ultrabrutal und dekadent simpel"*, schreibt *Jens-Uwe Berndt* in der *GoodTimes*, und weiter: *„Wenn ein Metal-Fan damals in der Clique wagte, das Album doof zu finden, war er geliefert."* [186]

Und der Musikkritiker *Mike Clifford* konstatierte, dass die Power dieser Platte *„beinahe garantiert Lautsprecher zum Schmelzen brachte, Verstärkern die Sicherungen rausschlug und Plattenspieler zum Kurzschluss trieb – als bestes Beispiel hochgetrimmter Energie seit Live At Leeds von den Who"* [187] – auch dieses Werk gehört ja zu den von *MINT* bestimmten 100 besten Livealben aller Zeiten und wurde in der Februar-Ausgabe der LiveRillen vorgestellt.

---

[181] Zitiert nach: RL, Band 2, S. 622.
[182] Die eigentlich als erste LP gedachte Produktion „On Parole", 1976 noch mit Larry Wallis an der Gitarre eingespielt, wurde vom Label United Artists zunächst nicht veröffentlicht. Sie erschien dann – gegen den Willen der Band – im Jahr 1979 doch noch.
[183] Ebenda.
[184] GoodTimes, Nr. 1/2025, S. 26.
[185] MINT, a.a.O., S. 56.
[186] GoodTimes, a.a.O., S. 27.
[187] RL, Band 2, S. 622.

Ich habe mit „Ace Of Spades" einen der bekanntesten *Motörhead*-Titel aus ihrer wohl erfolgreichsten Phase ausgewählt – also bitte anschnallen beim Dampframmen-Hardrock – auf geht's! Das Pik-Ass sticht alle!

Motörhead: Ace Of Spades / Motörhead

Lemmy Kilmister, unumstrittener Kopf des Trios, ist nach einem exzessiven Leben 2015 verstorben. Das bedeutete zugleich das Ende der Band, die von ihren Fans bis heute kultisch verehrt wird, was etlichen Tribute- und Cover-Bands das Überleben sichert.

Wir haben uns nun aber wirklich eine akustische Verschnaufpause verdient, und die kommt auch, mit *Simon & Garfunkel* nämlich. Das wohl populärste und erfolgreichste Folkrock-Duo aller Zeiten hatte sich 1970 zwar offiziell getrennt, doch gab es hin und wieder zumindest sporadische Kontakte. Als 1981 dann ein gemeinsames Benefizkonzert für die Sanierung des New Yorker Central Parks angekündigt wurde, lockte die überraschende Reunion rund eine halbe Million Menschen an – bis heute eines der bestbesuchten Konzertereignisse weltweit. Und der singende Gitarrist *Paul Simon* und sein kongenialer Sangesbruder *Art Garfunkel* halten musikalisch absolut, was sich das Publikum verspricht! Dazu liest man in der Zeitschrift *MINT: „Im Gegensatz zu ihren reduzierten Auftritten in den 60ern wird das Duo nun von einer elfköpfigen Band aus Sessionmusikern begleitet, der es gelingt, Klassiker wie Mrs. Robinson oder The Boxer behutsam zu modernisieren, ohne dabei die Arrangements unnötig aufzublasen"* [188].

Das auf zwei LPs gepresste und attraktiv verpackte Ergebnis dieses denkwürdigen Konzerts, das in der Geschichte von *Simon & Garfunkel* ein singuläres Ereignis blieb, betont vor allem die zeitlose Schönheit der Kompositionen von *Paul Simon,* die bis heute nichts von ihrem Reiz verloren haben. Dem können wir uns jetzt ganz hingeben – zunächst beim erwähnten Klassiker „Mrs. Robinson" aus dem 60er-Jahre-Kultfilm „Die Reifeprüfung" mit dem am Anfang seiner großartigen Schauspieler-Karriere stehenden *Dustin Hoffman,* und anschließend wird eine Brücke übers

---

[188] MINT, a.a.O., S. 57.

aufgewühlte Wasser gelegt – „Bridge Over Troubled Water". Der Titel gilt übrigens als erfolgreichstes Stück aus der Feder von *Paul Simon; es „wurde von der US-Schallplattenakademie mit sechs Preisen zum „Song des Jahres 1969' gewählt"* [189].

Hier erklingen beide Titel als Liveaufnahmen aus dem unter die 100 besten Livealben aller Zeiten gewählten „Concert In Central Park".

Simon & Garfunkel: Mrs. Robinson / Bridge Over Troubled Water

Nach dieser akustischen Verschnaufpause gelangen wir nun wieder in härtere musikalische Gefilde: die britische Band *Black Sabbath* gilt mit Recht als Wegbereiter des Hardrock, wobei viele ihrer Titel ihre suggestive Wirkung gerade durch ein schweres Metrum, ein quasi gebremstes Tempo erhalten.

Die aus Sänger *Ozzy Osbourne*, Gitarrist *Tony Iommi*, Bassist *Geezer Butler* und Schlagzeuger *Bill Ward* bestehende Band gründete sich 1969 in Birmingham; ihre ersten Erfolge feierte das Quartett mit seinen okkulten Attitüden und der düsteren Bühnenshow aber vor allem in den USA, wo es seit 1970 regelmäßig tourte. *„Tatsächlich war Black Sabbath nach der eher komisch wirkenden Crazy World von Arthur Brown und den eher pubertären Schock-Gags eines Alice Cooper die erste Band, die das Bild von Heavy Metal prägte und den Fan im unklaren ließ, wie ernst das Ganze denn nun gemeint sei"* [190], urteilt *Siegfried Schmidt-Joos* in seinem Rocklexikon.

Zehn Jahre nach ihrem Start hat die Band einen gravierenden Personalwechsel zu verkraften: *Ozzy Osbourne* und *Bill Ward* gehen von Bord. Als kongenialer Nachfolger am Mikrofon kommt *Ronnie James Dio,* den wir in der vergangenen LiveRillen-Ausgabe bereits als Frontmann von *Rainbow* erleben konnten. *„Dios Stimme ist auch Klassikern der Ozzy-Ära grandios gewachsen"* [191], stellt die Zeitschrift *MINT* fest, die das im Januar 1983 erschienene *Black-Sabbath*-Album „Live Evil" in ihre Auswahl aufgenommen hat. Am Schlagzeug sitzt nunmehr mit dem 1957 geborenen US-Amerikaner *Vinny Appice* der jüngere Bruder des schon bei *Vanilla Fudge* aktiven und später ebenfalls als Hardrock-Drummer bekannten *Carmine Appice;* als Keyboarder ist *Geoff Nicholls* bei der 1982er Tour dabei, die für das Livealbum ausgewertet wurde. Kurz danach trennten sich allerdings die Wege von *Ronnie James Dio* und *Black Sabbath* wieder – *Tony Iommi* empfand den sich gern als Entertainer gefallenden Sänger als zu dominant für die Band. Nach *Dio* kam zunächst der zeitweise bei *Deep Purple* ausgestiegene *Ian Gillan,* gefolgt von *Glenn Hughes,* der zuvor auch bei den britischen Hardrock-Pionieren am Mikrofon

[189] RL, Band 2, S. 837.
[190] RL, Band 1, S. 112.
[191] MINT, a.a.O., S. 57.

gestanden hatte, ehe *Dio* zeitweise zurückkehrte und selbst *Ozzy Osbourne* mit seinen alten Mitstreitern hin und wieder gemeinsam auf der Bühne stand. 2017 löste sich *Black Sabbath* nach einer längeren Abschiedstour mit einem letzten Konzert in Birmingham, wo alles dereinst begonnen hatte, endgültig auf.

Als Hörbeispiel aus „Live Evil" habe ich „Iron Man" ausgewählt, ein Dauerbrenner, der 1970 als Single aus dem ersten *Black-Sabbath*-Album „Paranoid" ausgekoppelt wurde und für den die Band noch im Jahr 2000 den *Grammy Award for Best Metal Performance* erhalten hat.

Black Sabbath: Iron Man

Fast eine musikalische Generation jünger sind die Schulfreunde, die sich 1976 im irischen Dublin zur Band *U2* zusammentun – ein *„Trupp gleichgesinnter Weltverbesserer, die die Rockmusik mit verbalem Feuer und deftigem Gitarrenklang reformieren wollen"*[192], so der Rockexperte *Siegfried Schmidt-Joos*.

Sänger *Paul Hewson*, genannt *Bono, David „The Edge" Evans* an der Gitarre, *Adam Clayton* am Bass und *Larry Mullen jr.* am Schlagzeug landen 1981 mit ihrem ersten Album „Boy" einen Achtungserfolg; die Studioplatte „War" wirft zwei Jahre später dann etliche Hitsingles ab. *„Auftrittsorte wie Publikum werden größer und läuten die Metamorphose von der kleinen New-Wave-Band aus Dublin zu selbstbewussten Arena-Rockstars ein – nachzuhören auf Under A Blood Red Sky"*[193], dem Live-Debüt der Band, das *MINT* mit dieser Begründung unter die 100 besten Livealben aller Zeiten gewählt hat.

Die Mini-LP enthält acht Songs, die bei verschiedenen Konzerten der „War"-Welttournee mitgeschnitten wurden und deren Qualität den Ruf der Band untermauert, *„einer der besten Liveacts der 80er"*[194] zu sein, was später auch der Konzertfilm „Rattle And Hum" (1988) auf Leinwand und Plattenteller bestätigen wird. Neben der Musik steht für *U2* bis heute immer wieder das im christlichen Glauben verwurzelte soziale und politische Engagement im Fokus. Vieles dreht sich dabei um den Nordirland-Konflikt; diverse Aktionen unterstützen außerdem Organisationen wie *Amnesty International* und *Greenpeace,* und Mitte der 1990er Jahre

---

[192] RL, Band 2, S. 950.
[193] MINT, a.a.O., S. 58.
[194] Ebenda.

finanziert *Bono* einen Dokumentarfilm über Jugendliche in der vom Balkankrieg zerstörten Stadt Sarajevo.

Bislang letzte Veröffentlichung von *U2* war das vor zwei Jahren erschienene Album „Songs Of Surrender" mit Neueinspielungen von 40 Titeln aus vier Jahrzehnten Bandgeschichte; derzeit warten die Fans weltweit auf die Ankündigung einer neuen Tournee des irischen Quartetts.

Von der Live-LP „Under A Blood Red Sky", deren Titel als Liedzeile dem Song „New Year's Day" aus dem *U2*-Album „War" entnommen wurde, spiele ich „Sunday Bloody Sunday", dessen hochpolitischer Text *„die Schrecken der Unruhen in Nordirland (beschreibt), vor allem den Bloody-Sunday-Vorfall in Derry, bei dem britische Truppen unbewaffnete Demonstranten …*  *erschossen"* [195] hatten.

U2: Sunday Bloody Sunday

Ein eindrucksvoll-anklagender Kommentar zum Blutsonntag von Derry, bei dem am 30. Januar 1972 britische Fallschirmjäger 13 Demonstranten erschossen, die gegen die Internierung nordirischer Katholiken protestiert hatten, und weitere 13 verletzten. Erst 2010 bat der damalige britische Ministerpräsident *David Cameron* im Namen der britischen Regierung um Verzeihung für die Taten der britischen Soldaten.

Unter den von MINT gewählten 100 besten Livealben aller Zeiten gewählten Konzertplatte folgen nun die *Dire Straits*. Die Band um den Gitarristen, Sänger und Songschreiber *Mark Knopfler,* unter den weltbesten Gitarrenvirtuosen vom *Rolling Stone* auf Platz 44 geführt, hatte sich 1977 in London gegründet; neben *Mark Knopfler* gehörten sein drei Jahre jüngerer Bruder *David* an der Rhythmusgitarre, der mit ihnen befreundete *John Illsley* am Bass sowie der versierte Session-Drummer *Pick Withers* zum ursprünglichen Quartett. Bereits ihre erste, 1978 unter dem Bandnamen erschienene LP schlug mit eingängigen und durchaus tanzbaren Songs a la „Sultans Of Swing" voll ein; *Mark Knopflers* filigranes, flüssiges und dabei ungeheuer lässig wirkendes Melodiespiel auf der *Fender Stratocaster* und sein näselnder, ein wenig an *Bob Dylan* erinnernder Sprechgesang wurden rasch zum Markenzeichen der Band, die mit ihrer vierten Studioplatte „Brothers In Arms" 1982 ihren Zenit erreichte. Inzwischen hatte *David Knopfler,*

---

195 https://de.wikipedia.org/wiki/Sunday_Bloody_Sunday_(U2-Lied).

der sich stets im Schatten seines Bruders sah, die Band verlassen; er wurde durch *Hal Lindes* ersetzt, der auch die 1983 anstehende Welttournee mit den *Dire Straits* bestritt. Am Schlagzeug saß inzwischen *Terry Williams;* durch *Alan Clark* und *Tommy Mandel* waren nun auch Keyboarder an Bord, und mit *Mel Collins* von *King Crimson* konnte einer der prominentesten Rock-Saxofonisten für die Tour gewonnen werden. Im Juli 1983 wurden die beiden letzten Konzerte im Londoner *Hammersmith Odeon* vom *Rolling Stones Mobile* mitgeschnitten, und im März des Folgejahres erschien das Doppelalbum „Alchemy" als repräsentativer Live-Querschnitt der ersten vier Studioplatten. *„Jeder einzelne Song ... gewinnt durch die völlig entfesselt wirkende Performance enorm: Alle Musiker sind perfekt aufeinander eingespielt, Schlagzeuger Terry Williams treibt mit seinem kraftvollen Spiel unermüdlich nach vorn, und bei Mark Knopflers ausgedehnten, doch aber keine Sekunde zu langen Gitarrensolos sitzt jeder Ton"* [196], lobt die Zeitschrift *MINT*.

Um insbesondere den treibenden Drive von *Terry Williams* akustisch zu illustrieren, bietet sich „Expresso Love" geradezu an, das 1980 aus dem Studio-Album „Making Movies" als Single ausgekoppelt worden war und in den Vereinigten Staaten immerhin Platz 39 der US Mainstream Rock Charts erreichte. Hier nun die Liveversion vom auch soundtechnisch absolut überzeugenden Album „Alchemy".

Dire Straits: Private Investigations

Knopfler verfolgte danach immer stärker eigene Projekte, schrieb Filmmusiken, produzierte Künstler wie *Bob Dylan* oder *Randy Newman* und schrieb Songs etwa für *Tina Turner,* was der Musikkritiker *Barry Walters* in der *Village Voice* so beurteilte: *„Knopfler möchte gern wie Tom Waits schreiben, wie Dylan singen, so ausgebufft und smart wie Lou Reed sein und die Arbeiterklasse um sich scharen wie Bruce Springsteen. Aber ihm gelingt nichts davon, weil er ein Langweiler ist"* [197]

Nun, das ist sicher insgesamt etwas hart formuliert. Allerdings ist auch mein Eindruck, dass sich *Knopfler* bis heute in zweifellos sehr kunstvollen Arabesken unzählige Male in klinisch sauberen Midtempo-Nummern endlos wiederholt. Umso schöner, dass wir ihn und seine offiziell nie aufgelöste Band in Hochform

---

[196] MINT, a.a.O., S. 58.
[197] Zitiert nach: RL, Band 1, S. 270f.

auf ihrem Livealbum „Alchemy" erleben können – an der Zeremonie zur 2017 erfolgten Aufnahme der *Dire Straits* in die *Rock and Roll Hall of Fame* nahm *Knopfler* übrigens nicht teil.

So, liebe LiveRillen-Freunde, nachdem bisher ausschließlich internationale Acts unter den von *MINT* gewählten 100 besten Livealben aller Zeiten vertreten waren, gehört die letzte halbe Stunde nun deutschen Bands und Künstlern. Offenbar gab es in den späten 1980er Jahren diesbezüglich einen deutlichen Schub...

Da wären zunächst die „*Düsseldorfer Altbier-Punks*"[198] um *Andreas Frege* alias *Campino,* der gemeinsam mit seinen Kumpels *Breiti, Kuddel, Andi* und *Wölli* 1982 *Die Toten Hosen* gründete, um der etablierten Fraktion deutscher Stars von *Lindenberg* und *Maffay* über *Grönemeyer* bis *Niedecken* einen frischen Wind entgegenwehen zu lassen; „*erfrischend unberechenbar, derb volkstümlich, rotzfrech radikal und hochprozentig klamaukbereit*"[199], wie *Siegfried Schmidt-Joos* treffend zusammenfasst. Fünf Jahre nach ihrem Start haben sie sich eine riesige Fangemeinde erspielt, und so wird es nach vier Studioproduktionen, mit denen sie inzwischen beim Majorlabel *Virgin* gelandet sind, höchste Zeit für ein Livealbum, das den anarchischen Spaß der Hosen-Konzerte auch zu Hause nacherlebbar macht. „*Bunter Abend für eine schwarze Republik*" heißt das Programm, mit dem die *Toten Hosen* 1987 durch die altbundesdeutschen Lande ziehen, das *Dieter-Dierks-Mobilstudio* ist als Wegbegleiter dabei, und als Extrakt erscheint im November des Jahres das Album „Bis zum bitteren Ende – LIVE!" „*Klanglich ist vom Schrammelpunk der frühen Tage nichts mehr zu hören, die Band läuft auf allen Kesseln*"[200], urteilt *MINT* über die Platte.

Dass *Die Toten Hosen* in der Folge bei ihrem Stammpublikum durchaus ein Image-Problem hinsichtlich ihrer einstigen Punk-Attitüden bekamen und dennoch bis heute als nunmehr gereifte Rockband immer wieder relevante Kommentare zum Zeitgeist abgeben, ist bekannt. Ich verweise gern auf das Dreifach-Vinyl-Album plus Bonus-DVD „Entartete Musik – Willkommen in Deutschland", das *Die Toten Hosen* gemeinsam mit dem Sinfonieorchester der *Robert Schumann Hochschule* im Oktober 2013 in der Düsseldorfer *Tonhalle* live

198 MINT, a.a.O., S. 60.
199 RL, Band 2, S. 934.
200 MINT, a.a.O., S. 60.

eingespielt haben – ein Gedenkkonzert, das man sich aus leider unabweisbaren Aktualitätsgründen mal wieder anhören sollte.

Hier in den heutigen LiveRillen steht aber ihr Album „Bis zum bitteren Ende – LIVE!" auf der Playlist der 100 besten Konzertplatten aller Zeiten – daraus jetzt „Liebeslied" und der Titelsong „Bis zum bitteren Ende".

Die Toten Hosen: Liebeslied / Bis zum bitteren Ende

Wo *Die Toten Hosen* erklingen, ist ihr Westberliner Pendant nicht weit, auch wenn sich die Fanlager beider Bands lange Zeit spinnefeind gegenüberstanden (was sich heutzutage glücklicherweise weitgehend erledigt hat). Richtig – es geht um die *Ärzte*, ebenfalls 1982 gegründet, die *„mit ihrem unbeschwerten, lauten, pubertären Fun-Punk einer schnell wachsenden Anhängerschar Lachen als beste Medizin"* [201] verordneten.

Etwas mehr Anarchie – etwas weniger Politik als bei den *Toten Hosen,* insgesamt aber auch hier klare Kante gegen Rechts (man denke an „Schrei nach Liebe"). Für Publizität sorgten aber zunächst Probleme mit dem Jugendmedienschutz – einige der frühen Ärzte-Songs wurden von der *Bundesprüfstelle für jugendgefährdende Schriften* auf den Index gesetzt, was sie innerhalb der Fanszene natürlich zusätzlich adelte. Andererseits verscherzten sich der singende Schlagzeuger *Bela B.* (alias *Dirk Felsenheimer),* Gitarrist und Sänger *Farin Urlaub* (geboren als *Jan Vetter-Marciniak)* und der mit bürgerlichem Namen *Hans Runge* genannte *Sahnie* am Bass einen Teil ihrer Reputation, als ihre Porträts auch in Mainstream-Postillen wie der *BRAVO* auftauchten. Dennoch wurde ihr Album „Im Schatten der Ärzte" ein bundesweiter Erfolg, den *Bela B.* auch damit begründete, dass es mit der Platte gelungen sei, etwas noch Dümmeres zu machen als die Neue Deutsche Welle. Zugleich ließ sich die Band inzwischen vom *Rakete-*Management betreuen, das auch NDW-Größen wie *Nena* oder *Spliff* unter Vertrag hatte – einige Widersprüche gibt es also durchaus.

1986 musste *Sahnie* dann gehen, wohl nicht ganz freiwillig, wie man hörte. *Bela* und *Farin* machten zunächst im Duo mit wechselnden Gastmusikern weiter und brachten ihre selten länger als drei Minuten dauernden Songs unters Volk. Doch als der Kommerz sie immer mehr einholte, erklärten die *Ärzte* für 1988 das Ende ihrer Punk-Visiten an. Für die Abschiedstour kam *Hagen Liebing* als Bassist dazu, und das Ergebnis war das Dreifach-Album „Nach uns die Sintflut", das von *MINT* unter die 100 besten Livealben aller Zeiten gewählt wurde.

[201] RL, Band 1., S. 65.

Dass die *Ärzte* fünf Jahre nach ihrem Abschied – nun mit dem in Chile geborenen *Rodrigo González* am Bass – wieder zusammenfanden, ist bekannt, und seither sind sie auf unterschiedliche Weise kreativ, wie man ihrer unterhaltsamen Website www.bademeister.com entnehmen kann.

So haben die *Ärzte* jüngst ein gelbes *Reclam*-Heftchen mit *„40 Songtexte(n) aus Berlin"* und einem *„ausufernde(n) Nachwort und Anmerkungen von Michael Loesl"* [202] veröffentlicht; aktuell ist *Bela B. Felsenheimer* auf ausgedehnter Lesereise mit seinem neuen Roman „FUN", erschienen im *Heyne*-Verlag – hinter vielen Terminen steht bereits „Ausverkauft!". Es ist also ganz sicher noch einiges von den irgendwie kaum älter gewordenen Jungs zu erwarten…

Von ihrem Dreifach-Album habe ich zwei Songs ausgewählt: „Popstar" und „Ist das alles?" – hier sind die *Ärzte* im Jahr 1988 live.

Die Ärzte: Popstar / Ist das alles?

Nun kurz vor dem Ende der heutigen LibeRillen-Ausgabe ein absoluter Exot unter den von *MINT* gekürten 100 besten Livealben aller Zeiten, die einzige DDR-Band nämlich, die das geschafft hat: *PANKOW* mit der LP „Paule Panke Live 1982 (Ein Tag aus dem Leben eines Lehrlings)", erschienen bei *AMIGA* im September 1989 und damit kurz vor Toresschluss des Arbeiter- und Bauern-Staates. Die nach dem Ostberliner Bonzen-Bezirk benannte Band hatte sich 1981 gegründet, nachdem mehrere Bandmitglieder zuvor bereits in der versierten Begleitcombo der 1977 in den Westen ausgereisten Sängerin *Veronika Fischer* zusammengespielt hatten. Neu hinzu kam mit *André Herzberg*, der zuvor Sänger der *Gaukler-Rockband* gewesen war, eine waschechte Berliner Schnodderschnauze, was perfekt zum Wave-Sound der Band passte; nicht von ungefähr erspielte sich *PANKOW* rasch den Ruf, die *Stones* des Ostens zu sein. Der in der DDR geborene und nach der Wende bei der ZEIT tätige Journalist *Christoph Dieckmann* schrieb 1999 in einem Artikel für die Musikzeitschrift *Rolling Stone*, *„ähnlich vielen Schriftstellern zählten sie zu den etablierten Größen ästhetischer Subversion"* [203].

Andererseits versprachen sich die für die Jugendkultur Verantwortlichen der DDR von der Band, die sich deutlich von den etablierten, aber zunehmend verschmähten Platzhirschen a la *Puhdys*, *Karat* oder *City* in Auftreten und

---

[202] https://www.bademeister.com/aktuell.

[203] Christoph Dieckmann: Nun machs gut, Inge Pawelczik, du Wilde! Die „Stones des Ostens" treten nun ab. In: Rolling Stone, 1999, Heft 2, S. 14.

künstlerischem Anspruch unterschied, einen besseren Zugang zur unangepassten Generation der Nachgeborenen. Deshalb wurde die Band von der Kampfreserve der Partei, als die sich die *Freie Deutsche Jugend* verstand, durchaus gefördert – so etwa durch den Auftrag, ein theatrales Rockspektakel über die Arbeits- und Lebenswelt Jugendlicher zu erarbeiten. Das feierte 1982 unterm geteilten Himmel seine Premiere: *André Herzberg* schlüpfte in die Rolle des Metallarbeiter-Lehrlings *Paule Panke* und besang dessen tristes und aufmüpfiges Leben in den Worten seines älteren Bruders *Wolfgang Herzberg*, der unter dem griffigen Pseudonym *Frauke Klauke* auch in der Folge die meisten Texte der Band verfasste.

Die Begeisterung des Publikums war groß, die der Auftraggeber hielt sich dagegen in Grenzen, sodass der Mitschnitt, den der Rundfunk der DDR aufgezeichnet hatte, erst sieben Jahre später als LP erscheinen konnte.

Da hatte sich *PANKOW* längst an die Spitze der Ostbands gespielt und 1988 mit dem Titel „Langeweile" den sarkastischen Abgesang auf das untergehende Land geliefert: *„Das selbe Land zu lange gesehn, / die selbe Sprache zu oft gehört, / zu lange gewartet, zu lange gehofft, / zu lange die alten Männer verehrt. / / Ich bin rumgerannt, / zu viel rumgerannt / ... / und ist doch nichts passiert!"*

Nach der Wende dann der Schock: Gitarrist *Jürgen Ehle* war Zuträger der Stasi gewesen. *André Herzberg*, Nachkomme einer von den Nazis verfolgten jüdischen Familie, sagte sich umgehend los von seinem Intimus, um später dann doch mehreren Wiederbelebungen der Legende, auch mit neuen Produktionen, zuzustimmen. Aktuell läuft mal wieder eine als ultimativer Abschied angekündigte Tour, die *PANKOW* durch zwanzig Städte in den neuen Ländern führt – im Westen ist die Band trotz ihrer Bemühungen nie wirklich angekommen. Dass das höchst bedauerlich ist, können wir dem folgenden Mitschnitt aus dem Rockspektakel „Paule Panke" entnehmen – hier sind die Titel „Ich komm nicht hoch" und „Komm aus'm Arsch". Ostrock, der es wirklich verdient, in Erinnerung zu bleiben!

PANKOW: Ich komm nicht hoch / Komm aus'm Arsch

Meine drei Sendungen umfassende Reise durch diese von *MINT* besorgte spannende Zusammenstellung herausragender Konzertplatten endet nun im Erscheinungsjahr 1990 mit *Marius Müller-Westernhagen* und seinem Livealbum, das im September 90 mit Aufnahmen eines Konzerts in der Dortmunder *Westfalenhalle* auf dem *Warner*-Label erschienen ist. Zunächst hatte sich der 1948 als Sohn des *Gründgens*-Schauspielers *Hans Müller-Westernhagen* geborene *Marius* als großmäuliger Fernfahrer *Theo Gromberg* in den Filmen „Aufforderung zum Tanz" (1976) und „Theo gegen den Rest der Welt" (1979) ins öffentliche Bewusstsein gespielt, ehe er auch als Sänger und Songschreiber die adäquate Anerkennung fand. *„In der zweiten Hälfte der 80er bietet Westernhagen ein Bild vom vollendeten Rockstar",* schreibt der Leipziger Musikjournalist *Lutz Stolberg,* und weiter: *„Seine filmischen Aktivitäten gehen gegen Null und seine Plattenverkäufe in die Millionen. Illustre Wortspiele prägen seine Songs, in denen es oft satirisch knistert".* Als Beispiel nennt *Stolberg Westernhagens* „Freiheit" – *„ein Song, gerade recht zur deutschen Einheit"* [204]. Allerdings war der Titel bereits 1987 auf *Westernhagens* elfter Studio-LP erschienen. Als Single wird er aber im September 1990 – wenige Tage vor dem Einheits-Datum – erneut veröffentlicht, und zwar in einer Live-Version. Die ist dem bereits erwähnten Doppelalbum „Westernhagen Live" entnommen, das während der auf die erfolgreiche 89er Studioplatte „Halleluja" folgenden Tour in Dortmund mitgeschnitten wurde. Anderthalb Millionen Exemplare gehen über den Ladentisch; das Album wird mit Dreifach-Platin ausgezeichnet und macht *Westernhagen* auch für die Neu-Bundesbürger zum Top-Star.

„Die Relevanz, die das Album mit der Zeit erzeugt, zeigt sich daran, dass die Öffentlichkeit von vielen Westernhagen-Songs nicht die Studioversion in den Ohren hat, sondern die des Livealbums" [205], weiß *MINT* zu berichten – das Beispiel „Freiheit" bestätigt das absolut. Ich habe allerdings einen anderen Titel ausgewählt: „Lass uns leben", der bereits 1983 auf der Studioplatte „Geiler is' schon" veröffentlicht worden ist.

Die nächste Ausgabe der LiveRillen hier auf Radio Corax wird sich im Mai aus Anlass des anstehenden 80. Geburtstages von *Bruce Cockburn* mit engagierten Singer/Songwritern beschäftigen – freut euch drauf.

Marius Müller-Westernhagen: Lass uns leben

[204] Lutz Stolberg: Das Oldie-Buch. Die 80er, Projekte-Verlag, Halle, 2011, S. 158.
[205] MINT, a.a.O., S. 63.

Quellen:

➢ Die Ärzte: Live / Nach uns die Sintflut, 3-LP-Set, CBS, 1988

➢ Black Sabbath: Live Evil, Do.-LP, Vertigo, 1983

➢ Dire Straits: Alchemy, Do.-LP, Vertigo, 1984

➢ Motörhead: No Sleep 'til Hammersmith, LP, Bronze/Ariola, 1981

➢ PANKOW: Paule Panke Live 1982, LP, AMIGA, 1989

➢ Queen: Live Killers, Do.-LP, EMI/Electrola, 1979

➢ Simon & Garfunkel: The Concert In Central Park, Do.-LP, Geffen, 1982

➢ Die Toten Hosen: Bis zum bitteren Ende – Live!, LP, Virgin, 1987

➢ U2: Under A Blood Red Sky, LP, Island Records, 1983

➢ UFO: Strangers In The Night, Do.-LP, Chrysalis, 1978

➢ Westernhagen: Live, Do.-LP, WEA, 1990

➢ Neil Young & Crazy Horse: Live Rust, Do.-LP, Warner, 1979

No. 86: Engagiertes Songwriting – Bruce Cockburn wird 80

Mai 2025

Willkommen zur Maiausgabe der LiveRillen, die verschiedenen Ausdrucksformen des sozial, gesellschaftlich und politisch engagierten Songwritings gewidmet ist, und das aus gutem Grund: Der Kanadier *Bruce Cockburn* feiert in diesem Monat seinen 80. Geburtstag. Das nehme ich zum Anlass für eine Würdigung seines Wirkens in der Musik und darüber hinaus. Zudem werden im Verlaufe der Sendung weitere Stimmen unterschiedlicher Singer/Songwriter-Generationen zu erleben sein, die in ihren Texten hinter die oberflächlichen Kulissen unserer Welt zu blicken suchen. Zweifellos haben vor allem die Rassendiskriminierung und dadurch ausgelöste Bürgerrechtsbewegungen, die 68er-Proteste und die Hippie-Kultur, der Vietnam-Krieg und das Attentat auf *Martin Luther King,* die Inhaftierung der Frauenrechtlerin *Angela Davis* und der Watergate-Skandal als gesellschaftliche Erfahrungen wesentlich zur Politisierung eines Teils der populären Musikkultur beigetragen, sodass an Beispielen kein Mangel besteht und ich nicht mal auf den *Bob Dylan* der 1960er Jahre oder auf seine zeitweise Gefährtin *Joan Baez* zurückgreifen muss....

Zunächst zu *Bruce Cockburn*. Geboren wurde er am 25. Mai 1940 in Ottawa als Sohn eines leitenden Mediziners des städtischen Klinikums. Bereits als Jugendlicher an der Highschool begeisterte er sich für Jazz, spielte Gitarre und erhielt Klavierunterricht, wobei er rasch ein beachtliches musikalisches Talent erkennen ließ. Das bewog ihn, nach dem Schulabschluss einige Zeit als Straßenmusiker in Paris zu verbringen, bevor er 19jährig ein Studium am *Berklee College of Music* in Boston aufnahm, das er allerdings nach drei Semestern abbrach – die akademische Welt war seine Sache nicht. Er ging zurück nach Kanada und startete in Toronto seine professionelle Musikerkarriere in einer Band, die sich *The Children* nannte, aber nur etwa ein Jahr Bestand hatte. Weitere kurzlebige Bands folgten; mit *Olivus* spielte *Cockburn* 1968 immerhin als Vorband für ein Konzert von *Cream* und der *Jimi Hendrix Experience.* Danach entschloss er sich, verstärkt als Solist zu arbeiten, was seinem folkorientierten Stil am nächsten kam. Ab 1970 erschienen regelmäßig Platten mit eigenen Songs, die seine Popularität in Kanada rasch wachsen ließen; von 1971 bis 1973 gewann er drei Jahre in Folge den *Juno Award* als kanadischer Folksänger des Jahres. Viele seiner Texte beschäftigten sich mit dem Leben in seinem Land, aber zunehmend auch mit dem, was er auf seinen zahlreichen Konzertreisen sah und erlebte: Armut, Gewalt, Ungerechtigkeit – in seiner Poesie häufig reflektiert aus christlicher Perspektive.

Über die Kraft und das Potenzial der Musik sagte *Bruce Cockburn* in einem Interview mit *The Daily Progress: „Sie kann einiges bewirken. … Sie verbindet Menschen; zumindest schafft sie eine Gelegenheit für Menschen, sich verbunden zu fühlen.* " [206]

1977 wurde ein Konzert von *Bruce Cockburn* in der *Massey Hall* in Toronto mitgeschnitten und noch im selben Jahr als Doppelalbum „Circles In The Stream" veröffentlicht. Die sparsame akustische Begleitung durch Bass, Piano und Percussion unterstützt die meditative Stimmung der Songs in jener Schaffensphase des Songwriters.

Ausgewählt habe ich drei Titel: Zunächst „Free To Be", in dem es heißt: *„Eines weiß ich sicher / Man kann einen Menschen nicht nach seiner Rasse beurteilen / …/ Freiheit ist nicht billig / Regeln und Welten werden weggefegt / Während du deine Zeit im Schlaf verschwendest // Werde erwachsen, / um frei zu sein".*

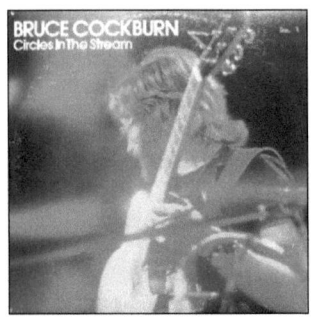

Danach „Red Brother Red Sister", das den indigenen Ureinwohnern seines Landes gewidmet ist, und schließlich „All The Diamonds In The World" als lyrischer Ausdruck von Hoffnung angesichts der Vergänglichkeit: *„Alle Diamanten dieser Welt, / die mir etwas bedeuten, / werden von Wind und Sonnenlicht heraufbeschworen, / und funkeln auf dem Meer. // Zweitausend Jahre und eine halbe Welt entfernt, / werden sterbende Bäume immer noch grüner, wenn man betet".*

Bruce Cockburn: Free To Be / Red Brother Red Sister / All The Diamonds In The World

Der kanadische Journalist *Nicholas Jennings* schreibt über *Cockburn: „Seine Lieder über Romantik, Protest und spirituelle Entdeckungen gehören zu den besten, die in den letzten 40 Jahren aus Kanada gekommen sind. Sein Gitarrenspiel, sowohl akustisch als auch elektrisch, hat ihn in die Gesellschaft der besten Instrumentalisten der Welt gebracht. Und er genießt nach wie vor großen Respekt für sein Engagement in Fragen von den Rechten der Ureinwohner und Landminen bis hin zur Umwelt und der Verschuldung der Dritten Welt. Er arbeitet für*

---

[206] http://brucecockburn.com/about/biography/.

Organisationen wie Oxfam, Amnesty International, Ärzte ohne Grenzen und Friends of the Earth. "[207]

Zwei der populärsten Titel von *Bruce Cockburn* jetzt in 1990 veröffentlichten Liveversionen: Zunächst das 1986 erschienene „Call It Democracy": *„Mit Macht ausgestattet kommen sie / Internationale Kredithaie, unterstützt durch Waffen / Von markthungrigen Militärprofiteuren / Deren Wort ein Morast ist und deren Stirn beschmiert ist / Mit dem Blut der Armen // Und sie nennen es Demokratie".*

Danach „Wondering Where The Lions Are" – der 1978 als Single in Kanada veröffentlichte Titel erreichte 1980 sogar die US-Charts, war dort 17 Wochen lang platziert und erreichte als höchste Notierung Platz 21. Im Text heißt es: *„Junge Männer marschieren, Helme glänzen in der Sonne, / so präzise poliert wie das Gehirn hinter der Waffe / sie brachten mich dazu, an die Ewigkeit zu denken / eine Art Ekstase hat mich gepackt / und ich frage mich, wo die Löwen sind..."*

Und auch nach Jahrzehnten kommt *Bruce Cockburn* auf seinen Gastspielreisen nicht daran vorbei: *„Ich denke, das Publikum wäre unglücklich, wenn ich bestimmte Songs wie ... ‚Wondering Where The Lions Are' nicht anstimmen würde"* [208], sagte er 2019 in einem Interview mit der Zeitschrift *GoodTimes.*

Bruce Cockburn: Call It Democracy / Wondering Where The Lions Are

Seit den späten 1970er Jahren ist *Bruce Cockburn* rund um den Globus unterwegs – nicht nur durch seine Tourneen, sondern auch aus echtem Interesse für die Lage der Menschen in anderen Teilen der Welt. Auf seiner Website heißt es im biografischen Abschnitt: *„Auf seiner bemerkenswerten Reise hat er Folk, Jazz, Rock und Worldbeat-Stile kennengelernt, während er in so weit entfernte Länder wie Guatemala, Mali, Mosambik und Nepal gereist ist und unvergessliche Lieder über seine sich ständig erweiternde Welt der Wunder geschrieben hat."* [209]

Welt der Wunder – „World Of Wonders" – nannte *Cockburn* dann auch seine 1986 als 18. Veröffentlichung des produktiven Singer/Songwriters erschienene Studio-LP.

Schon im Februar 1983 bereiste er im Auftrag der Hungerhilfe-Organisation *OXFAM* gemeinsam mit der kanadischen Sängerin *Nancy White* mehrere

---

[207] Ebenda.
[208] GoodTimes, Nr. 6/2019, S. 39.
[209] https://brucecockburn.com/about/biography/.

mittelamerikanische Länder. Zu seinen eindrucksvollsten Erlebnissen gehörte nach eigener Aussage der Besuch in Nicaragua, wo das seit Generationen diktatorisch herrschende, korrupte Regime des *Somoza*-Clans durch die Sandinistische Revolution von 1978/79 gestürzt worden war. Die siegreichen Sandinista unter ihrem Anführer *Daniel Ortega* (der das Land seit 2006 als nunmehr ebenfalls diktatorischer Präsident regiert) wurden seinerzeit in den sozialistischen Ländern stark verklärt, und auch *Bruce Cockburn* teilte diese Begeisterung, von der sein Lied „Nicaragua" zeugt: *„Im Lichte dieses Augenblicks / bist du das Beste von dem, was wir sind – / Lass dich jetzt nicht aufhalten / Nicaragua".*

Enthalten war der Song zunächst auf der 1984 in Kanada und zeitgleich auch beim linken bundesdeutschen *pläne*-Label erschienenen LP „Stealing Fire", die 1988 mit anderem Cover auch in der DDR bei *AMIGA* in Lizenz erschien. 1985 war *Bruce Cockburn* sogar einer Einladung in die DDR gefolgt. Er trat im Februar zum jährlichen *Festival des Politischen Liedes* in Berlin auf und gastierte anschließend in Karl-Marx-Stadt, Halle und Dresden, wobei ihn wohl auch mein Generationsgefährte, der 1998 mit nur 43 Jahren verstorbene DDR-Liedermacher *Gerhard Gundermann,* erlebt haben dürfte, der sich später dann auf *Cockburns* „Nicaragua" seinen eigenen Reim gemacht hat – „Cuba" heißt der wehmütig-nostalgische Revolutions-Song dann bei *Gundi.* Wir hören seine Fassung des *Cockburn*-Songs gleich im Anschluss an das Original, aufgenommen bei einem gemeinsamen Unplugged-Konzert seiner *Seilschaft* mit der Rockband *Silly* um *Tamara Danz,* das am 22. November 1994 im Potsdamer Lindenpark stattfand und vom Ostdeutschen Rundfunk Brandenburg aufgezeichnet wurde.

Als die Aufnahmen im Jahr 2021 auf rotem Vinyl als Dreifach-Album bei AMIGA (nunmehr Teil von *SONY Music)* erscheinen konnten, war das eine kleine Sensation – kurz nach dem Konzert war *Gundis* frühe Spitzeltätigkeit für die Stasi publik geworden, woraufhin *Tamara Danz,* für deren erfolgreiche 89er LP „Februar" *Gundermann* fast alle Texte geschrieben hatte, jegliche Kommunikation mit ihm abbrach.

Im Juli 1996 erlag *Tamara Danz* einem Krebsleiden; im Juni 1998 starb *Gundermann* an einem Hirnschlag – eine Aussprache oder gar Versöhnung zwischen beiden hatte es nicht mehr gegeben. Umso schöner, dass dieses Album die großartigen Momente künstlerischer Gemeinsamkeit bewahren konnte und mir die Möglichkeit gibt, *Gundis* „Koffersong" (wie er seine Cover-Songs gern nannte) im Zusammenhang mit der Würdigung von *Bruce Cockburn* in den LiveRillen zu präsentieren.

Zunächst „Nicaragua" von *Bruce Cockburn,* mitgeschnitten bei Open-Air-Konzerten am 14. und 15. August 89 auf dem *Ontario Place* in Toronto. Neben

Bruce Cockburn musizieren dabei der Bassist *Fergus Jamison Marsh* und *Michael Sloski* am Schlagzeug; beide Musiker waren als eingespielte Rhythmusgruppe auch an vielen Studioproduktionen des Kanadiers beteiligt. Anschließend „Cuba" von *Gundermann & Seilschaft*, live im November 1994.

Bruce Cockburn: Nicaragua
Gundermann & Seilschaft: Nicaragua (Cuba)

„Wir können uns nicht mit den Dingen zufrieden geben, wie sie sind", brachte *Bruce Cockburn* die Beweggründe seines sozialen und politischen Engagements auf den Punkt: *„Wenn wir die Probleme nicht angehen, werden sie schlimmer."* [210]

So auch der Tenor seines Songs „Broken Wheel", der zum Reggae-Rhythmus deutliche Worte findet: *„Weit draußen auf dem Rand des zerbrochenen Rades / Blutende Wunde, die nicht heilen wird / Vor der Wahrheit kommt die Prüfung / Wie soll ich mich also fühlen? / Das ist mein Problem – / Ich kann kein unschuldiger Zuschauer sein / In einer Welt aus Schmerz und Feuer und Stahl / Weit draußen auf dem Rand des zerbrochenen Rades".*

Aktuell ist *Bruce Cockburn,* inzwischen geschmückt von einem üppigen schlohweißen Bart, auf einer ausgedehnten Nordamerika-Tour als Solist zu erleben. Los gings am 1. März im kalifornischen Sacramento, und nach rund 30 Konzerten inklusive eines Abstechers in seine kanadische Heimat wird die Tour am 17. Mai in New York enden – ein beachtliches Pensum für den fast 80jährigen!

Hier noch einmal Musik von seiner 89er Welttournee, die ihn übrigens am 3. September des Wendejahres noch einmal ins damalige Karl-Marx-Stadt führte. Zunächst der Titel „Rumours Of Glory", die Gerüchte des Ruhms, in dem es unter anderem heißt: *„Siehst du die Extreme / Dessen, was Menschen sein können? / ... / Energie strömt wie ein Sturm / Du tauchst deine Hand hinein / Und ziehst sie verbrannt wieder zurück / Darunter glänzt es wie / Gold, nur besser / diese Gerüchte vom Ruhm".*

Danach das an poetischen Bildern reiche Liebeslied „After The Rain"

„Nach dem Regen fließt das Licht auf den Straßen wie Blut / Ich kann das Salz im feuchten Wind schmecken / ... // Vielleicht ist es denen, die lieben, gegeben, zu sehen / Um die Wand der scheinbaren Nacht zu durchbrechen / ... // Und vielleicht ist es denen, die lieben, gegeben, zu hören / eine Musik, die zu hoch ist für das menschliche Ohr / ...".

---

[210] Ebenda.

Bruce Cockburn: Broken Wheel / Rumours Of Glory / After The Rain

Soweit die Würdigung von *Bruce Cockburn,* der am 25. Mai seinen 80.
Geburtstag begehen kann, in dieser LiveRillen-Ausgabe, die über den Kanadier
hinaus engagierten Singer/Songwritern gewidmet ist. Und wenn man über die
politische Dimension des *American Folk* spricht, führt an ihm natürlich kein Weg
vorbei: *Pete Seeger.* Neben dem sieben Jahre älteren *Woody Guthrie* darf der 1919 in
New York geborene *Pete Seeger* als wichtigster Nestor der Folkbewegung in den
USA gelten. Er wuchs in einer hochmusikalischen Familie auf, erlernte das
Gitarren- und Banjospiel und widmete sich nach einem abgebrochenen
Soziologiestudium der Sammlung und Katalogisierung von Traditionals, Gospels,
Bluessongs und Spirituals. Mit Zwanzig lernte er den schon bekannten *Woody
Guthrie* kennen, der ihn ermunterte, gemeinsam mit ihm die Folktradition lebendig
zu halten. Sie trampten zusammen durch die USA, sangen bei
Gewerkschaftsveranstaltungen und Arbeitertreffen und gründeten 1941 die Polit-
Folk-Gruppe *The Almanac Singers.*

Nach dem Ende des Zweiten Weltkriegs bekam es *Pete Seeger* mit dem
berüchtigten *Komitee für unamerikanische Umtriebe* zu tun, das ihm 1957 *„wegen
staatsfeindlicher Tätigkeiten und Missachtung der Institution"* enge Reisebeschränkungen
auferlegte. *„1961 verurteilte ihn ein Gericht zu einer zehnjährigen Haftstrafe. Das Urteil
wurde angefochten und 1962 revidiert, sodass er nach einem Jahr entlassen wurde".* [211] Da war
er in der New Yorker Szene mit seinem neuen Quartett *The Weavers* längst eine
Institution; *Joan Baez, Judy Collins* oder das Folk-Trio *Peter, Paul & Mary* sangen
seine Lieder, und bei *Columbia Records* setzte er sich dafür ein, dass der noch
unbekannte *Bob Dylan* seine erste Platte aufnehmen konnte. Legendär ist *Seegers*
Versuch, dem aufstrebenden Jung-Star 1965 beim *Newport Folk Festival,* das *Seeger*
einst initiiert hatte, den Strom zu kappen, als *Dylan* mit einer elektrisch verstärkten
Gitarre auf die Bühne kam – für *Pete Seeger* ein Verrat der Folk-Ideale, zumal er
befürchtete, dass *„durch die laute Beschallungsanlage die großen Worte der Dylan-Songs
verloren"* [212] gehen, wie es auf Wikipedia heißt.

Bis ins hohe Alter – *Pete Seeger* starb mit 94 Jahren in einem New Yorker
Krankenhaus blieb er der Inbegriff des politisch aktiven Künstlers. Er galt als
einer der Wegbereiter der *Hootenanny*-Bewegung, die Mitte der 1960er Jahre in der
DDR zu einer (allerdings rasch von der FDJ vereinnahmten) Singebewegung
führte, und gastierte 1986 – ein Jahr nach *Bruce Cockburn* also – beim Ostberliner

---

[211] https://de.wikipedia.org/wiki/Pete_Seeger#Fr%C3%BChe_Jahre.
[212] Ebenda.

Festival des Politischen Liedes. Dass er eine der ideellen Leitfiguren für den Kanadier war, liegt also auf der Hand.

Hier nun Musik von *Pete Seeger.* Zunächst eine Aufnahme vom Juni 1963 aus der New Yorker *Carnegie Hall,* die als LP auch in der DDR zu erhalten war. Ausgewählt habe ich *Seegers* Interpretation eines satirischen Spottliedes, das *Tom Paxton,* zu dem ich auch noch komme, auf die Segnungen des freiheitlichen Amerika verfasst hatte: „That's What I Learned In School."

Danach *Seegers* „Quite Early Morning", in dem es heißt: *"Weißt du nicht, dass die Dunkelheit vor der Morgendämmerung am größten ist? / Und dieser Gedanke ist es, der mich weitermachen lässt. / Wenn wir diese frühen Warnungen beachten könnten. / Es ist jetzt ganz früh am Morgen. / Manche sagen, dass die Menschheit nicht mehr lange durchhalten wird. / Aber was macht sie so verdammt sicher? / Ich weiß, dass du, der du meinen Gesang hörst, / die Freiheitsglocken zum Läuten bringen könntest."* Diese Aufnahme stammt vom Mitschnitt einer US-Konzerttour, die *Pete Seeger* 1975 gemeinsam mit *Arlo Guthrie,* dem Sohn seines 1967 mit nur 55 Jahren verstorbenen Freundes, absolvierte.

Und da der 1947 geborene *Arlo Guthrie* ebenfalls bis heute zu den politisch aktiven Songschreibern und Sängern der *Bruce-Cockburn-*Generation gehört, entnehme ich besagtem Doppelalbum „Together In Concert" auch noch einen seiner Titel: den „Presidential Rag", eine ätzende *„Bilanz über Nixons umstrittene Amtstätigkeit",* [213] in der *Guthrie* auf den durch den republikanischen Präsidenten *Richard Nixon*

ausgeweiteten Vietnam-Krieg Bezug nimmt und den Watergate-Skandal aufgreift – durchaus kein Einzelfall in der damaligen Musikszene der USA, wie *Frank Zappas* „Son Of Orange County" und „Dickie's Such An Asshole" oder *Loudon Wainwrights* „Dead Skunk" belegen.

Bei *Arlo Guthrie* heißt es: *„Du bist derjenige, den wir gewählt haben, also musst du die Schuld auf dich nehmen / … / Mütter weinen immer noch um ihre Jungs, die der Krieg ins Krankenhaus gebracht hat / Väter fragen immer noch, wozu das ganze verdammte Ding gut war / Und die Leute sind immer noch hungrig und immer noch arm / Und eine ehrliche*

[213] https://de.wikipedia.org/wiki/Richard_Nixon.

Arbeitswoche ernährt die Kinder heutzutage nicht mehr / Schulen sind immer noch wie Gefängnisse / Weil wir nicht lernen, wie man lebt / Und jeder will nehmen, keiner will geben / Ja, wir werden uns sehr gut an dich erinnern…"

Pete Seeger: That's What I Learned In School / Quite Early Morning
Arlo Guthrie: Arlo Guthrie: Presidential Rag

Von *Tom Paxton* war eben schon die Rede – *Pete Seeger* hat seine Satire auf das, was die US-amerikanische Schule den Kindern lehrt, interpretiert. *Paxton,* 1937 in Chicago geboren, gehört im Vergleich zu *Pete Seeger* der jüngeren Folkgeneration an, die sich um 1960 herum im New Yorker Künstlerviertel *Greenwich Village* etabliert hatte. 1962 erschien seine erste LP, ab Mitte der 1960er Jahre absolvierte er – zumeist als Solist oder in kleinen, akustischen Besetzungen – weltweite Tourneen; sein Einfluss auf die internationale Szene ist bis heute groß. *Paxtons* Stärke waren und sind vor allem „*die sogenannten ‚short shelf-life songs' (‚Lieder mit kurzer Haltbarkeitsdauer'), meist kurze Spottlieder auf aktuelle politische Ereignisse, die er im Anfangsteil seiner Konzerte singt, aber wegen ihrer kurzlebigen Zeitgebundenheit nicht als Aufnahme veröffentlicht"* [214]. Noch heute wird *Tom Paxton,* wie auf Wikipedia zu lesen ist, „*von Musikerkollegen wegen seiner Uneigennützigkeit und Großherzigkeit geschätzt"* [215]. Im Laufe seines langen Lebens hat er hunderte Lieder veröffentlicht, darunter mehrere Platten und auch Bücher speziell für Kinder.

Auf seiner Website heißt es über ihn: „*Tom Paxton ist zu einer Stimme seiner Generation geworden, die Themen wie Ungerechtigkeit und Unmenschlichkeit anspricht, die Absurditäten der modernen Kultur offenlegt und die zärtlichsten Bindungen zwischen Familie, Freunden und Gemeinschaft feiert."* [216] Treffender kann man seine Bedeutung wohl kaum auf den Punkt bringen.

Ich will zwei Titel spielen, die auf dem 1970 im New Yorker Musikklub *Bitter End* aufgenommenen und von *Elektra* veröffentlichten Konzertalbum „The Compleat Tom Paxton – Recorded Live" enthalten sind. *Paxton* wird dabei begleitet von den Brüdern *David* und *Mark Horowitz* an Klavier und zweiter Gitarre sowie *Herb Bushler* am Bass.

Zunächst „All Night Long". *Paxton* singt darin: „*Schlechte Träume, das Gefühl, dass etwas nicht stimmt; / Gesichter weinen, während sie verschwinden / Wer kann sagen, wohin? / Wo ist ihr Lied? / Haben sie es zu lange in ihren Kehlen gelassen? / Haben sie auf einen sonnigen Tag gewartet? / Wer kann sagen, wessen Wind weht?"*

[214] https://de.wikipedia.org/wiki/Tom_Paxton.
[215] Ebenda.
[216] https://www.tompaxton.com/about-tom/.

Danach „Outward Bound": *„Auf dem Weg nach draußen, auf einem Schiff mit zerfetzten Segeln / Auf dem Weg nach draußen, entlang eines gewundenen, einsamen Pfades / lernen wir, uns einfach damit zufriedenzugeben, was wir wissen / Und wir werden es unseren Kindern als Märchen erzählen".* Er ist also auch ein moderner Romantiker, dieser *Tom Paxton…*

Tom Paxton: All Night Long / Outward Bound

Seine Kollegin *Judy Collins* sagt über *Tom Paxton*, seine Lieder seien *„so kraftvoll und lyrisch, sie kommen aus dem Herzen und Gewissen und sie erreichen … unser tiefstes Innerstes. Er schreibt mitreißende Lieder des sozialen Protests und sanfte Liebeslieder, die er mit seiner persönlichen Sprachbegabung verwebt. Seine Melodien gehen ins Ohr, seine Texte hallen nach."* Sie selbst singe seit langem *Paxtons* Lieder und *„werde dies auch im neuen Jahrhundert tun, denn sie sind wunderschön und zeitlos und für jedes Alter geeignet."* [217]

Im vergangenen Jahr konnte ein weiterer Großer der engagierten Folksinger-Szene seinen 80. Geburtstag begehen – *Eric Bogle.* 25jährig wanderte der in Schottland Geborene nach Australien aus, wo er noch heute in der Nähe von Adelaide lebt. Hauptthemen seiner Lieder sind die mahnende Auseinandersetzung mit dem Krieg und sein Plädoyer für ein friedliches, tolerantes Zusammenleben; die Vereinten Nationen haben ihm dafür 1984 ihre Friedensmedaille verliehen.

Zahlreiche befreundete Künstler interpretieren seine Lieder wie „No Man's Land" (auch bekannt als „Green Fields Of France"), „Now I'm Easy" oder „And The Band Playing Waltzing Mathilda", darunter *The Dubliners, Joan Baez, Donovan,* die *Pogues, Billy Bragg* oder *Hannes Wader,* dessen Textfassung „Es ist an der Zeit" wohl die meisten von euch im Ohr haben werden.

Insofern muss ich nicht viel zum folgenden Titel sagen – hier ist *Eric Bogle* mit seiner eindrücklichen Parabel „No Man's Land", aufgenommen 1977 bei einem Solokonzert auf Schloss Kolvenburg in Nordrhein-Westfalen und veröffentlicht unter dem LP-Titel „Live In Person" auf dem kleinen westdeutschen Label *AUTOGRAM Records.*

---

[217] Ebenda.

Übrigens war *Eric Bogle* 1985 auch als Gast beim *Festival des Politischen Liedes* in der DDR-Hauptstadt dabei – und damit im selben Jahr wie *Bruce Cockburn!* Was für ein Zufall…

Eric Bogle: No Man's Land

2021 ist unter dem Titel „The Source Of Light" die bislang letzte Produktion des in Australien beheimateten Folksängers *Eric Bogle* erschienen; hin und wieder ist der 80Jährige sogar noch auf der Konzertbühne live zu erleben.

Ebenfalls noch unter den Lebenden weilt die Woodstock-Legende *Country Joe McDonald,* der in einer Sendung über engagiertes Songwriting nicht fehlen darf.

Geboren wurde *Joseph McDonald* am Neujahrstag 1942 in Washington D.C.; er wuchs allerdings in Kalifornien auf, wo er nach seiner Dienstzeit bei den U.S. Marines in einem Gitarrenladen jobbte und nebenher kleinere Auftritte mit Folksongs und eigenen Liedern absolvierte. 1965 gründete er seine Band *Country Joe & The Fish,* deren erste, stark von psychedelischen Einflüssen geprägte LP „Electric Music for the Mind and Body" 1967 erschien, die sich immerhin in den Top 40 der US-Albumcharts platzieren konnte.

Nach einer kurzen, im Song „Janis" reflektierten Liaison mit *Janis Joplin* erschien noch im selben Jahr das wesentlich balladesker gehaltene zweite Album der Band, das ihr die Einladung zum Woodstock-Festival im August 1969 einbrachte, wo *Joe McDonald* zudem auch solistisch auftrat. Anfang der 1970er Jahre wurde er gemeinsam mit den Schauspielern *Jane Fonda* und *Donald Sutherland* Teil der wachsenden Anti-Vietnamkriegs-Bewegung in den USA, was ihm einen Ehrenplatz auf der von *Richard Nixon* initiierten Liste der Staatsfeinde der USA einbrachte [218]. In dieser Zeit entstanden die Aufnahmen zu seiner Konzertplatte „Incredible! Live!", die 1972 bei *Vanguard* erschien. Mitgeschnitten wurden die Songs bei einem Konzert des zu diesem Zeitpunkt gerade mal 30Jährigen wiederum im New Yorker *Bitter End,* dem wohl angesagtesten Folkclub jener Jahre an der Ostküste der USA.

Daraus jetzt zwei Songs – zunächst „Free Some Day", in dem es heißt: *„Wir müssen uns gegenseitig helfen, unsere Ketten abzuwerfen. / Kommt und macht eine Revolution – tretet der Armee des Volkes bei. / Wenn wir zusammenhalten, werden wir eines Tages alle frei sein. / … / Befreit die Schwestern. / Befreit die Brüder. / Befreit die Kinder. / Dann werden wir eines Tages alle frei sein. "*

---

[218] Siehe: https://www.allmusic.com/artist/country-joe-mcdonald-mn0000131285#biography.

Danach „I'm On The Road Again", das zur Begeisterung des Publikums propagiert: *„Wenn du pleite bist und etwas Geld brauchst, / Nimm es einfach der herrschenden Klasse ab, / Die besten Dinge im Leben sind kostenlos, / Wenn du sie der Bourgeoisie klaust."*

Country Joe McDonald: Free Some Day / I'm On The Road Again

Ein anlässlich seines 80. Geburtstages im Januar 2022 angekündigtes Konzert, das er gemeinsam mit seinem langjährigen Wegbegleiter, dem New Yorker Singer/Songwriter *Phil Marsh,* bestreiten wollte, wurde damals kurzfristig abgesagt; der letzte reguläre Auftritt von *Country Joe McDonald* mit seiner *Electric Music Band* datiert aus dem Dezember 2017 – schon damals als *Farewell Performance* annonciert.

Ich komme nun zu *Paul Brady,* geboren 1948 [219] im nordirischen Belfast. Aufgewachsen mit Swing und Jazz, versuchte er sich frühzeitig an der Gitarre und am Klavier, um als Teenager durch Blues und Rock'n'Roll infiziert und auf den richtigen Weg geführt zu werden. Zugleich wurde er durch die Volksmusik seiner irischen Heimat beeinflusst. Ende der 1960er Jahre wurde er Profimusiker und stieß zu den *Johnstons,* mit denen er etliche Folk-Platten aufnahm. Nach einem Wechsel zur Folkband *Planxty* entschloss sich *Brady* in den 70er Jahren, mit seinem Bandkollegen *Andy Irvine* als Duo zu arbeiten. Seine Songs erlangten rasch Bekanntheit, vor allem, weil sie von vielen Szenegrößen gecovert wurden, darunter *Bob Dylan,* der *Paul Brady* neben *Leonard Cohen* und *Lou Reed* als seinen heimlichen Helden [220] bezeichnete. *Bradys* erstes, 1978 erschienenes Solo-Album „Welcome Here Kind Stranger" wurde vom *Melody Maker* zum Folk-Album des Jahres gewählt. Dass später auch *Tina Turner, Santana, Bonnie Raitt, Carole King, Art Garfunkel, Cher, Cliff Richard, Phil Collins, Joe Cocker* oder *Eric Clapton* Songs von *Paul Brady* in ihr eigenes Repertoire aufnahmen, zeugt von der Bedeutung des großen Unbekannten, der im Laufe der Jahre solistisch oder mit seinen Bandprojekten auf allen Kontinenten gastiert hat und generationsübergreifend als einer der einflussreichsten irischen Songwriter gilt.

Ich habe eine Live-LP von *Paul Brady* im Regal, die bei einem Konzert am 6. April 1984 in London aufgezeichnet wurde und unter dem Titel „Full Moon" bei *Line Records* erschienen ist. *Brady* wird begleitet von einer aus illustren britischen

---

[219] Siehe: https://www.paulbrady.com/paul-brady-biography; andere Quellen nennen allerdings den 19. Mai 1947 als Geburtsdatum (https://en.wikipedia.org/wiki/Paul_Brady).

[220] Siehe: https://www.paulbrady.com/paul-brady-biography.

Musikern bestehenden hochkarätigen Band, auf die ein genauerer Blick wirklich lohnt: An den Keyboards *Kenny Craddock,* der unter anderem als Musikdirektor bei *Van Morrison* tätig war und auch mit *Ringo Starr, Ginger Baker, Billy Bragg* oder *Lindisfarne* gearbeitet hat. Dazu *Phil Palmer,* der als gefragter Sessiongitarrist Künstler wie *Wishbone Ash, Joan Armatrading, Eric Clapton,* die *Dire Straits, Tina Turner, Bryan Adams* oder *Pete Townshend* unterstützt und nach eigener Aussage an rund 500 Alben mitgewirkt hat. Der Bassist *Ian Maidman* ist über sein Instrument hinaus als erfolgreicher Produzent (u. a. von *Marc Bolan, Steve Marriott* und *Jeff Beck)* bekannt, und Schlagzeuger *Terry Williams* trommelte genau zu dieser Zeit auch für *Mark Knopflers Dire Straits,* nachdem er seine Drumsticks auch schon für *Bob Dylan, Dave Edmunds, Meat Loaf* oder die Gruppe *Man* hat wirbeln lassen.

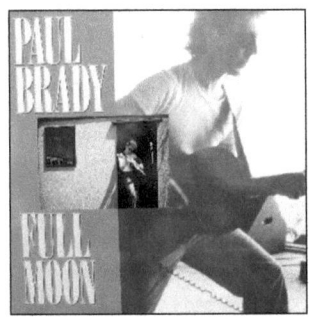

Von dieser wirklich hochklassigen LP spiele ich „Steel Claw", die Stahlkralle. Dort heißt es: *„Die Politiker haben diesen Ort vergessen / Bis auf einen kurzen Besuch in einem schwarzen Mercedes, / Zur Wahlzeit, / Und alle rennen los, um sich die Pantomime anzusehen, / … / So viele Menschen hängen am Rand, / Schreien nach einer Revolution! / und nach Vergeltung ...! / Die Chancen stehen gut, / Wenn man aufhört, an das kalte Gesetz zu glauben, / an diese Kralle aus Stahl."*

Paul Brady: Steel Claw

Paul Brady mit seiner tollen Band, hier live im Jahr 1984. 2022 hat er nicht nur seine bislang letzte Platte „Maybe So" veröffentlicht, sondern auch seine Autobiografie „Crazy Dreams". *„All dies zeigt, warum Paul Brady ein Leuchtturm des kulturellen Gefüges Irlands ist"* [221], lautet das Fazit auf seiner Website.

Und auch der nächste Name fällt einem sofort ein, wenn man an politisch aktive Singer/Songwriter denkt: *Billy Bragg.* Der 1957 geborene Brite gilt als Vorzeige-Linker und bekennender Unterstützer der Labour-Partei, der nach Meinung von *Siegfried Schmidt-Joos „mit treffendem Wortwitz und charmanten Bonmots Übel, Konflikte und Widersprüche seiner Umwelt zu geißeln"* [222] weiß. Über sich selbst sagt er, dass er angesichts der Popmusik der frühen 80er Jahre frustriert gewesen sei und erkannt habe, *„dass ich, wenn ich Musik hören wollte, die etwas über den Zustand*

---

[221] Ebenda.
[222] RL, Band 1, S. 134.

der Welt und das wahre Leben zu sagen hatte, sie selbst machen musste" [223]. Was er in überzeugender Weise dann auch tat. So prägte er den griffigen Slogan *„Capitalism Is Killing Music"*; er tingelte mit punkiger Attitüde als elektrisch verstärkter Straßensänger durch London, protestierte vehement gegen die britische Unterstützung der Apartheid-Politik Südafrikas und wurde mehrfach wegen der Beteiligung an antikapitalistischen Aktionen verhaftet. 1986 und dann noch im Wendejahr 89 wurde *Billy Bragg* in die DDR eingeladen, wo er jeweils am *Festival des Politischen Liedes* teilnahm, das für viele DDR-Jugendliche ein willkommenes jährliches Fenster zur engagierten westlichen Kulturszene darstellte. Bis heute ist *Bragg* nicht nur mit seinen bissigen Songs, sondern immer wieder auch mit klaren und klugen Statements zu politischen Ereignissen wahrnehmbar. Auch künstlerisch bleibt er sich treu, indem er verkopfte Poesie ebenso meidet wie komplexe musikalische Strukturen. Ein sympathischer Post-Punk, dessen seit 1984 regelmäßig erscheinenden Platten sich in den britischen Charts stets platzieren konnten und mehrfach mit Silber und Gold veredelt wurden. Die 2023 erschienene Compilation „The Roaring Forty 1983–2023" mit Songs aus 40 Jahren erreichte sogar die deutschen Albumcharts, und für diesen Sommer sind Konzerte in Großbritannien und Irland angekündigt.

Von seiner 1988 erschienenen EP „Help Save The Youth Of America", die sowohl Studio- als auch Liveaufnahmen enthält, spiele ich zunächst den Titelsong mit den Zeilen: *„Helfen Sie, die Jugend Amerikas zu retten / Helfen Sie, die Jugend der Welt zu retten / Helfen Sie, die Jungen in Uniform zu retten / Ihre Mütter und ihre treuen Mädchen"*.

Danach noch „Think Again", ein Song des schottischen Folksängers *Dick Gaughan,* der sich auf das vielzitierte Gedicht von *Jewgeni Jewtuschenko* „Meinst du, die Russen wollen Krieg?" aus dem Jahr 1961 bezieht: *"Do you think that the Russians want war?"*

Nach eigener Aussage [224] hatte *Dick Gaughan* das Lied im Februar 1981 auf dem Bahnsteig des Bahnhofs Friedrichstraße geschrieben, dem Niemandsland zwischen Ost- und Westberlin, zu einer Zeit, als *Ronald Reagan* und *Margaret Thatcher* die Rhetorik des Kalten Krieges in zynischer Weise verschärften, um ihre Popularität im Inland zu steigern. *„Im Namen der Menschheit, die zutiefst zerrissen ist. /*

---

[223] https://www.billybragg.co.uk/.
[224] Siehe: https://genius.com/Dick-gaughan-think-again-lyrics.

Im Namen unserer Kinder, die noch geboren werden. / Bevor wir das tun, was nie rückgängig gemacht werden kann, bitte ich euch: / Denkt noch einmal nach!"

Dass *Jewtuschenko, Gaughan* und letztlich auch *Billy Bragg* durch die aktuelle Politik des Weltherausforderers *Putin* konterkariert werden, gehört leider zur Ironie dieser Geschichte dazu…

Billy Bragg: Help Save The Youth Of America / Think Again

Der britische Politaktivist und Songwriter *Billy Bragg*, der in einem Interview mit der *taz* im Jahr 2002 den *„socialism of the heart"* noch immer als seine Antriebsfeder bezeichnete: *„Er ist für mich der Grund, an die Menschheit als solche zu glauben, nicht aufzugeben und auf keinen Fall zynisch zu werden"* [225].

Zum Abschluss nun noch die britische *Edgar Broughton Band*, gegründet in Warwick im Jahr 1968, was für die inhaltliche Ausrichtung ihrer Musik durchaus bedeutsam war. Die Band um den 1947 geborenen Gitarristen und Sänger *Edgar Broughton* und seinen drei Jahre jüngeren Bruder *Steve* am Schlagzeug erreichte mit ihren eher plakativen Songparolen ihr Publikum zunächst vor allem über *Free Concerts*. Allerdings blieb ihr Image als proletarische Straßenkämpfer keineswegs makellos, wie auf der Internet-Plattform rockzirkus.de zu lesen ist: *„Was die ,Fugs' und ,MC 5' für Amerika waren, das war die Edgar Broughton Band für GB und Europa, ein Vorreiter des Politrocks. … Ihr ,Out Demons Out' … war der Schlachtruf der späten 68'er gegen die Dämonen des Vietnamkrieges. Die ersten drei Platten verkauften sich gut und bald fuhren die Broughton's im Benz zu den Auftritten, um dann ihre linken Parolen zu verbreiten"* [226].

Aufgrund dieser offensichtlichen Widersprüche zwischen Anspruch und Wirklichkeit wandte sich das Publikum zunehmend ab von der Band, in der daraufhin das Personalkarussell heftig rotierte. Bis 1982 erschienen noch mehrere LPs, die wenig Resonanz fanden.

Edgar Broughton, der propagiert hatte, seine Gruppe werde niemals sterben, war und ist bis heute hin und wieder *„als ein Held der Weltrevolution"* [227], wie *Siegfried Schmidt-Joos* es ironisch nennt, auf Konzerten zu erleben; 2006 gab es sogar eine Einladung in den WDR-Rockpalast. Und anlässlich der Erstveröffentlichung als CD ihres 1976 für die LP „Live Hits Harder" im Londoner *Rainbow Theatre* aufgenommenen Konzertmitschnitts zeigte sich die Fan-Base im Jahr 2004 offensichtlich versöhnt. So liest man in einer Rezension auf Amazon: *„Sie gelten als*

---

[225] https://taz.de/!1118970/.

[226] https://www.rockzirkus.de/lexikon/bilder/b/broughton/broughton.htm.

[227] RL, Band 1, S. 139.

DIE Underground-Band schlechthin. Keine andere Gruppe widersetzte sich den Regeln und Gesetzen der englischen Gesellschaft wie die Broughtons" [228]. Nun ja.

Beinahe wie ein Kommentar zu ihrer Bandgeschichte klingt ein Textauszug aus dem Eröffnungssong der Konzertplatte „Side By Side": *„So viele Lügen und Widersprüche / wüten in unserem Leben. / Wenn du nicht in meiner Nähe bist, / weine ich am offenen Fenster. / Wir suchen alle nach Schutz, / rennen kreuz und quer durch einen lichtlosen Tunnel. / Da kommt ein Freund, der etwas zu sagen hat. / Steh auf, es ist ein wunderschöner Tag"*.

Damit enden diese LiveRillen, die aus Anlass des bevorstehenden 80. Geburtstages von *Bruce Cockburn* jenen Sängern gewidmet waren, die mit ihren Songs der Welt (und damit letztlich uns allen) den Spiegel vorhalten, um – mal plakativ, mal poetisch – auf gesellschaftliche Missstände aufmerksam zu machen. Ein Fazit dieser LiveRille könnte zudem die erfreuliche Tatsache sein, dass politisches Engagement offenbar als Lebenselixier wirkt: Bis auf den im 95. Lebensjahr verstorbenen *Pete Seeger* und den Liedermacher *Gerhard Gundermann*, den ein Hirnschlag mit nur 43 Jahren aus dem Leben riss, weilen nämlich noch alle der heute vorgestellten engagierten Künstler unter uns!

Die nächste LiveRillen-Ausgabe erinnert an das hochkarätig besetzte Knebworth-Festival vor 35 Jahren – freut euch drauf!

Edgar Broughton Band: Side By Side

---

[228] https://www.amazon.de/Live-Hits-Harder-Edgar-Broughton/dp/B000CQM3G6#customerReviews.

Quellen:

- ➤ Eric Bogle: Live In Person, LP, Autogram, 1982
- ➤ Paul Brady: Full Moon, LP, Line Records, 1984
- ➤ Billy Bragg: Help Save The Youth Of America, Live And Dubious, EP, PolyGram, 1988
- ➤ The Edgar Broughton Band: Live Hits Harder, LP, BB Records, 1977
- ➤ Bruce Cockburn: Circles In The Stream, Do.-LP,
- ➤ Bruce Cockburn: Live, LP, High Romance, 1990
- ➤ Country Joe McDonald: Incredible! Live!, LP, Vanguard/USA, 1972
- ➤ Tom Paxton: The Complete Tom Paxton Recorded Live, Do.-LP, Elektra, 1972
- ➤ Pete Seeger: Live Concert, LP, CBS, 1967
- ➤ Pete Seeger & Arlo Guthrie: Together In Concert, WEA/Warner, 1975
- ➤ Silly + Gundermann & Seilschaft: Unplugged, 3-LP-Set, AMIGA/Sony Music, 2021

Index der Bands, Musiker und Stichworte

(nur Hauptnennungen – bitte jeweils auch die Folgeseiten beachten)

Inhaltsverzeichnis

Nachsatz

Für meine Recherchen habe ich unter anderem die folgenden Quellen genutzt:

- Barry Graves/Siegfried Schmidt-Joos/Bernward Halbscheffel: Das neue Rocklexikon. 2 Bände, Hamburg, 1998 (daraus alle RL-Zitate von S. S.-J.)
- Frank Laufenberg: Rock- und Pop-Lexikon. 2 Bände, Düsseldorf, 1995
- Frank Laufenberg: Pop Diary. Daten, Fakten, Geschichten, 2 Bände, München, 1995
- Manfred Langner: Beat-Lexikon. Vom Mersey-Beat bis zum Bubblegum – Die Sound-Invasion der Sixties, Berlin, 1999
- Thomas Jeier: Das neue Lexikon der Country Music. München, 1992
- Jürgen Wölfer: Lexikon des Jazz. München, 1993
- Ca. 200 weitere Musikbücher, Broschüren und Zeitschriften (z. B. „GoodTimes") sowie aktuell (2025) 1.200 Live-Alben in meinem Regal
- Tagespresse
- Wikipedia (deutsch/englisch)
- Diverse Band- und Fan-Websites sowie Musik(er)portale im Internet

Nicht auszuschließen in der Darstellung sind natürlich objektive Fehler oder Ungenauigkeiten. Ich freue mich deshalb über jegliche Hinweise und Korrekturen unter der Mailadresse **LiveRillen@gmx.de**!
Besonderer Dank gebührt Michael Bäuerle für seine hilfreichen Anmerkungen.

Die im Text geäußerten Bewertungen sind rein subjektiv. Das mag mancher ganz anders sehen – okay! Vielleicht bieten die LiveRillen euch und Ihnen aber Anregungen, sich mit den genannten Künstlern, Bands und Konzertereignissen erneut und vertiefend auseinanderzusetzen. Die meisten Platten sind in guten Second-Hand-Geschäften und/oder im Internet erhältlich; viele Mitschnitte sind zudem auf diversen Audio- und Videoplattformen zu finden.
Nicht zuletzt möchte ich alle am Thema Interessierten einladen zu meiner monatlichen Rundfunksendung **LiveRillen** auf **Radio Corax**, UKW 95,9 (Raum Halle/Leipzig) sowie weltweit im Netz unter **https://radiocorax.de/** - jeweils **am ersten Freitag des Monats von 16 bis 18 Uhr** sowie als Wiederholung **am dritten Sonntag desselben Monats von 12 bis 14 Uhr.**
Jeweils 12 Sendemanuskripte erscheinen zudem in leicht bearbeiteter Form als Buch. All das ist kein Ersatz für den livehaftigen Konzertgenuss, wohl aber eine mögliche Ergänzung.

In diesem Sinne: *„Let's listen to the music – and let's talk about it!"*

LiveRillen live – eine musikalische Lesung

Unterhaltsame Ausflüge in die livehaftige Geschichte der populären Musik der vergangenen sechs Jahrzehnte, angereichert durch humorvolle Anekdoten, interessante Fakten, verborgene Zusammenhänge und lebendigen Zeitgeist – das ist das Konzept der „LiveRillen", die ich als Rundfunksendung im Frühjahr 2018 „erfunden" hat. Seither stelle ich monatlich zwei Stunden lang thematisch ausgewählte Konzertereignisse aus sechs Jahrzehnten auf dem nichtkommerziellen Lokalsender Radio Corax vor, der im Raum Magdeburg/Halle/Leipzig auf UKW 95,9 sowie natürlich weltweit im Netz zu empfangen ist. So entsteht eine ganz besondere Sicht auf die Musik – sozusagen aus der Bühnenperspektive, die auch den aufschlussreichen Blick hinter die Kulissen ermöglicht. Das alles wird so aufbereitet, dass keineswegs nur Musikexperten auf ihre Kosten kommen, sondern daraus ein die Generationen verbindendes Vergnügen wird!

Der Erfolg der Sendung hat mich dazu bewogen, die überarbeiteten Sendemanuskripte nach und nach in Buchform zu veröffentlichen – nunmehr ist die Reihe auf sieben Bände und reichlich tausend Seiten angewachsen.

Und nun kommt der nächste Schritt: **Die livehaftige Lesung der LiveRillen!**

Die Veranstaltung ist für Bibliotheken und Literaturhäuser, Schallplattengeschäfte und Musik-Stores, Buchhandlungen und Lesebühnen konzipiert, dauert ca. 90 bis 100 Minuten und kann gern durch eine Pause unterbrochen werden.

Das Publikum darf übrigens selbst mitbestimmen, welche LiveRillen-Themen während der Lesung vorgestellt werden. Und in jeweiligen Kurzfassungen erklingen dann auch die dabei erwähnten Musiktitel – ganz authentisch so, wie sie auf Vinyl verewigt sind. So wird die Kulturgeschichte eines guten halben Jahrhunderts nacherlebbar, und für viele Zuhörerinnen und Zuhörer dürfte dies verbunden sein mit Erinnerungen an ihre eigene Jugend!

Anfragen zu Terminen und Konditionen bitte an:

Prof. Dr. **Paul D. Bartsch**
Klausbergstraße 4
06114 Halle (Saale)
Mail: LiveRillen@gmx.de
Web: www.zirkustiger.de

Als **Liedermacher und Musiker** ist **Paul Bartsch** seit 2003 mit seiner **Band** sowie in der kleineren Variante als **Akustik-Trio** unterwegs. In diesen Jahren sind zahlreiche Tonträger sowie Songbücher erschienen, die – soweit nicht vergriffen – im Webshop der Website www.zirkustiger.de bestellt werden können.

Dazu gehören u.a.:

- ❖ Wer weiß schon wie | CD | 2008
- ❖ Wolkenkuckucksheimerbauer | CD | 2011
- ❖ Tanzende Hunde – Die Lieder der Bordkapelle | CD | 2013
- ❖ Freund sein | CD | 2016
- ❖ LiebesLand | CD | 2018
- ❖ Alle Fragen offen | CD | 2020
- ❖ Lieder vom Kommen und Gehn | CD | 2021
- ❖ Stadtmusikanten | Doppel-CD | 2023
- ❖ Märchen aus kommenden Tagen | CD | 2024
- ❖ Gemeinsame Sache | Doppel-Live-LP | 2025

Musikalische Lesung mit Paul Bartsch:

Im Schatten großer Brüder

Die DDR im Frühjahr 1970. An der Erweiterten Oberschule einer Kleinstadt im real existierenden Provinz-Sozialismus liefert der *Deutsche Soldatensender* den Soundtrack des freien deutschen Jugendlebens. Man diskutiert gelangweilt die Schlagzeilen des *Neuen Deutschland*, begeistert sich für grüne Gurken im Februar und erwartet die Trapo-Streife im Zug wie ein ungeschriebenes Gesetz.

Da bringt das Gerücht, die englische Beatgruppe *The Hollies* werde demnächst in Ostberlin gastieren, Thomas Mertin und seinen Freund Maikel auf die Idee, selbst eine Combo zu gründen. Zunächst scheint alles ganz einfach: Mitstreiter sind schnell gefunden, aus Ideen entstehen eigene Titel, und Frauke, der Schwarm der ganzen Schule, wird sie singen. Auch mit der FDJ kann man sich arrangieren, wie es scheint. Doch dann versetzt ein Zufall den Apparat in Wallung, und was die Jugendlichen anfangs eher amüsiert, verstrickt sich rasch zu einem gefährlichen Netz, in dem nicht mehr klar ist, wer da an welchen Fäden zieht...

Dazu erklingen Songs der damaligen Zeit *(The Hollies, James Taylor, Cat Stevens…)* und eigene Lieder von Paul Bartsch aus mehr als drei Jahrzehnten: Bluesige Kommentare & poetische Legenden von Niederlagen & Aufständen. Da geht es um Freundschaft und Vertrauen, um verpasste Momente und späte Einsichten, um die Träume der Kindheit, verblichene Weggefährten, den Frost und den Frühling, Schiffbruch und Bergnot, um die vergehende Zeit und vor allem um das, was uns davon bleiben sollte.

Daraus wird: Ein höchst unterhaltsames literarisches Konzert voll komischer Tragik, Humor und Poesie!

Paul D. Bartsch:
Große Brüder werfen lange Schatten
BoD Norderstedt, 2023 (3. Auflage)
(ISBN 978-3-73473-353-6)

Kontakt / Anfragen gern per Mail:
zirkustiger@gmail.com

Raum für Notizen